本教材由上海对外经贸大学资助出版

# 企业经营实战模拟

## Comprehensive Practice of Business Simulation

王辉◎编著

经济管理出版社
ECONOMY & MANAGEMENT PUBLISHING HOUSE

**图书在版编目（CIP）数据**

企业经营实战模拟 / 王辉编著 . -- 北京 ：经济管理出版社，2025. 5. -- ISBN 978-7-5243-0310-7

Ⅰ. F270. 7

中国国家版本馆 CIP 数据核字第 2025LE7307 号

组稿编辑：梁植睿
责任编辑：梁植睿
责任印制：张莉琼

出版发行：经济管理出版社
（北京市海淀区北蜂窝 8 号中雅大厦 A 座 11 层　100038）
网　　址：www. E-mp. com. cn
电　　话：（010）51915602
印　　刷：北京晨旭印刷厂
经　　销：新华书店
开　　本：720mm × 1000mm/16
印　　张：16. 25
字　　数：292 千字
版　　次：2025 年 5 月第 1 版　　2025 年 5 月第 1 次印刷
书　　号：ISBN 978-7-5243-0310-7
定　　价：68. 00 元

# 前　言

## 撰写本书的缘由

从事实践模拟课程教学不知不觉已经十余年了，一直以来，模拟课程教学都没有可供使用的正式教材。之所以如此，可能是认为教材主要承载课程需要学习的新知识及相关素材，而模拟课程主要是将已经学过的相关专业知识进行综合应用。但是在实际的教学过程中，经常遇到一个让人无法回避的问题：总会有一些学生疑惑、质疑甚至抱怨为什么模拟课程没有教材？尽管每次课程开始的时候我都会做出解释，但偶尔还是会发现有学生自己在网上购买或从图书馆借阅相关的模拟教材。这让我陷入思考：是否有必要编写一本与模拟课程配套的教材？

想多了就会找到一些需要的理由。一本好的模拟教材可以给学生带来两类核心的帮助：首先，可以给学生绘制一幅知识导航图。模拟课程教学希望学生将已学过的知识应用到模拟实践场景中，但是在教学实践中却发现，学生很多时候很难去应用这些知识。其中有很多原因：一是因为时间太久，一些学过的知识确实已经忘掉了；二是一些知识在记忆中已经变得模糊，要与模拟场景联系起来非常难；三是模拟课程涉及的知识点分散在不同的专业和课程中，不方便重新去查询与温习；四是对于模拟软件系统嵌入的一些知识点学生确实没有学习过。在课程中我希望学生通过温习、自学或请教等方式来获得模拟训练中所需要的知识（这种自学能力也属于模拟训练的一部分），但发现效果有时并不是很好，原因也很多，有客观的也有主观的。如果编写一本教材能够帮助学生在模拟训练中有效实现相关知识的“记忆唤醒、快速查阅、整体鸟瞰”等功能，应该可以更好地帮助学生进行模拟训练。

其次，帮助学生重塑模拟学习的方法和心态。尽管每次课程从一开始就强调模拟课程需要转变传统课堂的学习模式，并且会重点介绍“基于问题的学习”和“行动学习法”的核心逻辑。但学生学习方式的转变并非易事，有时学生在课程结束后还会抱怨为什么在课程开始前没有先给他们讲解一些知识点。后来我才慢慢地意识到，学习方法的认知与改变可能比一些知识点的学习更难。特别是我曾在另一门研究生的课程中通过组建团队来尝试行动学习方法，发现习得和掌握一种新的学习方法并不容易。为此，通过教材这种书面文字形式更为全面地阐释模拟学习方法与逻辑，让学生可以反复阅读与思考，并通过模拟训练体验与反思内化于心，或许更有助于学生转变和养成一种新的学习方法与模式。

除了以上原因，通过个人教学经验发现，编写一本教材还可以带来以下辅助效用：首先，为一部分互动交流能力较差的学生预备一种补充学习途径。由于各种原因，总是有一部分学生在整个模拟训练过程中，缺乏与教师和学生进行有效的互动交流学习，这不仅会造成模拟训练的效果大打折扣，还会让学生在模拟学习过程中产生一种无助感。为此，希望有一本教材能够弥补这些学生互动交流学习能力的不足，至少在他们遇到问题又感觉无处求助的时候，可以翻开教材寻找一些帮助。其次，帮助一些由于客观原因而课堂缺勤的学生开展自主学习。特别是对于一些面临毕业的高年级学生，总是有一些不可抗拒的原因而出现缺勤现象，甚至会有个别学生由于国际交流等特殊原因，整个学期都无法进行课堂学习，但根据要求又必须完成本门课程的学习，那么这本教材将是辅助学生通过远程网络参与学习的重要指导书。最后，也期望这本教材是教师与学生交流的另一种补充方式，通过本教材可以更全面和更深入地阐释本模拟课程的学习理念与目标。

## 主要意图与期望

本书应实现何种目的或意图也是一个需要认真思考的问题。这里主要从三个方面考虑：

首先，从学生的需求来看，希望为学生提供一幅学习导航图或一份“使用说明书”。这主要是从两个层次来考虑的，其一是从实用层次考虑，希望学生在遇到模拟训练方面的问题时，能按图索骥地去寻找相关知识或方法解决相应的问题，或是像一幅导航地图，让学生在模拟游戏的过程中不至于迷失方向；其二是从心理层面考虑，希望满足一些学生上课需要一本教材的习惯心理，其作用就好比消费者购买一件较复杂的电器，希望能配备一本使用说明书，在遇到实际问题的时候，能够通过这本使用说明书找到解决的方法或途径，消费过程让人感到安心。

其次，从教师的教学目标来看，希望教学能够更富成效。根据个人的教学经验，模拟教学在不同教学班之间的学习效果有时会存在很大差异，即使在同一个教学班，不同学生的学习表现也会存在较大差异。通过与学生的互动交流就可以判断出，有些学生能从一个较综合的角度思考一些复杂的决策问题，有些学生可能会在一些浅层次的问题上徘徊。造成这种情况的原因可能是多方面的，但从教学的实施上来看，教师更希望学生能够想办法解决一些浅层次的问题，然后留出更多的时间与教师交流讨论一些更深层次的问题，以提升模拟教学的整体成效。因此，希望本书能发挥类似助教的作用，尽可能辅助学生自主解决一些基本的问题，同时引导他们开始思考一些更深入的问题。

最后，从教学实践者的角度看，希望能对个人多年模拟教学实践进行梳理与提炼。本教材可以视为笔者的专著《商业模拟：理论与实践》延伸出来的教学应用，即以实际模拟课程为例尝试如何更有成效地实施模拟教学。虽然本教材模拟教学的示例使用的是一款特定模拟软件，但总体的内容与思路是类似模拟课程完全可以借鉴的，特别是模拟学习方法层面的内容应该都是相通的。希望本书的内容能为从事模拟教学的同仁提供一些借鉴。

## 各章内容与使用

本书共有 8 章，本书内容框架如图 1 所示。第 1 章是企业经营实战模拟总论，主要对课程学习的目标、内容与方法进行说明，同时介绍了本课程所使用的模拟系统。第 2 章至第 5 章是理论篇，主要从知识与能力两个方面对模拟课程学习的内容与方法在理论上进行阐述。第 6 章至第 8 章是实践篇，主要就如何实施模拟教学进行阐述，也有两个层次，分别是企业经营模拟决策分析与经营团队决策能力训练，其中第 8 章做了一个模拟教学的案例示范。在了解每章大致内容后，读者可以根据自己的需要与兴趣来重点阅读相关章节。这里主要对每章的使用提一些建议。

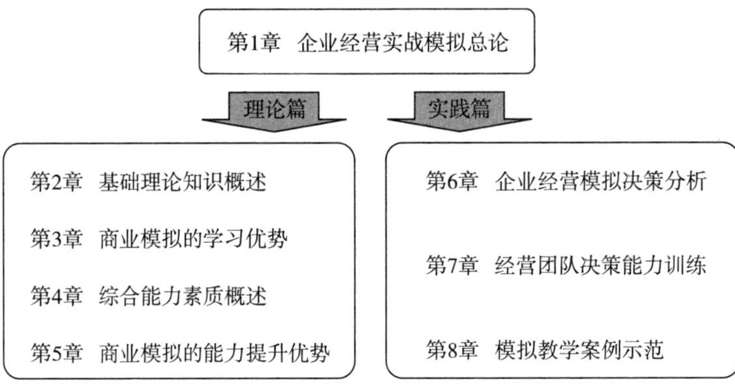


**图 1 本书内容框架**

第 1 章的总论是对企业经营实战（实践）模拟学习有整体的认识，犹如一张总导航图，希望能够指导学生的模拟学习朝着正确的方向前进。因此，建议在每次课程的开始就一定要做一次重点阅读和讲解，引起学生重视本章所阐述的模拟学习方法，且强调需要在实践模拟中进行运用。

第 2 章是基础理论知识的概述，主要为了方便学生唤醒和查阅相关的理论知识点，个人可以采取灵活有效的方式进行查阅和温习，要求能够理解与掌握本章所列出的知识点，并能够敏锐地思考如何在模拟训练中进行恰当的应用。

第 3 章阐述了商业模拟的学习优势，本章篇幅虽短，但值得多阅读与反复理解，学生只有深刻认知到模拟训练在知识学习上的核心逻辑与独特优势，才会更有意识地进行自我训练。

第 4 章阐述了模拟训练的综合能力素质，内容稍偏重理论性，但从模拟训练的目标来看，却是非常值得重视的，因为提升个人综合能力素质正是实践模拟训练的重要优势之一。阅读时最好能联系个人和团队的实际表现，及时进行反思和评估。

第 5 章是第 4 章内容的延伸与补充，可以进一步了解实践模拟训练对个人经验与能力的帮助，希望能更好地激发学生对模拟学习的兴趣与投入。

第 6 章是本书最重要的部分，开始进入实际的模拟操作与训练，讨论了诸多层面的决策问题，蕴含的信息量较大，目的是更好地引导和帮助学生提升经营模拟决策能力。建议学生要多阅读和思考本章的内容，最好能够根据课程的目标与需求选择其中一些共识问题，组织、引导和示范学生进行团队与课堂讨论。

第 7 章也是本书的重要部分，主要从理论与实践上较为翔实地阐述了模拟学习过程中的团队决策能力训练。希望学生能从整体上对团队决策能力有更高层次的认知，并在此基础上对团队决策能力开展更敏锐的评估。建议安排学生对相关内容进行小组学习和讨论，以便在实践模拟过程中能得到更好的应用与训练。

第 8 章是模拟教学的案例示范。对于那些想自主学习的学生或团队具有指导作用，可以在每个模拟训练回合前进行浏览阅读，能够较好地了解和规划模拟训练。本章也值得从事模拟教学或培训的从业者阅读参考，特别是一些新手，完全可以直接借鉴与应用其中的一些教学方法与策略。

需要说明的是，本书参阅了大量相关的研究文献，但也有不少内容来自个人的教学实践经验，因此有些观点难免存在个人主观经验的局限性，在使用时可根据课程的实际需求做出合理取舍与灵活调整。这里对本书所参考文献成果的作者表示感谢，同时，也希望今后能获得使用者的更多反馈和建议，从而进一步完善本书的内容。

# 目　录

# 第 1 章　企业经营实战模拟总论

**◎本章学习目标**

1. 了解实战模拟的知识学习目标
2. 了解实战模拟的能力训练目标
3. 理解在企业经营层面学习的主要内容
4. 理解在团队决策方面学习的主要内容
5. 理解实战模拟学习的核心方法
6. 掌握本模拟软件系统涉及的主要内容

本章主要是在正式模拟开始前，让学生对企业经营实战模拟学习有一个整体的认识。首先是对本模拟课程学习要求进行概览，阐述本模拟课程的学习目标、学习内容及学习方法，可以帮助学生了解模拟教学与其他传统教学方式（如讲座、案例教学等）存在的区别，将有助于学生提前为模拟课程学习做一些认知上的准备或调整。其次是对经营模拟软件系统做一个初步介绍，让我们对该模拟软件系统平台有全貌认识，有助于更快速地进入模拟学习状态。本章就像一张探险地图，在正式进入模拟学习平台之前，值得每位学生详细阅读和用心琢磨。在模拟学习过程中如果能够做到了然于胸，将会更好地引导我们走在模拟学习的正确道路上。

# 第1节　经营实战模拟学习概览

本节将带大家一起概览经营实战模拟学习。如图1-1所示，概览主要阐述最核心的三个方面：

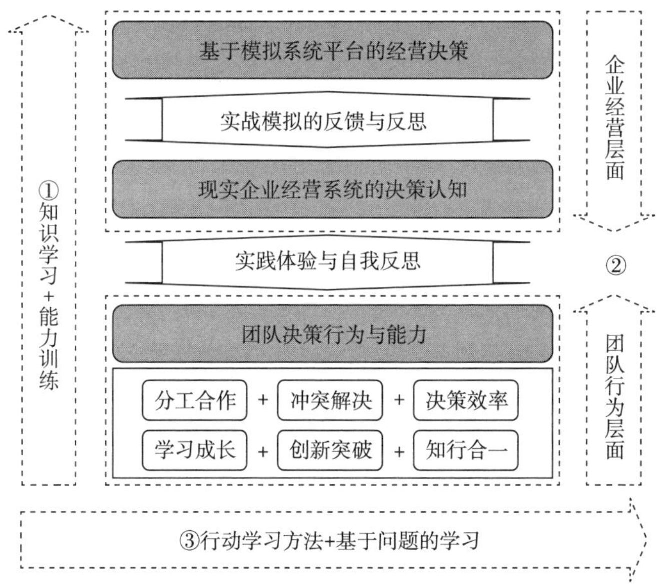


图1-1　企业经营实战模拟学习概览

（1）实战模拟学习的目标。主要包括两个方面，一是对相关学科和专业知识的理解与应用；二是对综合能力素质的训练与提升。学生需要深刻理解的是，与一般讲座类课程相比，模拟课程的这两个学习目标都有了新的内涵和要求。

（2）实战模拟学习的内容。主要从两个层面进行模拟学习，一是基于模拟系统平台的经营决策，在实践模拟持续的反馈与反思中，可以帮助学生更好地理解现实中企业经营系统的决策问题；二是经营团队通过模拟高层管理团队的决策行为，在实践体验与自我反思中不断认知自己和迭代成长。

（3）实战模拟学习的方法。学习方法的改变是学习目标实现的重要保障。主要介绍两种重要方法：行动学习方法和基于问题的学习。虽然对两种方法的阐述占了本节内容的主要篇幅，但其内容只是一个概览式介绍，学生可以进一步阅读自学相关资料，并在课堂教师的引导下逐步掌握和熟练两种学习方法。

最后再强调一下，以上阐述的三个核心要素构建起了实战模拟学习的三块基石。在实战模拟学习正式开始前，学生务必对以上内容有一个正确的理解和认知，以便在本课程学习中逐步掌握实战模拟学习的核心逻辑与方法。

## 一、实战模拟学习目标

本模拟学习目标主要有两个方面：一是学习将相关专业知识应用到经营模拟决策中，在实际应用过程中，不仅要激活已学的专业知识，还需要自学与经营决策相关的其他学科知识，特别是要习得如何有效应用这些理论知识（显性知识）的隐性知识。二是在实战模拟的过程中，训练和提升个人综合的经营决策能力素质，特别是团队决策所需具备的一些能力素质。

### （一）知识学习与应用

#### 1. 激活与应用已学的专业知识

本门课程作为一门实践性课程，首要目的就是激活和检验大学所学的专业知识是否能够在实践中有效应用。通过几年的专业知识学习，学生已经积累了较为丰富的专业知识，这些知识主要还是沉淀在大脑的记忆中，大多还只是一个概念，并没有在实践中进行应用与检验。为此，要时刻注意已学的专业知识在本次的经营模拟中应该如何进行应用，如果在模拟中学生很难回忆与应用相关的专业知识，那么有可能是已经忘记了，或者所学的专业知识被封存在大脑记忆中无法有效激活提取。我们在第 2 章会将一些专业知识进行简要的概述，以帮助学生迅速恢复记忆中的相关专业知识点。在必要的情况下，学生也可以找回之前的相关课程教材进行复习。

#### 2. 自学其他相关学科知识

由于经营模拟所涉及的知识会超越我们专业知识的范畴，因此需要学生自主学习其他一些相关的学科与专业知识。自主学习的知识主要来自两个需求，一是模拟中出现了一些新的专业知识与概念，以前确实未曾学习和应用过，因此需要重新学习；二是根据模拟中解决问题的需要，进一步自主查阅和检索相关知识概念，以便更好地进行实战模拟。自主学习的知识对提升模拟决策能力是非常必要的，其不仅能够较好地补充和完善已有的知识框架，同时自学过程还能帮助训练和提升学生的实践自主学习能力。

3. 习得实践所需的相关隐性知识

以上两方面主要指一些可以用文字或言语表达出来的显性知识，我们还要学习的另一类重要的知识就是隐性知识，它们是一些很难用语言表达或沟通的知识，或者说是一种意会知识。这类知识在我们的实践中非常重要，甚至构成了个人、团队和组织的核心竞争力。当然，显性知识与隐性知识存在一个相辅相成和相互转化的过程，一方面，通过实践不断习得的隐性知识，可以帮助我们更好地应用已有的显性知识；另一方面，显性知识在实践时反复的应用过程中，逐渐可以催化与内化一些更高效率的隐性知识，让我们的实践更加有效率。在实践中我们必须理解的是，显性知识犹如冰山浮出水面的部分，隐性知识则是冰山隐藏在水下的部分，其重要性不言而喻。

实践模拟在知识学习与实践上有其独特的优势，我们将在第 3 章对此展开探讨，这些优势也决定了我们不能将实践模拟课程的学习目标定位于知识记忆等传统课程强调的目标。通过第 3 章的进一步阅读可以帮助我们理解本课程所提倡的知识学习目标。

（二）能力训练与提升

知识不等于能力，在大学生群体当中，“高分低能”的现象并不少见。与知识相比，能力是一个更高层次的综合概念，其包含了实践所需的知识。我们希望通过本实践模拟，能够帮助学生在更具实践价值的能力素质方面有一些收获。

1. 了解在不同的情境下所需具备的能力

人们在不同的实践场景中，需要具备不同的能力才能更好地适应社会。例如，在学校学习时，学习能力非常重要；从校园毕业走向社会时，就业能力非常重要；在不同的组织岗位上工作，职业胜任力非常重要；如果有一天要开始创业了，创业能力非常重要。无论在何种生存情境下，我们想要更好地生存与发展，都必须具备该情境下的能力素质，并且需要预备或持续地训练和提升所需的能力素质。我们在第 4 章中将对综合能力素质的概念进行简要概述，并介绍不同情境下的能力素质，希望引起学生的关注和培养意识。当然，在本次模拟中，我们主要聚焦于企业经营决策情境，让学生对决策能力这一概念有一个较深入的认知，并在整个模拟实践过程中有相应的训练与提升。

2. 知道如何正确评估和反思自身的能力

想要训练和提升自己的能力素质，首先需要正确地评估自身的能力素质，如

果没有对自身能力素质的正确认识，就很难有效地进行训练与提升。因此，本实战模拟的一个重要目标是对学生能力素质进行全面评估。如果在实战模拟的过程中，学生遇到了很多的问题和困难，不要担忧，更不能回避，这正是评估和反思个人或团队能力的最佳时机，持续地进行关注、分析和反思，就能引导和帮助我们走上能力素质培养与提升的正确路径。本模拟可以对诸多能力素质进行评估与训练，这些能力素质将为学生未来的职业生涯发展奠定良好的基础。当然，本课程最为基础的能力训练目标，是要关注和培养学生的决策能力，希望通过本课程的实战模拟，为学生全面营造各种仿真的经营决策情境，全面地评估、训练和提升其决策能力。

3. 找到训练和提升自身综合能力的方法

本实战模拟不仅是评估学生综合能力的工具，同时也是训练和提升学生综合能力的重要平台。我们必须清楚的是，能力的培养与形成不是一蹴而就，而是需要在实践中反复体验、总结、反思与提升。在本课程中，一个学期的实战模拟对学生能力的训练与提升是一个不可错失的良机，但一个学期的训练时间对个人能力的提升来说依旧是短暂和有限的。因此，在模拟学习过程中，“授人以渔”的教学理念显得尤为重要，即要逐步培养学生获得训练和提升自身综合能力的方法和意识，以便在本模拟课程结束之后，学生能在后续的职业发展中自主有意识地去训练和提升自身的综合能力素质。

与知识的学习记忆相比，综合能力素质的训练与提升在商科专业与课程的学习目标中越来越受到重视。实战模拟在综合能力的训练与提升方面有其独特的优势，我们将在第 5 章进行相应的阐释，进一步阅读有助于我们更好地通过实战模拟来提升自身的综合能力素质。

## 二、实战模拟学习内容

实战模拟是一种综合性训练，为了能够促进企业经营实践的成效，一切有用的内容都是值得我们学习的。但是，作为一门课程，我们还是要提出一些学习的主线，一方面可以帮助学生在学习过程中能够心中有谱，不至于“乱弹琴”或随机游走；另一方面也为后期课程学习的评估与考核提供一个内容边界，不至于没有基准而随心所欲。尽管如此，我们不要因这部分学习内容的说明而作茧自缚，实际上，模拟学习过程中很多的收获可能完全超越了本节所能囊括到的范围，而且其对学生成长带来的影响同样具有重要意义，丝毫不可轻视。

（一）企业经营层面的认知与能力

本模拟系统模拟了一家制造企业经营系统，学生通过该系统的决策实战模拟，来提升对现实中企业经营系统的认知，以及训练相应的经营决策能力。

1. 整体理解企业经营系统的运作

在大学相关专业课程的学习中，我们对企业经营系统的各个模块或子系统管理相关知识均有所涉猎，但是我们很少有机会将这些不同模块或子系统放在一起来分析和思考。实际上，如果我们分开来学习和理解这些模块和子系统的知识，就很难理解这些模块和子系统之间的关系，这些关系对我们整体理解企业经营系统却是至关重要的。因此，本模拟学习要促进学生整体来理解企业经营系统的构成，以及其内在关系与运作规律。这一定程度上是在我们已有专业课程知识学习基础上的一次重要提升。

2. 系统思考企业经营决策相关问题

在整体地理解企业经营系统的构成及其内在运作关系的基础上，我们要进一步结合经营实践场景来思考企业经营面临的一系列决策问题。本模拟系统实际上就是借助计算机模拟技术，为学生构建了一系列的决策场景与问题，要学生进行系统的分析、思考并做出决策。这是本模拟课程学习的重点内容，在第 6 章中我们将重点探讨这些相关决策问题。需要强调说明的是，本模拟学习实质上是由一张相互关联的“企业经营问题网络”所构建起来的，但是这些问题都只是隐藏在各个决策场景中，需要学生自己去识别，并由这张“问题网络”串联起我们所需要的各类知识，在各类知识应用于实战模拟的过程中，训练和提升我们的综合能力。因此，“识别问题、分析问题和解决问题”构成了本模拟课程学习最主要的内容。

3. 综合训练和提升企业经营决策能力

在上述模拟学习内容的基础上，最重要的学习内容就是训练和提升我们的企业经营决策能力。与知识学习相比，能力的训练与评估更为复杂且难以实施。我们将在第 6 章对经营决策能力做相应的阐释，并探讨基于实战模拟的决策能力训练流程和能力评估方法。

### （二）团队行为层面的认知与能力

本课程主要是通过组建团队的形式来进行模拟学习，团队构成了学生学习的另一个重要平台。如果模拟系统平台可以帮助我们理解企业经营决策系统，那么团队合作决策过程就为学生提供了团队决策行为认知与能力训练的另一个实战模拟场景。

#### 1. 团队决策行为的认知

在组织的实践中，团队行为是最基本和最重要的实践方式。与个人自主学习和成长相比，团队合作学习和成长越来越成为社会和组织更为重要的学习成长模式。学生从校园走向社会后，如何认知和践行团队合作与学习是极为重要的一种成长转变。本模拟为学生提供了非常好的团队决策场景，让学生能够进行反复的实践与训练。在本模拟实践中，学生要深入地去思考团队决策的优势和劣势，认知团队决策的内在规律。团队决策是一个发展较为成熟的研究领域，在模拟实践中，学生应结合相关的理论知识，通过决策行为的反馈与反思，来提升自己对团队决策行为的认知。

#### 2. 团队决策行为的改善

在团队决策行为认知的基础上，我们通过持续的反思与迭代，来改善我们的团队决策行为，提升团队决策效率。我们会发现，企业经营模拟的决策效果最终与团队的决策效率紧密相关。当我们的团队决策行为不断改善，效率不断提升，企业经营模拟决策的效果自然会得到改善和提升。我们还会发现，在分工合理、合作有效与学习成长氛围良好的团队中，个人的成长也是最快的。因此，在团队决策过程中，我们要学习从团队层面持续地对相关行为进行观察与反思，例如，分工合作、冲突解决、决策效率、学习成长、创新突破和知行合一等，并在一次次的团队决策实践中进行改善和提升。

#### 3. 团队决策能力的提升

与个人决策能力相似，团队决策能力也是一个综合概念，但与个人决策能力相比，团队决策能力的提升空间更大，难度也更高。作为团队成员，我们要从团队层面来观察和思考如何提升团队决策能力，这种能力的改善不仅需要个人能力的提升，更是着眼于成员之间的关系与互动，其必须在持续的互动实践中习得。我们将在第 7 章对经营团队决策能力进行相应的探讨，学生在对团队行为认知的提升基础上，结合模拟实践来进行训练和提升。

## 三、实战模拟学习方法

模拟学习是基于计算机技术的一种创新的实践学习模式，与传统讲座课程的知识学习模式相比，其学习的目标与内容发生了根本性的变化，因此，在学习逻辑和方法上，如果继续沿袭或照搬传统课程的学习模式，将很难得到满意的学习结果，必须采用和尝试一些新的学习方法。本部分将简要介绍两种学习方法，“磨刀不误砍柴工”，学生可以另外收集相关资料进行更全面的学习，来深入领会与借鉴这些学习方法所蕴含的理念和技巧，以更好地应用到模拟学习中。

### （一）行动学习方法

行动学习最早在商业项目实践中获得了巨大成功，并逐渐发展成为人才发展和组织发展领域最有效的干预手段和组织发展中最快的一种管理工具。与此同时，行动学习也逐渐成为商学院青睐的教学方法，成为在校商学院学生实践学习的有效方法。

#### 1. 行动学习的理念

与知识学习的传统学习模式相比，行动学习蕴含了以下四个重要理念：

第一，行动学习是一种互助咨询式的学习方法。行动学习不是一个人独自读书学习，也不是坐在课堂上听教师或专家讲课，而是组建行动学习小组，小组成员相互提问和相互帮助，形成紧密联结的互助解决难题的团队。

第二，行动学习重视相互提问。行动学习有一个重要的学习等式：学习 = 程序性知识 + 洞察性提问。行动学习提倡学习应该是少量的“知识”加上大量的“提问”，并认为在复杂且具有不确定的环境里，不应过分强调确定的知识，而应重视洞察性提问的能力，通过提问厘清思路、调用知识才是解决难题的关键。

第三，行动学习重视实践承诺。参与者在组建好团队后一定要采取行动，解决自己面临的真实挑战，通过行动来缓解他们的压力和焦虑，同时促进团队成员的成长，以此对团队工作绩效产生推动作用。

第四，行动学习重视质疑和反思。团队成员彼此要有平等开放的心态，即使自己是个“门外汉”，也可以大胆地进行提问，因为有时候“门外汉”往往更容易打破固有思路，从全新的视角审视难题，为解决难题找到突破口。

#### 2. 行动学习的步骤

行动学习的步骤并不是僵化不变的，可以不断完善自己的学习形式，一般来说，通常会有以下几个主要步骤：

步骤 1：提出难题。行动学习首先需要说明目的，明确研讨规则，改进成员之间的信任关系。在实际研讨中可以围绕团队面临的一系列问题，选出最具挑战性的难题进行介绍和研讨。在模拟学习中，也可以根据整个模拟课程的实践任务与目标来规划相应问题，这些规划性问题像一棵大树的主干，基于这根主干问题，学生和团队可以不断分解和提出个人和团队面临的难题，这些就如主干之外的繁枝茂叶，构成了大树的勃勃生机。

步骤 2：澄清难题。这个环节以提问为中心，参与者不可以直接提建议或陈述个人观点，而是要用提问的方式澄清难题。提问可以帮助参与者厘清难题的背景信息，梳理难题的逻辑。相比于陈述，提问更能表达参与者的关心，有助于拉近彼此的关系。必要时可以对小组成员的提问质量进行回顾与反思，从而促进研讨质量的持续提升。

步骤 3：重构难题。难题提出者看到的往往只是难题的表面而非本质。对难题进行充分澄清之后，小组可以共同研讨“真正的难题到底是什么”，这一环节是整个流程的关键步骤，可以重新定义难题。找到难题的本质是解决难题的关键。对于重构难题，小组应该达成共识。这是为了增加承诺度，把难题提出者的难题变成所有人共同面对的难题。重构难题后，难题提出者应该设定解决难题的具体目标，明确最终要达成的结果。

步骤 4：创新方案。明确目标之后，小组开始研讨实现目标的创新方案。创新方案环节包含两个子步骤。第一个子步骤是创新提问，即参与者从不同的视角提问以激发难题提出者的思路。第二个子步骤是经历分享。对于难题提出者的难题，每个参与者可能都有一些相关经历，大家分享这些经历不仅能启发难题提出者，还能促进彼此的互助和联结。要注意的是，这里要求的是经历分享，而不是提建议。空泛地提建议很容易触发心理防御机制，破坏彼此的信任关系。

步骤 5：采取行动。根据创新方案环节所启发的思路，难题提出者可以制定解决难题、实现目标的行动方案。专业行动学习引导师要确保行动方案是具体的且有效的，它们能够帮助难题提出者实现目标。此外，这个环节也可以鼓励每个小组成员给难题提出者提供个人支持，这样不但可以提升解决难题的效果，而且还能增进小组成员的情感联结。

步骤 6：学习反思。参与者分享在研讨流程和解决难题过程中收获的学习反思。反思能够帮助参与者将研讨难题的收获沉淀下来，变成自己的经验和认知，促使参与者在今后的行动中做出相应的改变。最后，参与者彼此赋能，彼此进行鼓励和肯定，再一次加强彼此连接。

3. 促进行动学习中的反思

反思在行动学习中具有重要的价值，持续地提高反思质量与提升反思层次将更好地保障学习的效果。

（1）提高反思质量。反思是行动学习质量的重要保障，当反思的质量高时，我们能明确感受到行动学习的力量和成果；反之，则可能给我们带来无力感甚至挫败感。因此行动学习中需要每位参与者保障反思的质量。想要提高反思质量，可以有很多尝试，这里给出两个较为实用的方法。第一个方法是要把矛头指向自己。如果把矛头指向别人，会给人不好的感觉，带来的学习效果往往也不好。所以提问时最好用“我”，或者是用“我们”，虽然只有一字之差，但是其背后的含义完全不同，可以自己体会一下这里面的微妙差别。第二个方法是要浮现和校正假设。假设是我们认为正确的观点和结论，我们的一切行动都基于我们内心的某种或某几种假设。如果我们的反思只关注行为的改变，那么就只看到了问题的表面，而深层次的思维模式并没有改变。深度反思是要看到行为背后的心智模式，浮现出行为背后的假设，并校正这个假设。这样的反思不仅看到了行为层面，还深入了一层，修正了心智模式、假设或信念，让人们从根本上发生改变。

（2）提升反思层次。反思可以在个人、团队和组织三个层面上进行：①个人学习的反思。参与者个人在课题研讨、个体觉察、领导力发展等方面的学习反思，内容包括：在研讨和解决难题的过程中，你有哪些收获和反思？针对我们的研讨工具，你有哪些学习和收获？在刚才的研讨过程中，你的提问、聆听质量如何？如果重新再研讨一次，你会有哪些改变？针对你想发展的能力，你在刚才研讨中表现如何？做得好的方面是什么？可以更好的方面是什么？你对自己有哪些新的发现？②团队学习的反思。行动学习小组在团队行为方面的学习反思，内容包括：作为一个团队，我们在研讨中做得好的方面是什么？我们在研讨中可以做得更好的方面是什么？如果重新再研讨一次，我们可以做出哪些改变？从其他人的分享中，大家可以学到什么？③组织学习的反思。关于如何将学习收获应用到组织中的学习反思，内容包括：如何将你的学习反思更好地应用到工作中？如果将学习点迁移到工作中，你觉得马上可以采取的行动是什么？如何在你的工作团队中践行这种提问式的研讨方式？

（二）基于问题的学习

基于问题的学习（Problem-based Learning，PBL）最早运用在医学院的课程教学中，该方法主要是在辅导教师的参与和引导下，围绕临床中会碰到的实际医学病例或专题，以小组讨论的形式进行问题的提出、讨论和学习的过程，其核心是以问题为中心，以学生讨论为主体，教师作为引导者。

1. PBL 的学习目标

PBL 有几个重要的教学目标，其主要帮助学生达到以下五个目的（Hmelo-Silver，2004）：

（1）构建一个广博而灵活的知识基础。与传统教学相比，PBL 在学习事实类知识上没有什么显著的优势，但是在知识的应用上，其具有较为显著的优势。而且，与传统课堂教学所获得的知识相比，通过 PBL 所获得的知识更具有灵活性，能够更好地在新的问题情境中进行转化应用。PBL 的另一个优势是可以更有效地帮助学生进行跨学科的知识学习，这一方面是因为解决实际中的问题往往需要应用跨学科知识，另一方面是可以通过组建跨学科问题小组来促进学生之间的跨学科学习。研究发现，PBL 可以让学生理解和灵活应用更多的相关概念，对问题提出更多更复杂的假设和解释。

（2）发展有效的问题解决技能。根据相关学者研究（Norman et al.，1994），PBL 方法在问题的解决技能训练方面具有优势，通过 PBL 学习的学生在逻辑推理上，更偏向于应用“假设驱动推理”（hypothesis-driven reasoning）模式，而传统教学模式的学生更偏向于应用“主导数据驱动推理”（predominately data-driven reasoning）模式。对于一个新手来说，“假设驱动推理”模式能帮助学生更好地将自己的问题解决能力迁移到一些不相关的问题上，并且能够产生更多的一致性解释。另一个重要的问题解决技能就是“界定问题”，特别是对那些结构不良的问题（ill-structured problems），这也被认为是一种发现问题的能力。与接受传统教学的学生相比，学生在经过 PBL 教学训练后，在面对一个新的结构不良的问题时，会更倾向于将问题发现或问题确定作为解决问题过程中的一个重要步骤。

（3）发展自主学习和终身学习的技能。PBL 被视为能够训练终身学习技能的一种重要模式，因为其强调自主学习（self-directed learning）。自主学习的一些重要特征包括规划个人的自我学习、发展和应用策略，并恰当地运用学习资源。一些相关研究发现，学生的自主学习能力也有一个不断发展形成的过程，其自主学习策略会根据学习环境的变化而做出调整，自主学习能力表现优秀的学生会为目标的实现做出提前反应，并会根据环境需要调整自己的学习策略。

（4）成为有效的合作者。让学生成为有效的合作者也是 PBL 教学的重要目标之一。有效的合作能够帮助学生构建知识，在合作的过程中团队成员经常聚焦并提炼他们的想法，在所有学生成员假设和解释贡献自己的想法时，就有助于形成一种集体性的解释。在 PBL 学习过程中，学生会被鼓励参与合作，甚至可以运用一些工具，如学习团队调查（the learning team survey），以帮助获得有价值的信息，来了解在团队合作过程中带来的有成效的反思和完善。有证据显示，学生一起讨论学习确实能够带来合作的观点和智慧。

（5）变成自我驱动型的学习者。提高学生内在的学习动力被认为是 PBL 重要的优势之一。从对医学院 PBL 课程的反馈来看，相较于传统课程，学生对 PBL 课程更加满意和有信心，这点也许和医学院的 PBL 课程体系完善程度有关，因为医学院的学生可能已经普遍适应了这种新的教学模式。

2. PBL 方法的要素

PBL 教学会设计真实性任务，在完成任务的过程中会面临一系列复杂和有挑战性的问题，解决问题需要学习者通过自主探究和合作学习，通过探究学习问题所隐含的知识，来潜移默化地训练解决问题的诸多能力和技能。同时，教师在教学过程中的角色与作用也发生了转变，教师不再直接讲授知识或给出问题的标准答案，仅在需要的时刻进行引导或起到教练的作用，实际上教师转变成了一位知识建构的促进者与引导者。

总体来说，PBL 方法有一些基本要素需要注意：

（1）学习以问题为起点，所有学习内容的设计与架构也均围绕问题来展开。

（2）问题必须是学生未来在“真实世界”可能遭遇的非结构化的专业领域问题，没有现成和固定的解决方法和过程。

（3）较少运用讲述法教学，强调小组合作学习和自主学习，学生可以通过社会交往发展协作技巧及综合能力。

（4）以学生为中心，学生必须承担起学习的责任，教师就像教练一样来指导其认知学习技巧。

（5）自我评价和小组评价通常要在每一个问题完成和每个课程单元结束时进行。

3. PBL 学习的实施

基于问题的学习的教学方法的实施过程，是一个师生高度互动的过程，其设计和实施需要有更丰富的经验和实践创新。

（1）合适的问题情境。PBL 的应用对选用的问题情境会有一定的要求，通常来说，问题较适宜的情境应当具有以下特点：①有不同的参与方，如个人、团队或组织等，他们都有自己的兴趣、利益和目标；②情境中不同参与方会持有不同的价值观点，并且很难达成一致的看法；③对于问题产生的矛盾必须找到行之有效的解决办法；④问题的解决具有多个不同的方法或方案，需要参与方进行讨论、协商、比较和选择。

（2）娴熟的教学技能。PBL 在模拟教学中的运用要求教师熟练掌握以下重要的教学技能：①激励技能。在将问题情境呈现给学生之后，就需要调动学生的参与主动性和积极性。只有充分激发学生的参与热情与探究动机，模拟教学才能发挥最大的学习成效，因为学生只有在参与中才能有所思考、体验、领悟和提升。②协调技能。在商业模拟教学中，教师不是一个控制者，而是一个协调者。学生团队自己决定和实施决策过程，他们是解决问题的主体，教师不能过多地干预或越俎代庖，但是，在问题解决的过程中，如果学生遇到了较大困难，教师需及时地给予适当的帮助和协调。③引导启发技能。教师需要在整个教学过程中不断引导和启发学生，使学生更准确地把握和分析问题，找到解决问题的思路和方法。教师千万不能越过问题解决的必要步骤，让学生直接获得问题的结果，学生需要在自己不断探索与探究的努力下，获得相应的知识和能力。好的引导和启发，可以更有效地让学生思考解决问题的方案和获得能力的提升。④反馈技能。在学生自主进行问题解决的过程中，教师应当给予密切的观察和及时、中肯的反馈。这不仅可以在必要的时候给予学生指导和引导，同时还能给学生一种提示或暗示，教师在关注他们的学习进程，他们的问题解决与学习过程是一件严肃认真的事情，而不是在做一次“游戏”。

（3）营造良好的课堂学习氛围。首先，教师要为学生创设一个安全、开放的心理环境，鼓励他们自由表达思想和感情，不轻易否定学生的观点和见解，更不能凭借教师的权威身份做随意的论断，而应引导学生大胆、诚挚地袒露自己真实的想法。其次，学生之间也要相互倾听、相互学习和尊重，不应因意见不同就彼此打压和贬低，让学生领悟团队工作中合作的重要性。教师要帮助学生把注意力集中在对问题的分析以及对问题的解决上，而不只是在乎个人表现或影响。在整个学习过程中，让学生真正有收获，不断体验和感受到学习的价值与意义，并在此过程中获得面对未来现实世界的勇气、自信和能力，这才是商业模拟教学的重要目标。

## 第2节　经营模拟软件系统介绍

### 一、GC决策模拟平台

本书所举的案例大多以Global Challenge（GC）模拟软件平台为例展开，因此，这里主要介绍该模拟软件平台。

（一）案例背景介绍

GC模拟的公司类型可以有两个选择：一是移动通信制造公司，二是新能源汽车制造公司。两个类型的公司在产品类型与产品技术上有所差异，但所涉及的企业经营决策点及其相应的知识内容体系基本相同，熟悉了其中一个类型就可以较为轻松地迁移到另一个类型。我们主要介绍以移动通信制造公司为案例背景的模拟。

自20世纪90年代以来，移动通信技术的发展趋势就是让手机越来越小巧轻便，技术设计越来越复杂，特征也越来越多。作为新科技行业，手机行业的发展速度非常快，人们对新科技的发展充满了期望。对于手机制造商来说，最大的挑战是紧跟技术发展，因为研发需要很大的投入，手机已不只是通话的工具，其娱乐功能的开发在赢得市场竞争中越来越重要。目前看来并不是所有技术都可以靠内部开发的，实际上技术外包研发越来越成为现代科技公司保持技术优势的重要手段。全球市场的发展可能需要在亚洲建立更多的生产基地。

作为一家移动通信制造国际经营公司，企业通过技术研发、产品生产和市场销售等核心运营职能，来满足全球手机市场的消费者需求，当然，在此过程中，企业还涉及人力资源、财务管理、国际贸易、社会责任等相应的职能。企业成功的一个关键因素是令消费者感兴趣并符合他们需求的设计。模拟案例示意如图1-2所示。

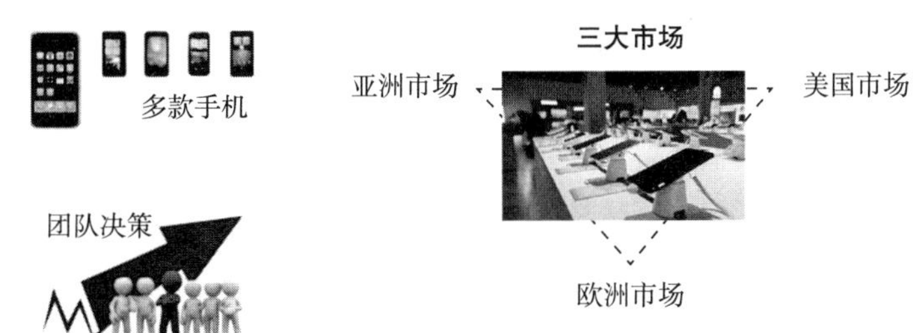


图 1–2　模拟案例示意

（二）经营模拟主要内容

如图 1–3 所示，我们将本经营模拟软件涉及的企业决策主要内容进行概览，并归类为以下几个方面：

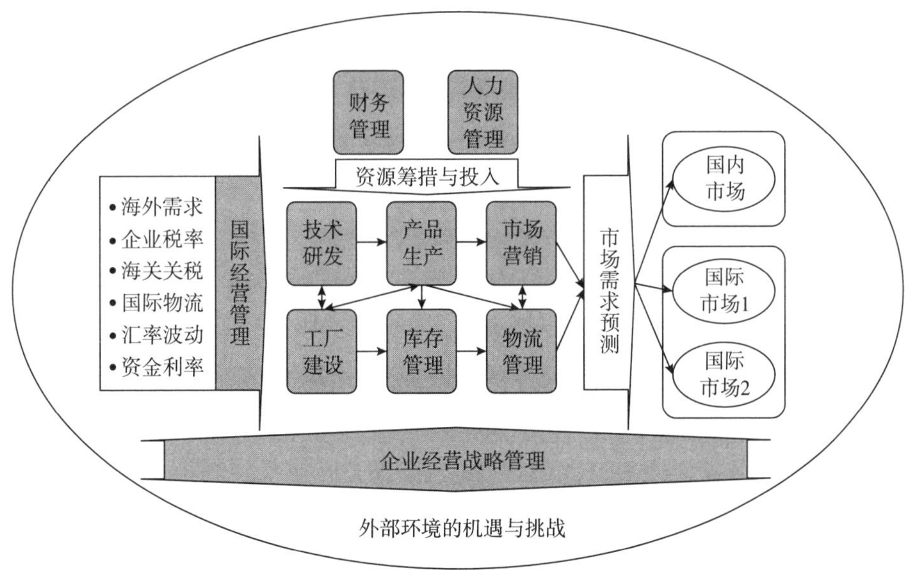


图 1–3　企业经营模拟内容概览

1. 企业经营的核心运营职能

作为一家产品制造业公司，其核心运营职能包括技术研发、产品生产和市场营销，即企业需要针对相应的市场研发出相关产品技术，然后基于该技术进行产品的生产制造，最后通过恰当的市场营销策略来触及和满足国内与国外市场的顾客需求。

2. 企业经营的重要辅助职能

围绕以上核心运营职能，企业还有相应的一些重要辅助职能，首先是需要为产品的生产制造建设相应的工厂，因为工厂投资在企业的固定资产中往往占据重要地位，其特点是初始投入大、回收期长，因此是一项重要的前期辅助职能。其次是库存与物流，这是产品生产出来之后，为了更好地触及并满足客户的需求，企业需要建立的重要辅助职能。

3. 企业经营的资源管理

企业经营的重要任务，是源源不断地投入经营所需的人、财、物等资源，满足市场的需要来获取自身的经营效益。为此，资源的投入不是盲目和随意的，应该有科学的流程与规范的制度，特别要持续对资源投入与产出效益进行分析与监控，使企业的资源投入获得相应合理的经济效益。同时，与资源投入相对应的是要合理地筹集相应的资源，这里主要涉及资金与人才。因此，财务管理与人力资源管理不仅是维持企业正常经营的两项重要辅助职能，更是从资源的视角来科学地记录、统计和分析资源使用效率的重要方法。

4. 企业国际经营管理职能

本经营模拟是一家涉及全球三大消费市场的国际性企业，因此其过程中会涉及跨国经营所需要面对和考虑的特定经营问题，这里主要包括：

（1）考虑不同国家的市场需求。国际性企业经营的目标是要通过开发和满足海外市场来获取相应的经济效益，因此企业经营的基础是要去分析和发现海外有利可图的市场需求。海外市场往往面临更大的风险和收益，这需要企业经营者具有全球视野来思考和观察海外市场潜藏的机会与威胁，并通过全球的资源整合来把握海外市场的重要机遇。

（2）考虑不同国家的企业税率。由于不同国家会采用不同的企业所得税征收税率，这使在不同国家有子公司的跨国公司会有动机来权衡税率的差异所带来的利润影响，企业总是趋利避害的，总是希望自身能够获取更大的经济收益。

（3）考虑海关关税与国际物流成本。与一家国内企业相比，国际经营企业需要面对不同国家的海关关税和高昂的国际物流成本，因此，企业在满足海外市场时，需要密切关注和计算关税和物流成本的变化，以及其给公司经营利润带来的重要影响。在全球价值链整合的过程中，合理地进行研发、生产与营销的布局，能够给公司带来更大的经济效益。

（4）考虑国际汇率的波动。国际汇率的波动会直接影响公司国际贸易的销售收入和利润，特别是在全球进行资金筹集、配置和储备的国际性企业，在国际汇率剧烈波动的时候，仅仅是资金在不同国家之间的流动就足以带来企业资产价值的大幅波动。

（5）考虑不同国家的资金利率。国际性企业通常会在全球进行资金的筹措，由于不同国家有不同的资金利率，导致企业在不同国家筹集资金的成本存在差异，因此，企业可以充分利用不同国家及子公司的资金利率变化来降低资金使用成本。

5. 企业经营战略管理

企业经营的本质是基于自身的资源与能力来应对外部环境的机遇与威胁。外部的宏观环境与行业环境总是处于不断的动态变化之中，风云变幻的机遇与威胁也给企业经营者带来巨大的挑战，作为中高层管理者，如何站在全球视角来观察、思考和制定企业的未来经营战略，是作为经营决策者来说最为关键的任务。企业战略管理的重要特点是综合性、系统性、动态性和复杂性，也是本实战模拟决策中最高层次的训练内容。

## 二、本教材的适用性说明

以上企业经营模拟内容框架涵盖了国际性经营企业需要思考的一些重要决策内容，本教材的内容基本围绕这些重要决策内容展开。同时，从现有管理类专业学生所学的专业知识体系来看，本教材涉及的模拟决策内容也尽量涵盖相关专业所学的知识点。因此，本模拟教材也可以适用于其他类似的相关模拟课程与软件系统教学平台，在实际使用时只需根据具体课程与软件平台的实际要求，做一些内容的增减，在其模拟教学的逻辑体系与方法上完全可以进行参考借鉴。

# 本章小结

本章学习主要是对企业经营实战模拟学习有一个整体的认识，犹如一张地图，指导学生在学习的过程中朝着正确的方向前进。首先，本章对实战模拟的学习目标、学习内容和学习方法进行了概述。从学习目标来看，主要有两个方面：一是知识的学习与应用，二是能力的训练与提升。从实战模拟学习的内容来看，主要有企业经营层面与团队决策层面两个层面的认知与能力。从实战模拟学习的方法来看，主要有行动学习方法和基于问题的学习两种核心方法，要理解这些方法与传统课堂学习方法的主要差别。其次，本章对本教材所使用的模拟软件系统做了介绍，以便对该模拟软件平台涉及的主要内容有概览式的认识，有助于学生更快速有效地进入模拟学习状态。

## 思考与练习

1. 实战模拟的知识学习与传统课堂的知识学习有什么不同?

2. 我们在实战模拟中如何有效地进行能力的训练与提升?

3. 结合个人情况，思考和规划将要通过实战模拟训练与提升哪些方面的认知与能力?

4. 我们应如何基于实战模拟来提升自身认知与能力?

5. 登录和熟悉模拟软件系统，初步了解系统涉及的决策模块与内容。

# 第 2 章　基础理论知识概述

◎本章学习目标

1. 了解本经营模拟需要掌握的相关专业知识
2. 熟悉掌握本经营模拟涉及的管理学相关知识
3. 熟悉掌握本经营模拟涉及的经济学相关知识
4. 掌握与本经营模拟有关的其他相关学科知识
5. 理解不同学科知识在本经营模拟中的相互关系

本章将主要介绍与本实战模拟课程密切相关的一些理论知识。因为本经营实战模拟基本上会涵盖本科四年所学专业与课程上诸多知识内容，因此本章的内容仅是起到一个概览性的作用，使学生方便和及时查阅到实战模拟需要的一些相关知识点，如果想对各知识点有更深入全面的回顾则需要查阅更为翔实的资料。本章第 1 节是对知识学习目标的介绍，以及对各知识点进行思维导图式的导航，其余各节分别按管理学、经济学与其他学科的分类对相关知识点进行概述。

## 第 1 节　知识学习目标与导航

### 一、知识学习目标

如图 2–1 所示，布卢姆（Bloom B. S.）等提出教育目标分类学（taxonomy of educational objectives），该分类学主要包括以下六个层级：

（1）记忆：能从长时记忆中找到和识别接收到的信息。

（2）理解：得到信息后，能用自己的话表达其中的意义。

（3）应用：能在给定的情境中执行或使用信息。

（4）分析：将信息分解，确定各部分之间、各部分与总体之间的关系。

（5）评价：能以得到的信息为准则做出判断。

（6）创造：能基于得到的信息重新组织成新的模型或结构。

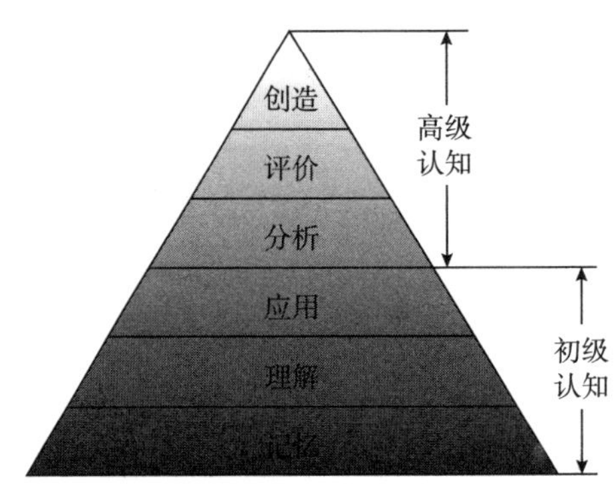


**图 2-1　布卢姆的教育目标分类层级**

该分类学影响甚广，经过多年的修订和完善，已经在全球几十个国家得到应用。最新版本中提出的六个层级共包括 19 种认知过程类别。在参考该分类层级的基础上，本章提出实战模拟课程的知识学习目标如下：

1. 能够记忆与理解相关的专业知识

围绕企业经营决策实践，能够联想起所学的相关专业知识，对相关专业知识的主要概念及其理论有较好的理解，能结合相关决策情境进行相应的匹配、类比、转化、比较、推断等分析。同时，能够根据模拟经营决策问题的需要，自主学习和掌握所需的其他相关学科知识。

2. 能够整合相关专业知识进行决策应用

结合本模拟决策系统，能够整合相关学科与专业知识恰当地应用于各种模拟经营的决策情境，熟悉运用相关专业知识的理论原理来尝试解决不同经营决策问题。

3. 能够分析和评价专业知识应用的成效

在知识应用于模拟实践的过程中，能对知识指导实践的成效进行分析和评价。逐步深入观察和理解知识在应用于实践的过程中，如何根据具体的情境或条

件进行恰当的调整、转换和整合，对知识的实践价值有更深入的体验和反思。

4. 能够自主构建具有实践价值的知识体系

在将所学知识应用于实战模拟的过程中，通过持续的体验与反思，能对已有的知识体系进行调整和重构，提出新的假设和进行验证，逐步构建出适合指导自己实践需求的知识，以便更好地在实践中做到“知行合一”。

## 二、知识学习导航

本章的基础理论知识框架是对本模拟系统学习所需的知识要点进行梳理，大体上是根据知识要点在模拟决策中应用的“亲疏远近”进行归类，同时也借鉴了学科分类的方法，主要是为了学生能更好地查阅到模拟所需的知识点。因此，制定本导航就是为了有效地帮助学生建立一个整体框架，使其在看似繁复的知识要点中不会迷路，能尽快在头脑中建立一个自己的知识导航图。

（一）知识模块导航

如图 2–2 所示，我们在本模拟课程中主要构建了三大类知识模块：管理学、经济学和其他相关学科，其中其他相关学科较为广泛，包括社会学、行为学和运筹学等学科。这三个模块我们用金字塔来导航示意，主要有以下几个意图：

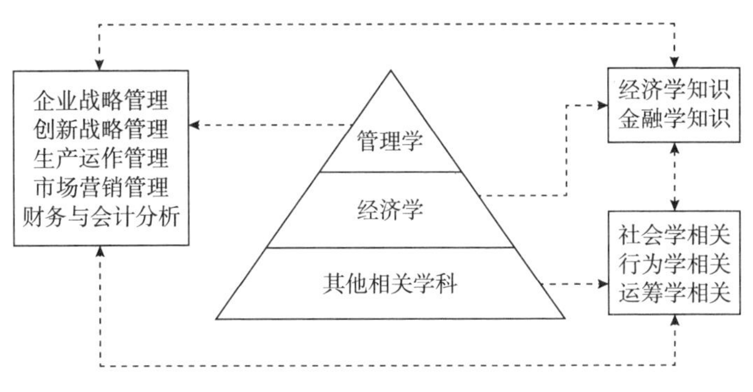


图 2–2　知识模块导航

意图一：把管理学知识的理解与实践作为首要任务

本模拟学习主要聚焦于管理学相关知识的理解与实践，主要涉及“企业战略、创新战略、生产运作、市场营销、财务与会计分析”等几大方面重要专业知识，不仅要学会如何将这些来自不同专业或课程的知识运用到模拟实践中，更需要将这些原本归类的知识要点重新统合到模拟实践中进行综合和系统的关联和理解。

意图二：用更广博知识体系的联结与实践带来催化效应

管理学知识不是一门孤立的学科体系，正确理解和运用这些知识需要更广博地学习其他相关的学科知识，如经济学、社会学与行为学等知识。这些知识一般在相关的学科与专业课程中多少有所涉猎和学习。与企业层面的管理学知识相比，这些知识可能会分别从更宏观的社会经济或更微观的个体行为层面来理解我们的管理实践行为，因此需要提醒的是，不要将这些知识当作“课程外”或“边缘性”知识而忽略掉，而应视其为帮助我们提升管理认知与实践能力的催化剂，可以帮助我们获得对管理学知识与行为产生更广博和深层的洞察力。

意图三：自主构建指导实践更具成效的知识体系

不要拘泥于本书的知识体系与框架，也无须局限在已学专业或课程的框架体系，而应自主探索自己可理解的知识框架体系，该框架体系不在于学科分类的合理性或科学性，而是要逐步形成或构建个人理解现实世界的一个知识网络，其中非常重要的是理解这些知识之间的关联性与互动性，这样能够更加有效地帮助我们理解商业世界的各种现象和行为。

我们的建议是，你们可以把本书知识模块与知识要点的梳理只看作一个案例示范，或者是你们个人自主构建知识过程中的一个“胚胎”或“脚手架”，最终目的是要量身打造一个更加丰富的、更加个性化的、更为知行合一的自主知识框架或网络。

### （二）知识要点导航

#### 1. 管理学相关知识要点导航

管理学涉及的知识要点相对较多，这里主要列举五个模块的内容，这五个模块不仅与我们已学的课程有关，同时也大致与本模拟涉及的模块相关，分别是：企业战略管理、创新战略管理、生产运作管理、市场营销管理和财务与会计分析。这五个模块的知识点将在本章第 2 节中进行详细阐述。

为方便学习过程中的查阅和记忆，本节的知识要点导航以下都采取思维导图的方式进行简要明了的展示。

（1）企业战略管理知识要点。企业战略管理主要涉及发展战略、防御战略、竞争战略和相关的战略分析工具四个方面。这几个方面的内容分别有相应的知识要点，具体如图 2–3 所示。

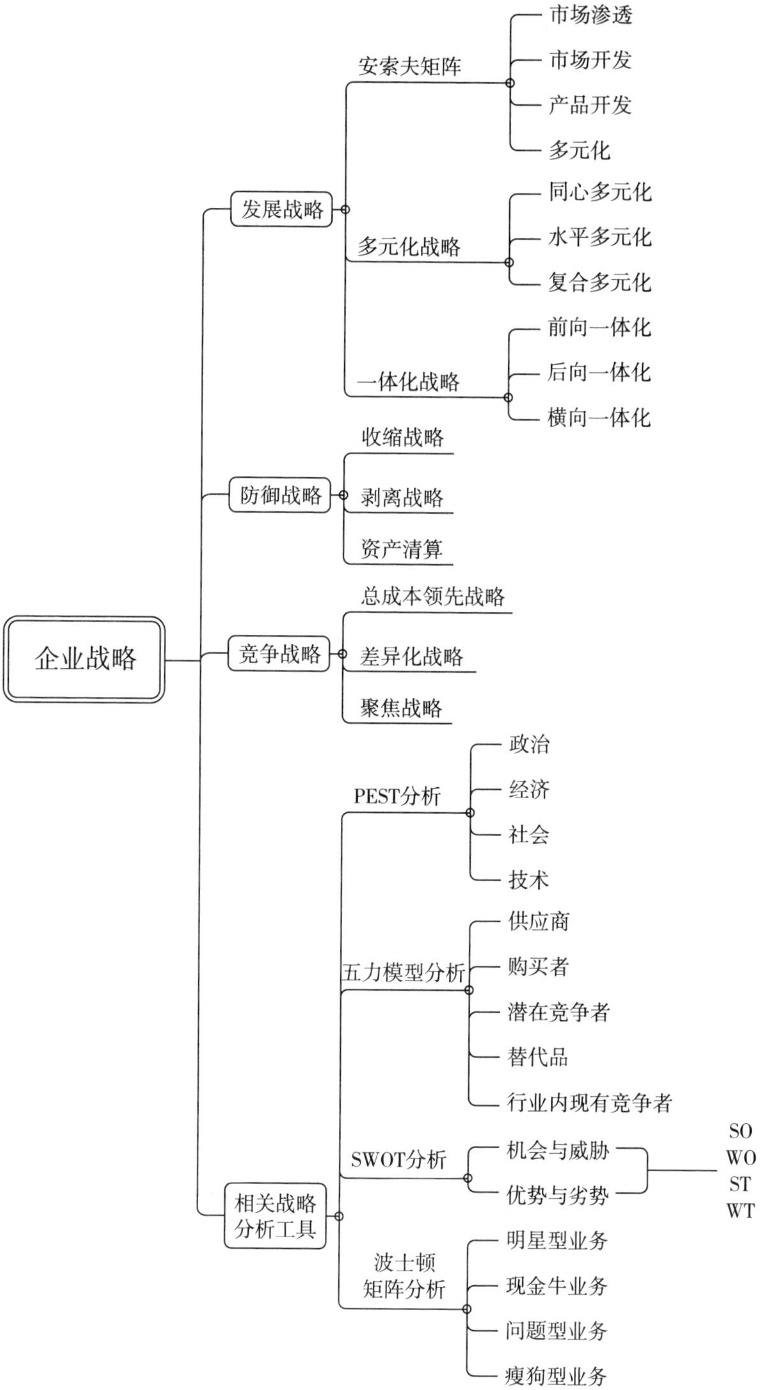

- 企业战略
  - 发展战略
    - 安索夫矩阵
      - 市场渗透
      - 市场开发
      - 产品开发
      - 多元化
    - 多元化战略
      - 同心多元化
      - 水平多元化
      - 复合多元化
    - 一体化战略
      - 前向一体化
      - 后向一体化
      - 横向一体化
  - 防御战略
    - 收缩战略
    - 剥离战略
    - 资产清算
  - 竞争战略
    - 总成本领先战略
    - 差异化战略
    - 聚焦战略
  - 相关战略分析工具
    - PEST分析
      - 政治
      - 经济
      - 社会
      - 技术
    - 五力模型分析
      - 供应商
      - 购买者
      - 潜在竞争者
      - 替代品
      - 行业内现有竞争者
    - SWOT分析
      - 机会与威胁
      - 优势与劣势
      - SO　WO　ST　WT
    - 波士顿矩阵分析
      - 明星型业务
      - 现金牛业务
      - 问题型业务
      - 瘦狗型业务

图 2–3　企业战略管理知识要点

（2）创新战略管理知识要点。企业技术创新与产品研发是企业创新战略的重要内容，我们首先必须了解创新战略的重要性，其次是创新战略主要有哪些类型，最后是新产品研发战略需要考虑哪些因素，包括外部与内部两方面的因素。具体知识点如图 2–4 所示。

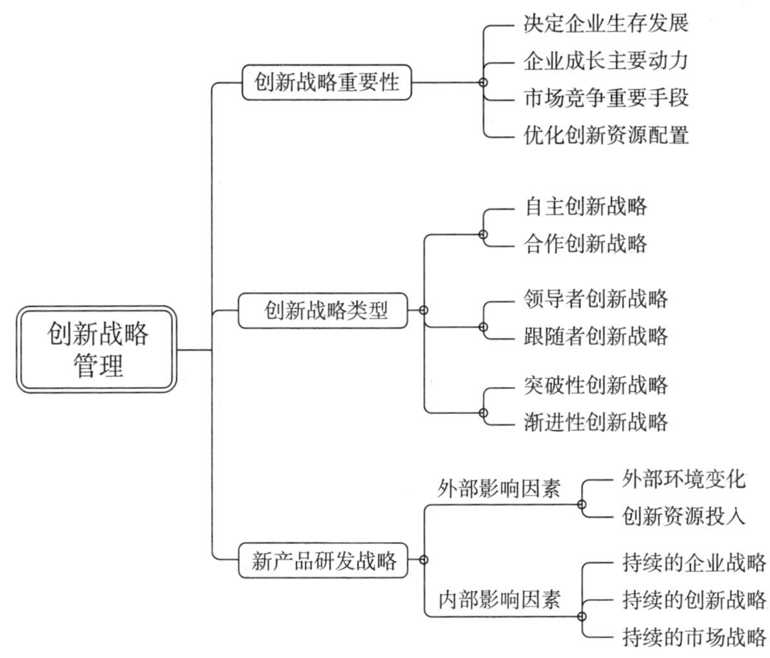


**图 2–4　创新战略管理知识要点**

（3）生产运作管理知识要点。生产运作管理涉及的内容较多，包括生产能力规划、生产外包管理、生产成本管理和物流库存管理四个方面，每个方面又包括多个知识要点，具体如图 2–5 所示。

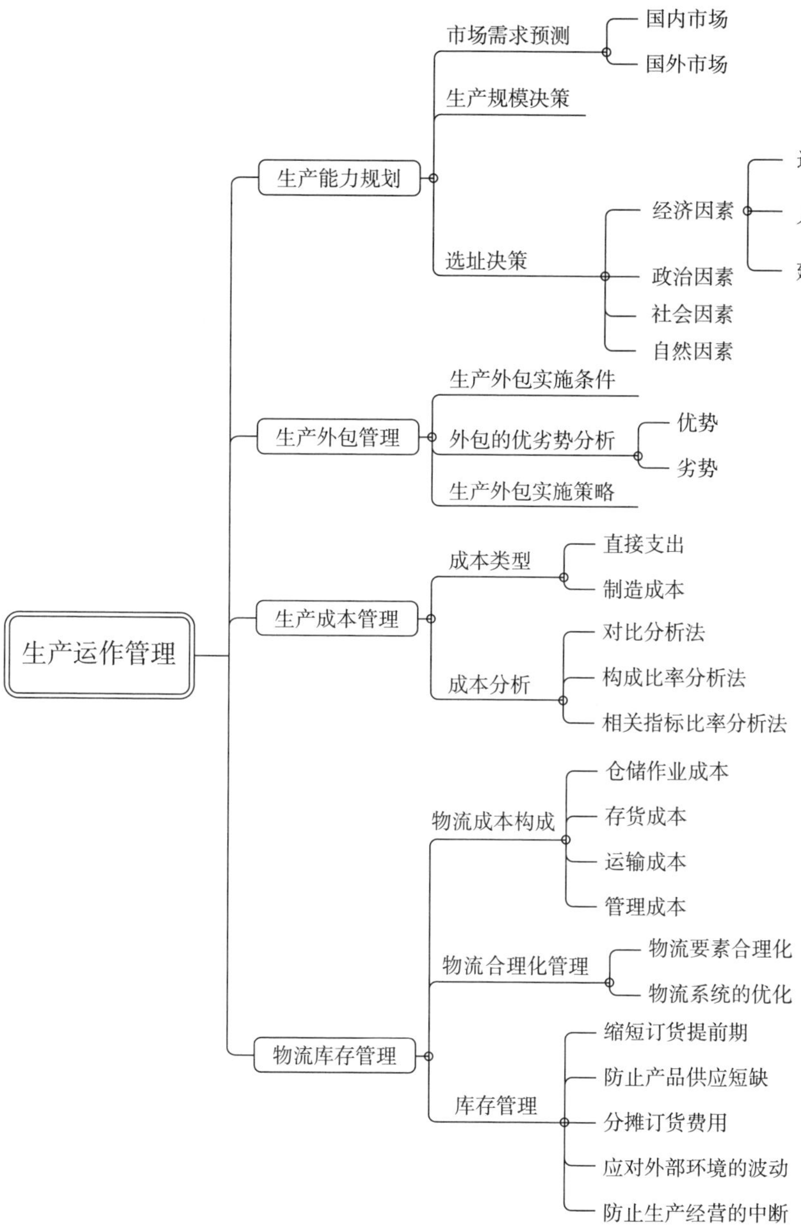

- 生产运作管理
  - 生产能力规划
    - 市场需求预测
      - 国内市场
      - 国外市场
    - 生产规模决策
    - 选址决策
      - 经济因素
        - 运输成本
        - 人力成本
        - 建厂成本
      - 政治因素
      - 社会因素
      - 自然因素
  - 生产外包管理
    - 生产外包实施条件
    - 外包的优劣势分析
      - 优势
      - 劣势
    - 生产外包实施策略
  - 生产成本管理
    - 成本类型
      - 直接支出
      - 制造成本
    - 成本分析
      - 对比分析法
      - 构成比率分析法
      - 相关指标比率分析法
  - 物流库存管理
    - 物流成本构成
      - 仓储作业成本
      - 存货成本
      - 运输成本
      - 管理成本
    - 物流合理化管理
      - 物流要素合理化
      - 物流系统的优化
    - 库存管理
      - 缩短订货提前期
      - 防止产品供应短缺
      - 分摊订货费用
      - 应对外部环境的波动
      - 防止生产经营的中断

**图 2–5　生产运作管理知识要点**

（4）市场营销管理知识要点。市场营销管理包括市场需求预测、产品生命周期、STP 营销理论、4Ps 营销策略和销售定价管理，如图 2–6 所示。

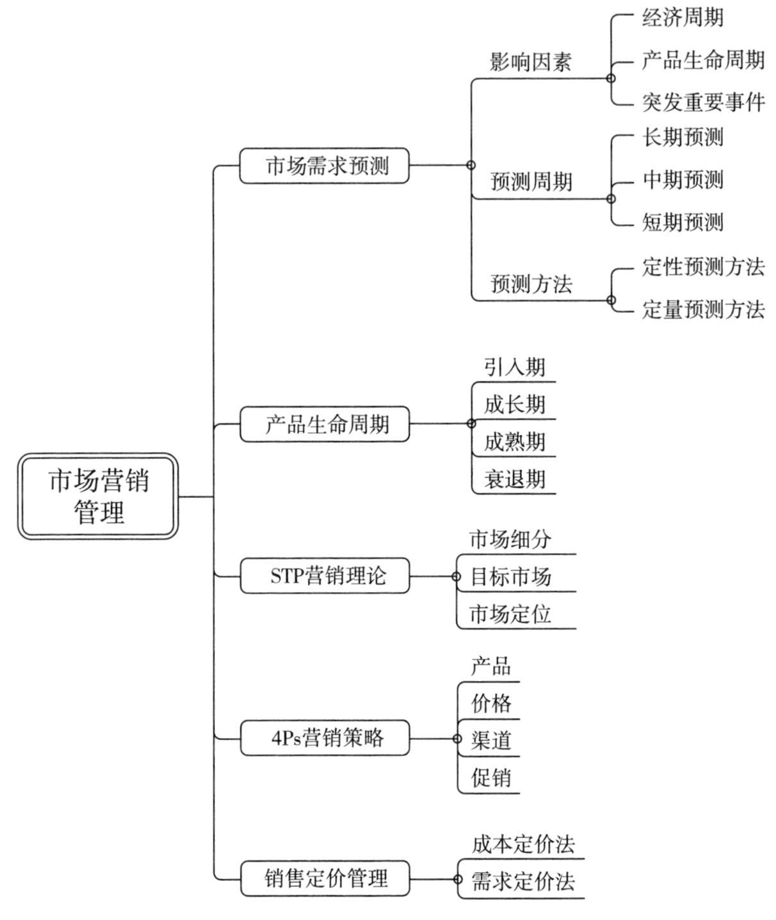


**图 2–6 市场营销管理知识要点**

（5）财务与会计分析知识要点。财务与会计分析也是非常重要且基础的知识内容，首先我们要对财务管理的功能有深入的理解，这有助于我们正确地对待和运用财务与会计方面的知识。其次就是资金结构与投资决策的管理，这不仅决定了公司资金的运作效率与回报率，同时对公司现金流的健康与财务风险都有影响。最后是财务报表分析相关知识，这些是该模块必须掌握的知识，特别是三大财务报表这些较为基础的知识，是整个公司经营管理分析的基础。各知识要点如图 2–7 所示。

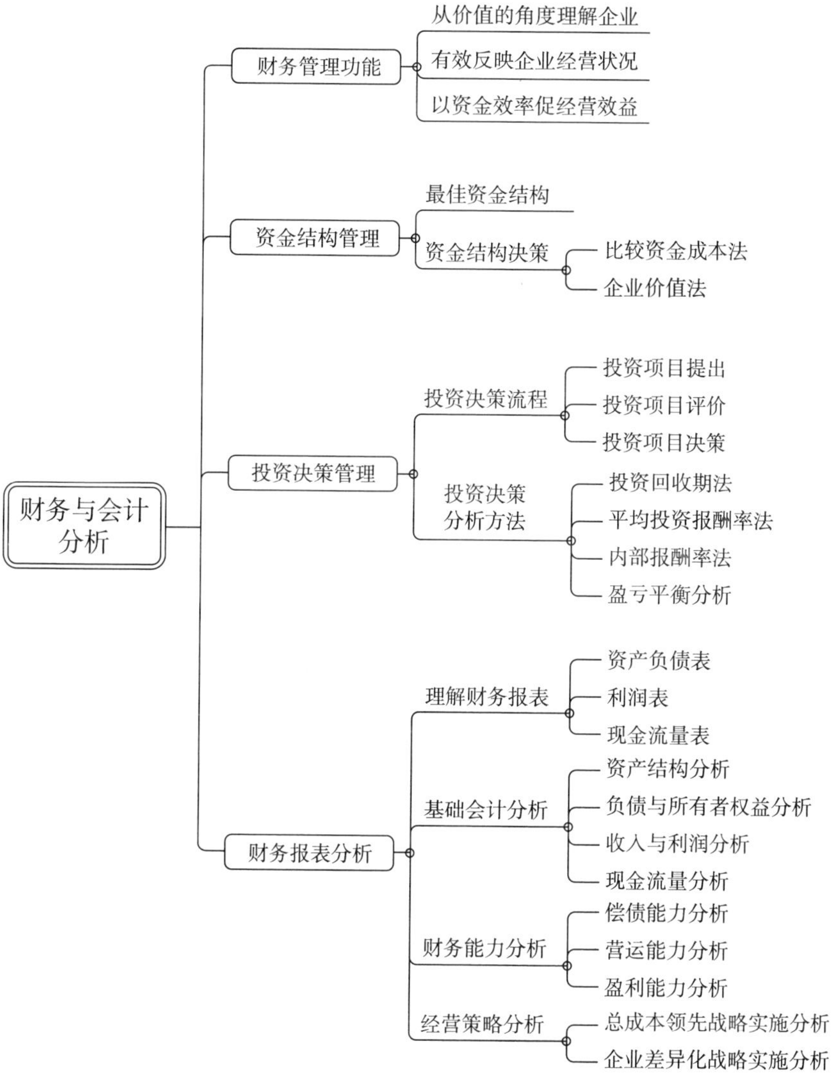

- 财务与会计分析
  - 财务管理功能
    - 从价值的角度理解企业
    - 有效反映企业经营状况
    - 以资金效率促经营效益
  - 资金结构管理
    - 最佳资金结构
    - 资金结构决策
      - 比较资金成本法
      - 企业价值法
  - 投资决策管理
    - 投资决策流程
      - 投资项目提出
      - 投资项目评价
      - 投资项目决策
    - 投资决策分析方法
      - 投资回收期法
      - 平均投资报酬率法
      - 内部报酬率法
      - 盈亏平衡分析
  - 财务报表分析
    - 理解财务报表
      - 资产负债表
      - 利润表
      - 现金流量表
    - 基础会计分析
      - 资产结构分析
      - 负债与所有者权益分析
      - 收入与利润分析
      - 现金流量分析
    - 财务能力分析
      - 偿债能力分析
      - 营运能力分析
      - 盈利能力分析
    - 经营策略分析
      - 总成本领先战略实施分析
      - 企业差异化战略实施分析

图 2–7 财务与会计分析知识要点

2. 经济学相关知识导航

经济学相关模块的知识点对我们理解和运用管理学相关知识具有非常重要的作用，其又可细分为经济学知识和金融学知识。首先，经济学知识主要要求理解和运用三个最为基础的理论知识点，分别是市场供需关系、行业生命周期和学习经验曲线。以上三部分知识在本模拟系统中有直接的运用，需要掌握。其次，金融学知识主要涉及两方面：企业估值和外汇汇率。这两部分知识在本模拟系统中也有直接运用，需要理解和掌握。以上模块的知识点将在本章的第 3 节进行详细阐述。各知识点如图 2–8 所示。

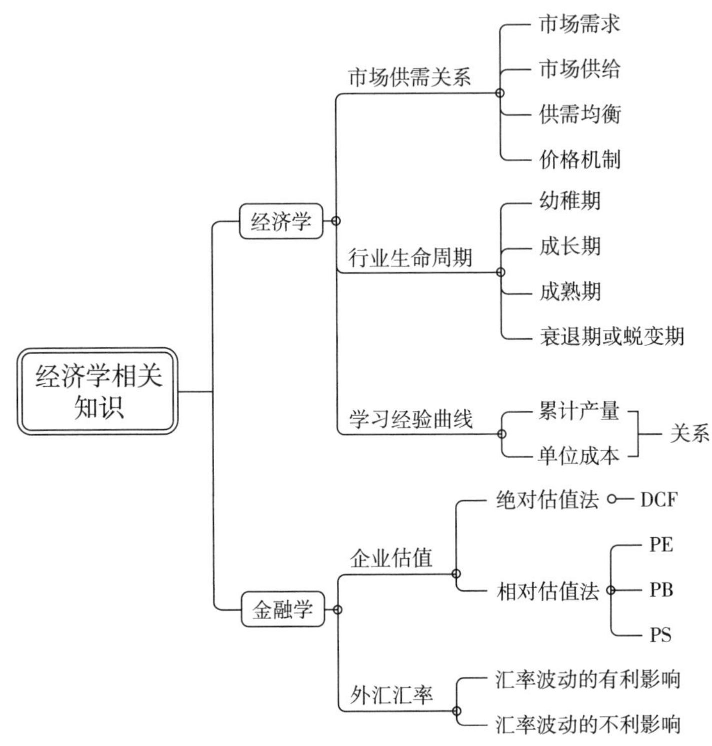


**图 2–8　经济学相关知识要点**

3. 其他学科相关知识导航

其他学科相关知识主要与上述管理学与经济学有较为直接的联系，同时也是本经营模拟系统中需要运用到的知识点，主要包括三部分：ESG 管理、博弈策略和决策行为理论。其中，ESG 在本模拟系统中有相应的操作模块，是必须理解和掌握的内容。博弈策略和决策行为则是本经营模拟的一种底层逻辑，也同样需要有深刻理解与应用能力。本模块知识点将在本章的第 4 节进行详细阐述。各知识点如图 2–9 所示。

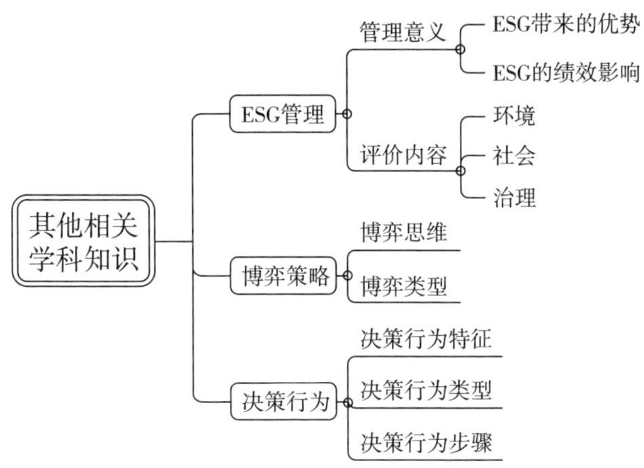


图 2-9　其他学科相关知识导航

# 第 2 节　管理学相关知识模块

管理学相关知识模块是本模拟学习的重点板块，我们主要简要介绍与本模拟经营决策较为密切的五个子板块，分别是：企业战略管理、创新战略管理、生产运作管理、市场营销管理和财务与会计分析。其他一些较为重要的内容，例如国际经营管理，因为其涉及的内容较为分散，所以我们没有纳入，大家可以自行查阅了解。

需要说明的是，我们归纳每个子板块的知识点并不会按通常教材或课程讲座的逻辑形式来组织，更多的是为了方便大家在模拟学习时能迅速地查阅并使用。

## 一、企业战略管理

企业战略管理作为管理类专业最为重要的一门学科，其涉及的内容较为丰富，结合本模拟决策的实际需要，我们简要地归纳了以下四个方面的内容。

### （一）发展战略

如何持续发展是企业战略管理思考的核心问题。从“战略管理之父”安索夫提出成长战略矩阵开始，战略管理领域对此进行了广泛而深入的研究，本部分我们只列举最为基本的发展战略类型。

1. 安索夫成长战略矩阵

如图 2-10 所示，安索夫矩阵是以 2×2 的矩阵代表企业的四种成长战略选择，即在理论逻辑上，企业可以存在四种不同的成长战略路径实现业绩增长。基于产品与市场的两个维度进行组合，四种不同的发展战略具有不同的战略目标，其增长逻辑也存在一定的差异。

| | 现有产品或服务 | 新产品或服务 |
|---|---|---|
| 现有市场 | 市场渗透 | 产品开发 |
| 新市场 | 市场开发 | 多元化 |

**图 2-10 安索夫成长战略矩阵**

（1）市场渗透（market penetration）。即以现有的产品或服务在现有的市场进一步开拓以提升企业在产品或服务市场的占有率。由此，采用市场渗透的成长策略，企业就需要采取一些措施，来说服消费者改变使用习惯、增加购买量。这些措施包括各种促销活动和教育宣传，或者是提升服务质量来说服消费者从使用竞争者品牌的产品改用自己企业品牌的产品。需要注意的是，企业实施市场渗透战略，要关注现有客户的保持和产品使用频率的提高这两个非常重要的策略。客户保持就是能够拥有现有的客户不流失，或不使其转向使用其他企业品牌的产品，提高使用频率则是鼓励客户能够更高频次地使用自己企业的产品或服务。

（2）市场开发（market development）。市场开发战略是指企业使现有产品或服务进入更大范围的新市场，由此来增加更大的用户群体。企业想用现有产品去开拓新市场，就必须能够发现产品或服务可能的新客户群体，他们对企业的产品或服务有潜在的需求。对于使用市场开发战略的企业，其产品或服务的技术一般不需要改变，但可以根据新市场的需求调整产品定位和销售策略。市场开发战略通常所指的是开拓国外市场或其他区域市场，更好的策略是能够找到新的目标客户，这些目标客户对企业产品或服务本没有需求，但在市场环境下他们开始接触该类产品或服务，例如男士对化妆用品或美容服务的需求。

（3）产品开发（product development）。产品开发战略是指企业通过改进和升级原有产品或服务来拓展销售，或者是增加新产品或服务来实现增长的目标。产品开发战略在企业的增长战略中是常用且非常重要的一种策略。在手机市场，各大品牌都会在一定周期内推出新的产品给现有客户，让客户不断购买升级后的新产品。当然，产品开发的程度可以存在差异，有些产品开发属于渐进性的微创新，有些产品则可以是由于最新技术的一些突破带来产品在质量或性能上有很大的改观，从而实现产品销量迅速提升。例如，随着现在人工智能技术的不断突破，手机和汽车产品将有可能迎来更大的突破，在人工智能技术的加持下，有可能迎来新一轮的更新换代和增长。

（4）多元化（diversification）。多元化战略指的是企业提供新产品给新市场，通常是向本行业以外的产品领域发展，实行跨行业经营。相比上述几种战略，多元化战略面临的挑战与风险都会更大。一方面原有的技术能力或专业知识不一定能派上用场，另一方面可能还要去开发一些新的市场，这些市场的客户也可能与原来的客户没有关联。因为进入一个新行业，企业原来的竞争优势可能不复存在，之所以进入一个新行业，大多是因为原有行业发展空间太小，已无法满足企业的成长需求。多元化战略几乎是所有大公司或成熟公司发展到一定程度必须考虑的一种战略，因此，我们下文将对多元化战略做进一步的分析。

2. 多元化战略

多元化战略是指企业为了更多地占领市场和开拓新市场，或规避经营单一事业的风险，而选择进入一个新的行业领域所实施的战略。一般来说，多元化战略有三种类型：

（1）同心多元化。即企业利用原有的技术、特长、经验等开发新产品，增加产品的种类，从同一圆心向外扩大业务经营范围。如冰箱制造企业，借助其制冷方面的技术，可以生产空调。同心多元化的特点是原产品与新产品的基本用途不同，但有着较强的技术关联性。

（2）水平多元化。即企业利用现有市场，采用不同的技术来发展新产品，增加产品种类。例如生产农业化学肥料的厂商，可以考虑生产农业机械产品，两者虽然技术不同，但都是针对农村消费者市场。水平多元化的特点是现有产品与新产品的基本用途不同，但存在较强的市场关联性，可以利用原有的营销渠道销售新开发的产品或服务。

（3）复合多元化。即把业务领域拓展到与原有行业不同的其他行业中去，新业务与企业的现有产品、技术和市场毫无关系。也就是说，企业将开发出全新的产品向全新的市场进行开拓，与原有的产品和市场不存在关联。

3. 一体化战略

一体化战略是指企业对具有优势和增长潜力的产品或服务，沿着其价值链的上下游进行拓展，以扩大产品或服务经营规模来实现企业成长。一体化战略根据业务拓展的方向可以分为前向一体化、后向一体化和横向一体化。

（1）前向一体化是指公司进入供应链的下游，即对产品进行深加工，或建立自己的销售组织来销售本公司的产品或服务，也可以是控股或参股下游的分销商或者零售商来实现业务的增长。

（2）后向一体化是指企业进入供应链的上游，例如企业自己新建工厂来供应生产所需的原料、零配件和半成品等，也可以是通过控股或参股上游的零部件厂商或原材料厂商来实现业务的增长。

（3）横向一体化是指获得直接竞争对手的所有权，或者以控股与参股的形式加强对其控制，包括收购、兼并和接管。

（二）防御战略

企业在发展过程中，不仅需要考虑如何成长，在遇到风险与挑战时，还需要根据企业的资源与能力情况，采取相应的防御战略与措施，这里简单地介绍三种防御战略或措施，分别是收缩战略、剥离战略和资产清算。

（1）收缩战略是指企业通过成本和资产的减少对企业进行重组以扭转销售额和利润下降局面的战略。收缩主要是为了增强企业的基本特色能力，其可以采取的具体措施有：出售土地和建筑物以变现，压缩产品线，关闭不盈利的业务单元，关闭废弃不用的工厂，推动工艺自动化进程，裁员和推行费用控制系统，等等。

（2）剥离战略是指企业将业务分部或业务的一部分进行出售的战略。该战略主要帮助企业从以下业务解脱：不盈利的业务、需要太多资金的业务、与公司其他活动不匹配的业务。

（3）资产清算是指企业为了变现而将全部或者部分资产分割出售的战略。

（三）竞争战略

竞争战略是企业战略最为核心的内容，这里我们主要介绍战略学者迈克尔·波特提出的三种通用竞争战略，分别是总成本领先战略、差异化战略和聚焦战略。

1. 总成本领先战略

总成本领先（overall cost leadership）战略，强调以非常低的单位成本向对价格敏感的顾客提供标准化产品。

采取总成本领先战略的企业会全力采取措施来降低产品成本。降低成本有很多方法策略，例如：①利用规模经济和范围经济。规模经济能够利用生产规模扩大带来长期平均成本下降，规模化不仅可以带来产品平均固定成本的分摊和降低，还可以促进更加深度的劳动分工与更加高度的专业化程度。范围经济主要是进行多产品的生产，称为联合生产，该生产方式可以通过多种产品共同分享设备或其他投入物而获得产出或成本方面的好处，或者通过统一的经营管理获得成本分摊优势。②学习经验曲线。即随着生产者对某一产品或服务生产经验的增加，生产效率逐渐提高，单位产品所需的时间或成本逐渐降低的现象。其表现为企业累积生产量不断增长的情况下，生产成本的降低。③降低研发和营销成本。即最大限度地减少研究开发、服务、推销、广告等方面的成本费用。对于研发投入大的企业，如果能够有效地降低研发和营销成本，则是降本增效的有效途径。④其他管理和销售效率提升。在经验的基础上全方位地降低企业的各项成本，如人工成本、销售费用与管理费用等。⑤人工成本。新兴国家企业具有的竞争力往往来自人工成本的优势。⑥其他成本降低方式。不同的企业根据自身的行业特点，可以采取相应的一些成本领先措施。

总成本领先战略是许多行业的企业采用的主流竞争战略，一旦企业赢得了这样的成本领先的地位，往往能够在市场中获得强有力的竞争地位。

2. 差异化战略

差异化（differentiation）战略是指向对价格相对不敏感的顾客提供产业范围内的独特产品与服务，以获得更高的赢利能力。实施差异化战略可以有许多方式，例如独特的品牌形象、高质量的产品或服务、具有特点的性能与功能、产品售后服务、商业网络及其他方面的独特性。例如，汽车制造商产品质量和性能优越，其可以建立覆盖面广的售后服务来提升售后服务质量与体验，从而提升品牌影响力。

需要注意的是，采用差异化战略会与低成本领先战略的措施相矛盾，两者往往无法兼顾，例如该战略与提高市场份额和降低成本的策略相抵触，在建立企业的差异化战略的活动中总是伴随着较高的成本代价，例如，研发的投入和品牌的营销，都需要付出较高的成本。当然，如果企业能够两者兼顾，则更能建立强有力的竞争地位。有些企业会采取分步实施的策略，例如，在前期采取差异化战略，一旦品牌影响力建立，再实施低成本领先战略则能获得更高的市场份额和市场地位。

3. 聚焦战略

聚焦（focus）战略是指向特定的顾客群体提供所需要的产品和服务。该战略集中向特定的消费者群体、特定的地域市场提供产品或服务，或者只生产特定的产品，从而比服务于广大市场的竞争者更能为准确界定的狭窄市场提供优质的产品或服务。

这一战略依靠的核心逻辑是，企业业务的专一化能够以更高的效率为某一细分领域的客户提供非常有竞争力的产品或服务，同时不会面对总体市场中大公司的竞争压力，因为这些市场往往被大企业所忽略或无力兼顾。实施聚焦战略的企业往往可以使其赢利能力超过产业中企业的平均水平。

（四）相关战略分析工具

战略分析工具不仅包含了战略思想与理论，同时也是在制定战略时可以实际应用的一些有用工具。这里介绍一些在战略管理中运用最多，同时也是在本模拟系统中可以直接运用的几款工具，主要包括：PEST 分析、五力模型分析、SWOT 分析和波士顿矩阵分析。当然，在实际的应用中无须局限于上述四个战略分析工具。

1. PEST 分析

PEST是指政治（politics）、经济（economic）、社会（society）、技术（technology）这四个企业面对的外部宏观环境因素。公司战略的制定离不开宏观环境，其目标就是要有效地去应对外部环境的机会与威胁。PEST 分析法就是分别从四个方面全面把握宏观环境的现状及变化的趋势，帮助企业去应对生存发展的机会，避开环境可能带来的威胁。

其中：①政治环境（P）是指一个国家或地区的政治制度、体制、方针政策、法律法规等方面。②经济环境（E）是指企业在制定战略过程中须考虑的国内外经济条件、宏观经济政策、经济发展水平等多种因素。③社会环境（S），主要指组织所在社会中成员的民族特征、文化传统、价值观念、宗教信仰、教育水平及

风俗习惯等因素。④技术环境（T），是指企业经营所涉及国家和地区的技术水平、技术政策、新产品开发能力及技术发展的动态等。这些宏观因素的变化往往孕育着巨大的市场机会与挑战，并对企业的经营产生重大而长远的影响，为此企业经营决策者必须进行深入的考察和分析。

2. 五力模型分析

由战略学者迈克尔·波特提出的五力模型，主要用于竞争战略的分析，该模型可以有效地分析企业所面对的竞争环境。如图 2–11 所示，五力分别是供应商的议价能力、购买者的议价能力、新进入者的威胁、替代品的威胁、行业内现有竞争者的竞争能力。五种力量的不同组合变化最终会影响行业利润的潜力变化。

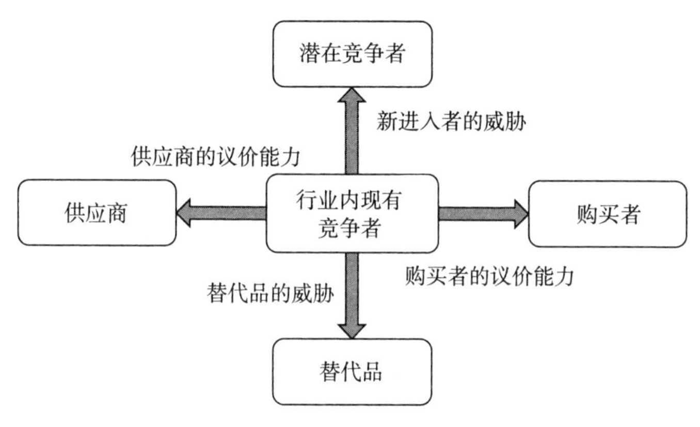


**图 2–11　五力模型分析**

五力模型认为一个行业的相对吸引力大小取决于以上五种基本竞争力量，利用五力模型分析框架，我们可以深入洞悉一个行业五种力量相互作用的特征及复杂关系。不同行业、不同企业所面临的五种力量的结构及强度各异，因而会形成不同的竞争态势，企业需要采取的竞争战略及措施也不尽相同。企业通过采取不同战略来获得和保持行业中竞争地位和竞争优势，从而提升企业持续的获利能力。

同时，五力模型分析框架为我们拓展了竞争分析的范围，让我们不仅局限于现有的竞争对手，而要更全面广泛地看待自己面对的竞争对手，并且要了解这些竞争对手的议价能力，其议价能力分别如何形成，企业需要如何分析和采取何种方式来应对。

3. SWOT 分析

麦肯锡咨询公司的 SWOT 分析，包括分析企业的优势（strengths）、劣势（weaknesses）、机会（opportunities）和威胁（threats）。主要可以归于两方面：

（1）机会与威胁分析。其聚焦于外部环境的变化及对企业的可能影响上，主要包括环境机会和环境威胁两类。其中，环境机会是指企业外部环境中有利于企业发展的因素或趋势。例如，一项新技术的出现可能会改变现有行业企业的产品，对于企业来讲就可能是一个机会；或者政府推出一项行业发展支持政策，采取免税政策来鼓励企业的投资。环境威胁是指企业外部环境中不利于企业发展的因素或趋势。例如，新的环保政策要求更严格的排放标准，对于那些难以达到标准的高污染制造业企业就是环境威胁；或者政府取消外贸企业的退税政策，对享受退税政策的企业来说也是一种威胁。

（2）优势与劣势分析。其主要是着眼于企业自身内部所具备的资源与能力，其中，竞争优势是指企业相较竞争对手所具备的有利条件或能力，这些条件能使企业在市场竞争中获得更好的业绩，比如更高的市场份额、更多的利润等。例如，一家企业拥有独特的专利技术，产品质量更好或者成本更低，这些都是竞争优势。竞争劣势则是企业相对竞争对手存在的不利条件或缺陷。例如，企业的生产设备陈旧，生产效率较低，导致生产效率不如同行，那么就会在产品供应速度和成本上处于劣势；企业的产品价格偏高，或者品牌知名度差，没有足够的影响力，在市场竞争中就可能难以吸引消费者。

在以上内外部环境分析的基础上，通过两两组合可以形成四种战略选择：一是 SO 战略，即利用企业内部优势抓住外部机会，例如企业具有强大的研发实力（优势），而市场对新技术产品需求旺盛（机会），就可以大力研发推出新产品。二是 WO 战略，即利用外部机会来弥补内部的劣势，例如企业产品竞争力弱（劣势），但外部新出现了蓝海市场（机会），企业可以想办法去开拓蓝海市场。三是 ST 战略，即利用企业的优势来应对外部的威胁，例如企业品牌知名度高（优势），面对新竞争对手的低价威胁（威胁），可以在高端市场通过品牌优势维持价格体系。四是 WT 战略，即克服内部劣势规避外部威胁，例如企业成本较高（劣势），同时又面临竞争对手的低价竞争（威胁），就要通过降低成本来应对。

4. 波士顿矩阵分析

波士顿矩阵（Boston Consulting Group，BCG），又称市场增长率－相对市场

份额矩阵与四象限分析法，是制定公司层战略最经典的方法之一。BCG 矩阵基于市场增长率与相对市场份额两个维度，将企业所拥有的一些战略事业单位标在一种二维组合的矩阵图上，区分出四种业务组合，如图 2-12 所示，分别是明星型业务、现金牛业务、问题型业务和瘦狗型业务。BCG 的实质是为了通过业务的优化组合实现企业的现金流量平衡。

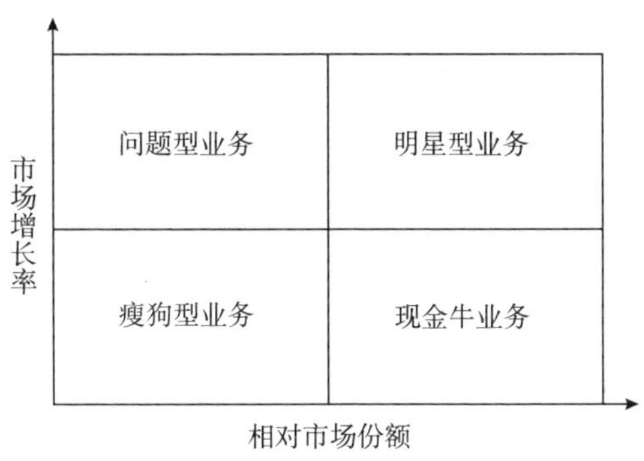


**图 2-12　波士顿矩阵分析**

（1）明星型业务。明星型（stars）业务指市场高增长的同时企业高市场份额的业务。这个领域中的产品处于快速增长的市场中并且占有支配地位的市场份额，其是否会产生正现金流量主要取决于该业务未来对投资的需要量。明星型业务一般是由问题型业务进一步投资发展起来的，可以视为高速成长市场中的领导者，它将成为企业未来的现金牛业务。通常来说，由于该业务的市场还在高速成长中，企业往往进一步加大投资，以保持或超过市场的平均增速，从而加强市场竞争地位。明星型业务的健康成长将有可能发展成为企业的现金牛业务。

（2）现金牛业务。现金牛（cash cows）业务是指市场低增长的同时企业高市场份额的业务。处在这个领域中的产品可以产生大量的现金，但未来的增长前景也是有限的。这一般是成熟市场中的领导者，成为企业现金流的主要来源。由于市场已经成熟，企业往往无须通过大量投资来扩展市场规模，同时作为市场中的领导者，该业务享有规模经济和高市场份额的优势，因而给企业带来大量现金流。企业往往用现金牛业务来支撑明星型业务和问题型业务的发展。

（3）问题型业务。问题型（question marks）业务是指市场高增长的同时企业低市场份额的业务。处在这个领域中的一般是一些不确定性较大且带有一定风险的业务。这些业务可能利润率很高，但占有的市场份额很小，往往也是一个企业新开发的业务。为发展问题业务，企业必须增加投资扩大规模与竞争实力，以便跟上迅速发展的市场需要，这些意味着也需要大量的资金投入。因此，是否继续投资发展该业务是企业的一个重要决策，因为这会影响企业未来的发展。那些与企业发展战略具有协同优势，能够增强企业核心竞争力的业务，更有可能发展成为企业未来的明星型业务；但同时那些不符合企业发展战略需求的业务，则需要采取收缩战略。如何选择发展问题型业务也是公司战略的重要决策之一，必须深入考察和慎重决策。

（4）瘦狗型业务。瘦狗型（dogs）业务是指市场低增长同时企业低市场份额的业务。这个领域中的产品既不能像现金牛一样产生大量的现金，也不像明星型业务一样具有广阔的发展前景与潜力。形象一点说，这类业务就像一只瘦狗，它既不能为企业成长带来贡献，又需要占用企业的一定资源，往往被视为企业的一种负资产。瘦狗型业务通常适合采用防御或收缩战略，目的在于出售或清算业务，以便把资源转移到更有利的领域去发展。

BCG矩阵把大企业庞杂的业务用两个重要的衡量指标进行战略性的区分，用四个相对清晰明了的分类来应对复杂的战略选择问题，成为企业在做战略选择与判断时较为有效的一个工具。

## 二、创新战略管理

### （一）创新战略重要性

创新战略是企业通过产品、服务和工艺等方面的创新来增强其竞争优势和市场地位的一种经营战略。创新战略对高科技企业的发展极为重要。如果在创新战略决策上犯下致命错误，企业的发展将面临极大的风险，甚至一着不慎、满盘皆输，陷入万劫不复之境。作为高科技企业的高层管理者，一定要认识到创新战略的重要性。

1. 创新战略决定企业的生存发展

创新对于企业的生存发展来说非常重要，创新就像一把“双刃剑”，用得好可以让企业获得持续发展的动力，用得不好则可能反噬自己。特别是对于高科技企业，一方面是“不创新就是等死”，因为在技术日新月异的市场，企业只有不断地创新产品和服务满足消费者不断变化的新需求，才不至于被市场淘汰。另一方面，创新同时也是风险极高的行为，因为创新的投入巨大，如果创新战略不正确，“创新就是找死”，不仅企业巨额的创新资源投入可能会打水漂，还有可能将企业带上一条没有成长前景的不归路。

2. 创新战略是企业成长的主要驱动力

根据安索夫成长战略矩阵，可见企业在成长过程中，有三个组合与创新密切相关，一是在现有市场中引入创新的产品或服务，二是将现有产品或服务开拓到一个新的市场中，三是针对新的市场进行产品或服务的创新。可以说，创新在企业的成长中扮演着重要的角色。其中，产品或服务的创新在成长过程中又发挥着主导性的作用，即使对于第二种情况（市场开发）的成长，也一般不会将现有产品或服务原封不动地转卖过去，而总是需要根据新市场的需求特征做些产品或服务的调整，以更好地适应新市场的需求。

3. 创新战略是市场竞争的重要手段

产品创新还是企业竞争的重要手段。根据迈克尔·波特的一般竞争战略，成本领先战略与差异化战略是两种核心竞争战略，当企业采用这两种战略时都需要运用一些创新策略与措施。例如，在成本领先战略中，不仅要在产品创新与设计中充分考虑产品性能与产品成本之间的平衡，更重要的是，要在生产工艺的设计中考虑如何创新性地降低整体的产品成本，甚至要从企业内部延伸到整个企业的价值链，思考如何创新地进行成本优化。在差异化战略中，创新更是会体现在产品研发、生产、营销与售后服务的各个环节，一项具有原创性的创新产品或服务往往是企业在市场中击败竞争对手的强大武器。即使现有的产品也同样需要持续地创新来维持其市场竞争优势。

4. 创新战略优化组织创新资源的配置

创新战略为企业创新资源的配置指明了方向，创新资源不仅包括人、财、物等常规有形资源，还包括信息、技术、时间等重要无形资源，甚至包括外部合作伙伴的各种资源投入。这些资源的正确投入与优化配置是保障创新战略取得成功的重要保障，因此，一个科学正确的创新战略可以保障组织创新资源更加有效率地配置和使用。

（二）创新战略类型

创新从不同的角度来看可以分为多种类型的创新战略，这些不同类型的创新战略会对企业的经营带来不同的重要影响，了解这些不同类型战略的内涵与特点，有助于高层经营者更好地思考和制定公司的创新战略。

1. 自主创新战略与合作创新战略

从企业创新的方式来看，可以分两种创新战略：自主创新战略和合作创新战略。

（1）自主创新战略。自主创新战略是指企业通过自身的研发能力和资源，独立开展技术、产品、工艺、管理等方面的创新活动，而非依赖外部引进或模仿。自主创新具有多方面的优势，主要包括：①为企业带来技术领先与差异化优势。自主创新使企业能够在技术上保持领先地位，通过研发新技术或改进现有技术，开发出具有独特功能或性能的产品，从而在市场上形成差异化优势。②市场先机与竞争优势。自主创新使企业能够率先推出新产品或服务，抢占市场先机，从而在竞争中占据有利地位。这种先发优势可以转化为市场份额、品牌知名度和消费者信任度等方面的竞争优势，为企业带来长期的经济利益。③成本控制与效率提升。自主创新有助于企业优化生产流程，提高生产效率，降低生产成本。通过技术创新，企业可以引入更高效的设备、工艺和管理方法，减少浪费和损失，提高资源利用效率。④品牌价值与形象提升。自主创新能够提升企业的品牌形象和价值。通过不断推出创新产品或服务，企业可以塑造自己在行业内的领先地位和创新形象，增强消费者的信任度和忠诚度。⑤长期竞争优势的构建。自主创新是企业构建长期竞争优势的重要途径。通过持续的技术创新和研发投入，企业可以不断积累技术专利和知识产权，形成技术壁垒，阻止竞争对手的进入或模仿。同时，自主创新还可以促进企业的组织文化和创新氛围的建设，为企业的发展提供源源不断的动力。

（2）合作创新战略。合作创新战略是指企业与企业之间，或企业与科研单位、高等院校之间发挥各自的优势，联合进行研究开发、生产销售，以尽快开发并实施技术创新的一种创新行为或战略。合作创新具有多种优势，主要体现在以下几个方面：①资源共享与优势互补。合作创新允许各方共享研发资源，如技术、资金、人才和设备等，从而降低了单独研发的成本和风险。通过合作，企业可以获取到自身缺乏但合作方擅长的技术或知识，实现优势互补，加速创新进程。②分散风险。技术创新往往伴随着高风险，合作创新允许风险在多个参与者之间分散，降低了单一企业面临的风险。当面临技术难题或市场不确定性时，合作各方可以共同商讨解决方案，提高应对风险的能力。③加速创新进程。合作创

新能够集中多个参与者的智慧和资源，加速新技术的研发和应用。通过合作，企业可以更快地获取新技术和新产品，从而抢占市场先机。④拓展市场和技术领域。合作创新有助于企业进入新的市场和技术领域，拓宽业务范围。通过与不同行业或领域的合作伙伴合作，企业可以获取新的市场信息和客户需求，为产品创新提供灵感。⑤提升创新能力。合作创新过程中，企业可以接触到不同领域的知识和技术，从而提升自身的创新能力。通过与合作伙伴的交流和合作，企业可以学习先进的研发方法和管理经验，提高自身的研发效率和质量。⑥增强企业竞争力。合作创新有助于企业形成技术壁垒，提高产品的技术含量和附加值，从而增强企业的市场竞争力。通过合作，企业可以共同应对市场竞争和挑战，提高整个行业的竞争力水平。

2. 领导者创新战略与跟随者创新战略

从创新发生的时间周期看，可以分两种创新战略：领导者创新战略和跟随者创新战略。

（1）领导者创新战略。所谓领导者创新就是以强大的技术实力，不断创新，实现技术的持续突破，始终处于行业领先的地位。一般来说，采取领导者创新战略的企业往往具有独立性、高投入、不可预见性等特点。采取领导者创新战略具有很多优势，不仅能够率先占领一个新的市场，还能在消费者心目中占领“第一”的位置，使消费者心理形成“最好”的认知。实施领导者创新战略的人相信，一个企业想做大做强，一定要在某个方面形成独特且领先的优势。领导者创新战略鼓励企业追求差异化发展，通过独特的产品、服务或商业模式，形成与竞争对手的显著差异。这种差异化不仅有助于企业吸引更多客户，还能提高客户的忠诚度和满意度，增强企业的市场竞争力。

（2）跟随者创新战略。所谓跟随者创新就是在领导者推出和验证某种技术的市场前景之后，追随领导者进入该市场，学习领导者的新知识新经验，以减少创新的风险，少走弯路，不仅可以避免在技术路线上犯大错，还能分析领导者的优势和劣势，采取更有效的创新战略。采取跟随者创新战略能够成功的企业，一般都具有较强的学习能力，能够较快地吸收领导者创新的技术和经验，甚至能够实现超越。跟随者创新战略允许企业在市场领导者已经验证了产品或技术的可行性和市场需求后介入。这大大降低了创新失败的风险，因为市场领导者已经承担了初期探索的成本和不确定性。在跟随者创新战略下，企业可以借鉴市场领导者的技术经验，避免技术上的不确定性和潜在的技术陷阱。这有助于企业更稳定地推进技术创新，减少技术风险。

企业采取何种创新战略是需要根据自身情况谨慎决策的。我们能看到两种战略都有取得成功的案例，例如在手机行业，苹果作为智能手机的创新领先者，采取的是领导者创新战略，小米作为后进入市场的参与者，采取的是跟随者创新战略，两家企业均获得了巨大成功。

3. 突破性创新战略与渐进性创新战略

从创新的行业影响程度来看，可以分两种创新战略：突破性创新战略和渐进性创新战略。

（1）突破性创新战略。突破性创新也可称为颠覆性创新，是指创造出全新的产品特色、工艺或服务，或者在原有产品基础上进行非常大的改进（包括成本或性能方面的显著提升）。突破性创新对企业的重要性不容忽视，它不仅是企业持续发展和保持竞争优势的关键，也是推动整个行业进步和市场变革的重要力量。突破性创新对企业有重要影响：①开辟新市场：突破性创新往往能够创造出全新的产品或服务，从而开辟全新的市场领域。这为企业提供了新的增长点和机会，有助于企业扩大市场份额和增加收入。②提升竞争力：通过突破性创新，企业可以开发出具有显著差异化的产品或服务，从而在市场上获得独特的竞争优势。这种竞争优势可以体现在产品质量、性能、成本等多个方面，有助于企业在激烈的市场竞争中脱颖而出。③促进业务多元化：突破性创新不仅限于某一特定产品或服务，它还可以推动企业向相关领域拓展，实现业务多元化。这有助于企业分散经营风险，提高整体抗风险能力。

（2）渐进性创新战略。渐进性创新是指在现有技术或产品的基础上，通过小幅度的改进和优化，实现产品性能、效率或用户体验的显著提升。这种创新方式强调在保持技术连续性的同时，不断积累和优化技术知识，以逐步提升产品或服务的质量。与突破性创新相比，渐进性创新的重要性主要体现在：①提升企业竞争力。渐进性创新通过不断对产品、服务或工艺进行小幅度的改进和优化，可以显著提升企业的竞争力。这些改进虽然看似微不足道，但累积起来却能够产生显著的效果，使企业在市场上获得独特的优势。通过持续改进，企业能够不断满足用户的需求和期望，提高用户满意度和忠诚度，从而增强企业的市场地位。②降低创新风险。与突破性创新相比，渐进性创新的风险相对较低。突破

性创新往往需要大量的研发投入和长时间的探索，且成功的不确定性较高。而渐进性创新则是在现有技术或产品的基础上进行改进和优化，因此更容易被市场和用户接受。这种低风险的创新方式有助于企业保持稳健的发展态势，避免因创新失败而带来的巨大损失。③促进企业技术积累与升级。渐进性创新强调在现有技术基础上进行小幅度的改进和优化，这有助于企业不断积累技术知识和经验。通过持续的技术积累，企业可以逐步建立起自己的技术壁垒和竞争优势。同时，渐进性创新还能够推动技术的升级和迭代，使企业能够跟上技术发展的步伐，保持技术的先进性。④适应市场需求变化。市场需求是不断变化的，企业需要不断调整和优化产品或服务来满足用户的需求。渐进性创新使企业能够灵活应对市场需求的变化，通过小幅度的改进和优化来适应市场的变化。这种灵活性有助于企业保持与市场的同步，避免因产品过时或不符合市场需求而失去市场份额。

（三）新产品研发战略

创新在企业成长与竞争中发挥了极其重要的战略价值，同时创新也是一项风险非常高的事情，因为创新面临非常高的失败风险。具体到企业的新产品研发中，需要综合考虑诸多因素来制定一项新产品开发战略，如图 2-13 所示，这些因素包括企业自身持续的企业战略、创新战略和市场战略，同时还要更进一步考察外部环境变化带来的机会与挑战，以及企业自身可以在新产品研发战略上能够投入的创新资源。

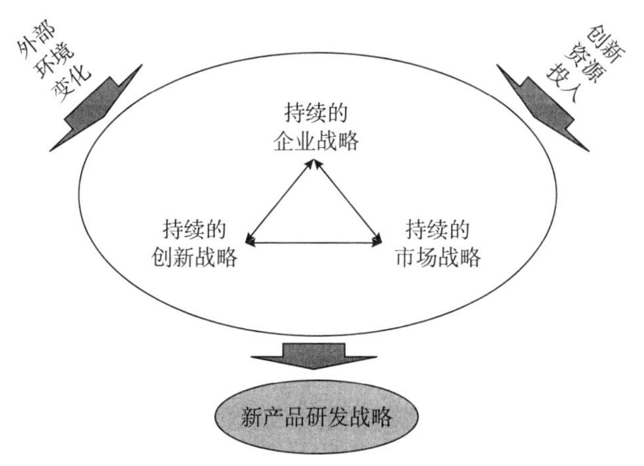


图 2-13　新产品研发战略的影响因素

在我们的模拟系统中，新产品研发战略在经营中具有重要影响，不能拍拍脑袋随意制定，更不能“为了创新而创新”去研发新产品，而应首先思考企业未来可持续的企业发展战略，使企业持续的发展战略决定未来新产品开发战略该如何来制定。其次，还需要考虑在具体实施新产品开发战略的过程中，需采取何种研发和技术管理战略，因为这会涉及企业研发能力形成与研发成本控制等重要因素的长远规划。例如，与从技术市场外购产品技术相比，企业自建研发团队来进行研发，其劣势是需要更多的时间，但优势是能够积累企业内部自身的研发能力，同时从长远来看，其研发成本也是不同的。最后，新产品开发还需要提前考虑未来新产品在市场上将需要采取何种竞争与营销策略，并预测这种竞争与营销策略会产生何种效果，必须时刻提醒技术研发人员，研发在增强产品竞争力的同时，每一分钱的投入都会增加产品的成本，从而削弱产品的市场定价吸引力和产品的盈利能力。

同时不能忘记的是，这些影响新产品研发战略考虑的重要因素都要放到外部环境动态变化大背景下去思考，并权衡产品开发过程中自身资源约束性，否则一项盲目的产品开发带给企业的不是美好的发展前景，而是一场没有回报的巨额投入，很可能将企业带到万劫不复的境地。

总之，创新管理与新产品研发的管理需要考虑的因素是综合和系统的，企业经营者绝不能只基于某个单维因素进行考量，而需要站在更高的战略维度和视角来思考与规划。

## 三、生产运作管理

生产运作管理涉及的内容体系较为庞杂，这里主要结合本模拟决策的相关内容，阐述以下四个方面的内容。之所以选择这四个方面的内容，主要原因是与本经营模拟系统涉及的决策内容直接相关。

### （一）生产能力规划

在进行产能规划时，首先要进行需求预测。因为能力需求的长期计划与未来的市场需求、行业技术变化、市场竞争关系以及生产率提高等多种因素有关，所以必须综合考虑。所预测的时间段越长，预测的误差可能性就越大。处理生产能力与市场需求之差的方法有很多种，例如，最简单的方法是不考虑生产能力扩大，其结果可能是满足不了客户需求而失去一些订单。然后是超前扩充生产能力，生产能力大于市场需求，这样就能完全满足消费者需求，但同时也会造成生产能力的过剩。最后是采取更加积极且灵活的生产能力规划策略，通过外部企业的外包生产或企业内部的加班等措施来组合弥补生产能力的不足。

其次，产能规划与建设的决策不仅关系到相关设施建设的投资量和建设的速度，而且在很大程度上决定企业未来所提供的产品和服务的成本，从而长远地影响企业的生产管理活动和经济效益。随着全球制造的出现，现在企业的选址问题涉及的范围已超出某一地区、某一国家，乃至需要在全球范围内考虑厂址选择的问题。生产能力布局首先要考虑设施建设选址，选址决策需要考虑很多因素。这些因素可分为四类：经济因素、政治因素、社会因素和自然因素。其中经济因素又是企业选择最为基本的决策依据。以下是经济因素需要考虑的主要决策因素。

（1）运输条件与费用。企业一切生产经营活动都离不开交通运输。原材料、零部件、生产工具和燃料需要运进工厂，同时生产出来的产品和制造产生的废物需要运离工厂。交通便利能使物料和人员准时到达目的地，使生产活动能够正常进行。如果能够接近原料或材料产地，或者工厂区位接近消费市场的主要目的地，就能节省运费并及时提供服务。在做选址决策时，尽量降低单位产品的生产成本和运输成本，这就需要在接近消费市场或接近原料或材料产地之间进行计算与权衡。

（2）劳动力可获性与费用。对于劳动密集型企业来说，人工费用占产品成本的大部分，就必须考虑劳动力的成本。在劳动力资源丰富、工资低廉的地区设厂，能够有效地降低人工成本。一些新兴国家和地区能够吸引跨国公司投资建厂，低廉的人工成本是其中的一个重要决策因素。

（3）建厂成本考虑。由于各个国家和地区的资源禀赋不同，其所需的建厂成本也会不同，因此，企业建厂还要考虑投资以及投入运营后的维护费用，以期获得一个良好的平衡。

（二）生产外包管理

生产外包是将生产委托给外部更有效率优势的专业机构，以达到降低成本、分散风险、提高效率、增强竞争力的目的。通常来说，企业会采取将一些非核心业务外包给外部的专业机构或服务提供商，以便自己集中资源专注于核心业务，以此增强自身的综合竞争力的一种管理策略。

应采取外包的情形包括：①负荷大于产能；②自制成本大于外包价格；③外

包可获得较佳品质；④技术无法解决或无特别设备可制造。

生产外包是一把“双刃剑”，其一方面可以为企业带来一些优势，例如：减少企业在财力、人力上的投入，增加资本运作的回报率；企业可以集中精力专注于核心技术、业务和附加值高的业务；降低季节性、突发性生产招用人员的风险；减少劳动争议所带来的麻烦；避免企业机构臃肿现象导致运转不灵的结果；等等。另一方面也可能为企业带来一些劣势，例如：减弱了对产品生产成本的控制，外包成本一般随行就市，特别是当接包生产商的议价能力上升时，会损失外包企业的利润；无法对产品的质量做到很好的监控和管理，带来产品和服务的品质得不到保障；等等。

生产外包是企业非常重要的一项经营策略，其实施需要考虑诸多因素。首先，要考虑清楚生产外包想要达到什么目标。例如，如果是要降低生产成本，就需要分析外包能从哪些方面来降低成本，同时还要分析生产外包是否会相应增加其他经营成本。其次，要分别从短期和长期两个维度来思考对企业的生产经营目标带来何种影响。例如，如果是想降低成本，那么要从短期和长期两个维度来分析，生产外包分别会对企业总体的经营成本带来何种影响。最后，需要思考生产外包会对公司整体战略的实施带来何种影响。例如，如果公司采取总体成本领先战略，那么从企业整体的经营周期来看，应该如何来合理布局生产外包。

（三）生产成本管理

生产成本是指生产产品或提供劳务而发生的各项生产费用，主要包括：直接支出和制造费用。直接支出主要包括直接材料、直接工资、其他直接支出；制造费用是指企业内的分厂、车间为组织和管理生产所发生的各项费用，包括分厂、车间管理人员工资，折旧费，维修费，修理费及其他制造费用。

按成本项目反映的产品生产成本表，一般可以采用对比分析法、构成比率分析法和相关指标比率分析法进行分析。

（1）对比分析法。指标对比分析法也称比较分析法，它是通过实际数与基数的对比来揭示实际数与基数之间的差异，借以了解经济活动的成绩和问题的一种分析方法。对比分析法只适用于同质指标的数量对比。在采用这种分析法时，应当注意相比指标的可比性。如果相比的指标之间有不可比因素，应先按可比的口径进行调整，然后再进行对比。

（2）构成比率分析法。它是通过计算某项指标的各个组成部分占总体的比重，即部分与全部的比率，进行数量分析的方法。这种比率分析法也称比重分析法。通过这种分析，可以反映产品成本或者经营管理费用的构成是否合理。例如，产品成本构成比率的计算可以有：①直接材料成本比率 = 直接材料成本 ÷ 产品成本 ×100%；②直接人工成本比率 = 直接人工成本 ÷ 产品成本 ×100%；③制造费用比率 = 制造费用 ÷ 产品成本 ×100%。不论采用哪种比率分析法，在进行分析时，还应将比率的实际数与其基数进行对比，揭示其与基数之间的差异。

（3）相关指标比率分析法。它是计算两个性质不同而又相关的指标的比率进行数量分析的方法，可以反映各个企业经济效益指标的好坏。例如产值成本率、销售收入成本率和成本利润率可以采用如下计算公式：①产值成本率 = 成本 ÷ 产值 ×100%；②销售收入成本率 = 成本 ÷ 销售收入 ×100%；③成本利润率 = 利润 ÷ 成本 ×100%。从上述计算公式中可以看出，产值成本率和销售收入成本率高的企业经济效益差，这两种比率低的企业经济效益好；而成本利润率则与之相反，成本利润率高的企业经济效益好，成本利润率低的企业经济效益差。

（四）物流库存管理

随着经济的全球化，跨国公司需要在全球进行资源和价值链的配置，其目的之一是要充分利用各国的优势，来优化产品的成本结构，以提升产品的竞争力。其中，物流成本的优化管理构成了公司经营中的重要内容。

1. 物流成本构成

物流是企业整个供应链流程的重要组成部分，主要是为了满足客户的消费需求，将商品与服务从原产地到消费地高效地流动，所进行的一系列计划、组织、实施与控制过程。其中，有效降低物流成本又是整个物流管理的核心追求目标，物流成本可以进一步分为仓储作业成本、存货成本、运输成本、管理成本等方面。其中：①仓储作业成本主要包括装卸成本、检货成本、物流加工成本、补货成本、进货入库成本和验收成本。②存货成本主要指库存占压资金的利息。③运输成本主要包括公路运输和其他运输费用及货主费用，货主费用包括运输部门运作和装卸费用。④管理成本主要包括订单处理成本和采购处理成本。

对于发生国际贸易的企业来说，其物流成本还包括一些与国际贸易相关的成本。国际物流成本是指为了实现国际贸易，货物自生产完毕到投入销售的整个被国际贸易需要的物流过程所支付的成本总和，涉及在国际物流各相关环节所支出的人力、物力、财力的总和。

2. 物流合理化管理

物流成本管理的一个目标是要以尽可能低的物流成本获得尽可能高的物流服务水平。对于企业而言，物流的合理化管理是影响物流成本的关键因素，它直接关系到企业的效益。物流合理化可以表现在两个层面：一是物流要素的合理化，如运输、保管、装卸、搬运、包装、流通加工和信息处理等合理化；二是整个物流系统的优化。即不仅强调某环节的合理、有效和节省成本，还应对整个物流系统进行优化，以实现物流成本的最低化。

3. 库存管理

库存无论对制造业还是服务业来说都十分重要。企业库存的物资一般都是其生产经营活动所需要的，例如，可以包括生产原材料库存、在制品库存、成品库存，以及维护、修理和运行物品库存。管理好库存，对于提升企业经营的服务水平、降低成本、提高企业的经济效益具有重要作用。从直观上理解，库存一般是为了满足未来需要而暂时闲置的资源，如果资源是闲置的，就一定会造成浪费，或增加企业的成本。那么，为什么还要维持一定量的库存呢？这是因为库存有其特定的作用，归纳起来，库存有以下几方面的作用：

（1）缩短订货提前期。当制造厂维持一定量的成品库存时，顾客就可以很快地采购到他们所需的物品。这样能够缩短顾客的订货提前期，使供应商更易争取到顾客。

（2）防止产品供应短缺。维持一定量的库存，可以防止短缺。企业没有一定量的产品库存，顾客就很可能买不到产品导致企业丢失市场份额；医院没有一定的床位库存，病人就无法住院治疗；即使对于一个国家，为了应对自然灾害和战争，也必须有各种物资储备。

（3）分摊订货费用。如果每次采购量少，则有可能不需要库存，但一次订货所产生的费用分摊到物品上的单位成本就高；如果一次采购量大，分摊到每件物品上的订货费用就可以减少，如果物品太多一时用不完就会造成库存产生。同样，对产品的生产也是如此，如果一次生产量太少，每件产品分摊的固定成本就高，一次生产量太大一时用不完就会造成库存产生。

（4）应对外部环境的波动。在激烈的市场竞争中，一方面外部需求存在波动性，另一方面生产的均衡性又是企业生产组织的内在需求，这种外部需求波动性与内部生产均衡性的矛盾一直会存在。这时就需要维持一定量的成品库存量，一方面要满足需方的要求，另一方面又要使供方的生产均衡，起到一个如同蓄水库一样的稳定作用。

（5）防止生产经营的中断。在生产过程中维持一定量的在制品库存，可以防止生产中断。例如，当某道工序的加工设备发生故障时，如果工序间有在制品库存，其后续工序就不会中断生产。

尽管库存有其重要的作用，但库存也有其弊端。库存占用大量的资金和耗费维护成本，物资库存要修建仓库，保管库存物品不丢失，维持库存物品质量，都需要额外支出。

## 四、市场营销管理

### （一）市场需求预测

市场需求预测是企业经营的起点，只有对市场需求有一个较为准确的预测，企业的经营绩效才有可能得以实现。企业的产品与服务的市场需求可能会受到许多因素的影响，这些因素包括企业外部的，也包括企业内部的。企业需要对这些因素进行系统的分析，采用相应的方法来进行预测，以保障企业的经营目标得以实现。

1. 影响市场需求的因素

（1）经济周期。经济发展规律告诉我们，一个国家的经济发展总是呈现一定周期性，其会从复苏、成长、衰退到萧条，周而复始地进行，身处其中的行业和企业也通常会受到影响，企业必须对经济周期有一定的感知和预测，并分析其对企业产品或服务的市场需求会带来何种影响，并提前做出预案。

（2）产品生命周期。产品生命周期是指产品从准备进入市场到被淘汰退出市场的全部运动过程，一般经过四个阶段，分别是导入期、成长期、成熟期和衰退期。在不同的时期，竞争的性质将会发生变化。

（3）突发重要事件。在今天这个乌卡时代（VUCA），外部环境总是会爆发出各种“黑天鹅”事件，例如 2008 年爆发的国际金融危机，2020 年暴发的全球新冠疫情，均对许多国家和地区各行业的企业经营带来重大影响，当这些重大的突发事件发生时，企业应警觉地意识到这些事件将带来的影响，评估企业对企业市场需求的影响程度。

2. 市场需求的预测周期

按照预测时间的长短，可将预测分为长期预测、中期预测和短期预测三种。

（1）长期预测。长期预测是指对 3~5 年及以上时间市场需求前景的预测。它是企业长期发展规划、产品开发研究计划、投资计划、生产能力扩充计划等的依据。长期预测一般通过对市场的调研、技术预测、经济预测、人口统计等方法，加上综合判断来完成，其结果大多是定性的描述。

（2）中期预测。中期预测是指对 2~3 年时间市场需求前景的预测。它是制订年度生产计划、销售计划、生产与库存预算、投资和现金预算的依据。中期预测可以通过集体讨论、时间序列法、回归法、经济指数相关法或组合等方法并结合综合判断而做出。

（3）短期预测。短期预测是以季度或年度为单位。它是调整生产能力、采购、安排生产作业计划等具体生产经营活动的依据。短期预测可以利用趋势外推、指数平滑等方法与综合判断的有机结合来进行。

3. 市场预测的方法

（1）定性预测方法。定性预测方法也称主观预测方法，一般不需要使用数学公式或计量模型，主要依据个人的主观认知与判断。定性预测方法适用于历史数据较少甚至没有历史数据的情况，主要包括德尔菲法、主管人员意见法、用户调查法等。

（2）定量预测方法。定量预测方法的主要特点是利用统计数据和数学模型进行预测。使用定量方法并不意味着要完全排除主观因素，相反，主观判断在定量方法中仍起着重要的作用，只不过为了增强预测的客观性，我们要通过定量方法来减少和平衡各种主观因素所起的作用。定量预测方法可分为因果模型和时间序列模型。

（二）产品生命周期

产品生命周期（Product Life Cycle，PLC）是指产品的市场寿命，即一种新产品从开始进入市场到被市场淘汰的整个过程。PLC 认为产品生命是指市场上的营销生命，产品和人的生命一样，要经历形成、成长、成熟、衰退这样的周期。典型的产品生命周期一般可以分成四个阶段，即引入期、成长期、成熟期和衰退期。

1. 第一阶段：引入期

主要指产品从开发设计直到生产投入市场进入测试阶段。这个时期的产品品种少，顾客对产品还不了解，只有一些敢于尝试新事物的客户会开始购买该产品。企业为了扩大产品销路，在引入期不得不对产品进行大力宣传推广，甚至投入大量的促销费用来吸引更多的客户来消费。由于生产技术和市场开拓等因素的限制，引入期的产品生产批量小，制造成本高，广告费用大，产品售价偏高，导致销售量非常有限，企业通常很难获利，甚至可能出现亏损。

2. 第二阶段：成长期

当产品在引入期的销售逐步取得成效之后，便会开始进入成长期。成长期是指产品通过试销效果良好，越来越多的消费者逐渐了解和接受该产品，产品在市场上站住脚并且打开了销路。成长期是需求增长逐步加快的阶段，产品的市场需求量和销售额迅速攀升。与此同时，随着生产技术的换代升级，生产成本能够实现大幅度下降，相应的利润则会迅速增长。同时由于市场的赚钱效应会吸引到外部竞争对手的注意，更多的对手将纷纷进入市场参与竞争，这也使同类产品供给量不断增加，当供应开始超过需求时，产品价格随之下降，企业利润增长速度逐步放缓，整体的销售规模还会增长，但产品的销售利润率将可能达到最高点。

3. 第三阶段：成熟期

在产品走入大批量生产并稳定地经历成长期之后，随着消费者市场规模的扩张，市场需求会逐渐趋于饱和，产品开始进入成熟期。成熟期的产品得到进一步市场普及并日趋标准化，产品成本低且市场销售量大，达到一个历史最高点后，销售增长速度缓慢直至转而下降。同时，由于竞争的加剧，同类产品企业之间的竞争内卷不断加剧，导致产品的销售利润率不断下降，直到一个均衡点。

4. 第四阶段：衰退期

当产品在技术上不再出现什么大的突破时，产品就会进入衰退期。随着科技的发展以及消费方式的改变等因素，产品的销售量和利润持续下降，产品不能适应市场需求，在市场上已经逐步被淘汰，市场上已经出现其他性能更好、价格更低的新产品，足以满足消费者的需求。衰退期的产品在市场上将会出现优胜劣汰，没有利润或利润太低的企业与产品会考虑退出市场，直到该类产品最后完全撤出市场，产品的生命周期也就陆续结束。

产品生命周期是一个很重要的概念，是营销人员用来理解产品和市场运作方法与规模的一个有效工具，能够为决策者制定产品营销策略提供指导。企业决策者要想使其产品有一个尽量长的生命周期，实现销售收入和利润的持续增长和最大化，就必须认真研究和运用产品生命周期理论。

（三）STP 营销理论

市场目标定位理论（STP）是关于从市场细分、市场选择到市场定位的一个比较系统的理论总结。其中 STP 理论中的三个字母分别指代：市场细分（segmentation）、目标市场选择（targeting）和市场定位（positioning），三者的含义如下：

（1）市场细分（S）。指通过市场调研，营销者依据消费者的需要根据欲望、购买行为和购买习惯等方面的差异，把某一产品的市场整体划分为若干消费者的市场分类过程。每一个细分市场都具备类似需求倾向的群体，每个消费者都能被归属到某个细分市场。进行市场细分时需要分析潜在用户的需求，确定产品市场范围。市场细分的标准和结果必须满足可衡量性、可盈利性、可进入性。

（2）目标市场（T）。在经过细分市场并识别出市场机会后，我们必须决定到底选择哪些具体的细分市场，最后结合所有的相关因素，进一步识别出更精准、更明确的目标客户群体。比如，产品是纯电新能源车，可能会有各类人群感兴趣，在众多的细分市场中，我们要进一步精准匹配最适合本公司的纯电新能源车的客户群体。

（3）市场定位（P）。在确定目标市场后，我们需要分析目标市场现状，并确定现有产品的竞争优势。要考虑到目标市场的需求和痛点，使产品差异化优势能够切实满足消费者未被满足的需求。企业针对性地为潜在顾客进行营销设计，创立品牌，在目标顾客中建立品牌效应，保留深刻印象和独特的位置，从而取得竞争性优势。在进行产品范围的匹配中，将目标用户匹配筛选，根据产品范围和各类因素，筛选匹配精准用户。

（四）4Ps 营销策略

4Ps 营销理论是经典的市场营销理论，也是企业营销决策者必须掌握的营销理论之一。这个理论将营销组合的要素分为产品、价格、渠道、促销四个要素：

（1）产品（product）。主要包括产品的实体、服务、品牌、包装。它是指企业提供给目标市场的货物、服务的集合，不仅包括产品的效用、质量、外观、式样、品牌、包装和规格，还包括服务和保证等因素。

（2）价格（price）。主要包括基本价格、折扣价格、付款时间、借贷条件等，它是指企业出售产品所追求的经济回报。

（3）渠道（place）。主要包括分销渠道、储存设施、运输设施、存货控制，它代表企业为使其产品进入和达到目标市场所组织、实施的各种活动，包括途径、环节、场所、仓储和运输等。

（4）促销（promotion）。主要指企业利用各种信息载体与目标市场进行沟通的传播活动，包括广告、人员推销、营销推广和公共关系等。

4Ps 营销策略中任何一个要素的改善对公司产品的市场销售都可能带来影响，当然这些要素的改善是需要付出相应成本的，如果付出的成本最终无法实现相应的销售业绩，就需要考虑这种策略是否具有合理性。因此，决策者在制定营销策略时，不能仅在单项策略上考虑如何做到最好，而是要对四个要素进行综合的权衡与优化，用组合拳来实现以最低的综合成本获取最佳市场销售的目标。

（五）销售定价管理

销售定价管理是指在调查分析的基础上，选用合适的产品定价方法，为销售的产品制定最为恰当的售价，并根据具体情况运用不同价格策略，以实现经济效益最大化。销售定价一般有两个重要目标：①实现利润最大化。这种目标通常是通过为销售产品制定一个较高的价格，从而提高产品单位利润率，最终实现企业利润最大化。②增强市场竞争力。市场竞争力的提升往往体现在产品的市场份额占有率上，因此企业倾向于用更具性价比的产品吸引客户，逐步扩大市场份额，但这可能需要短期内牺牲一定的利润空间。同时，企业还需要随着主要竞争对手的产品价格变动，随时调整本企业销售产品的价格。基于以上两个目标，企业一般形成了两类定价方法和思路：

1. 以产品成本为基础的定价方法

该方法决策的重点考量因素和基准是产品的成本。企业成本范畴基本上有三种成本可以作为定价基础，即变动成本、制造成本和完全成本。基于这三种成本，可以有三种定价思路：①保本点定价法。保本点定价法的基本思路是最终销售不要亏损，为此需要根据一定时期的产品销售量计划数，及其综合成本与相关税率来确定产品的销售价格。采用这一方法确定的价格是在不亏损的情况下的最低销售价格。②目标利润定价法。目标利润是指企业在预定时期内应实现的利润水平，即在综合成本的基础上加上预期的目标利润。③变动成本定价法。即指企业在生产能力有剩余的情况下增加生产一定数量的产品所应分担的成本。这些增加的产品可以不负担企业的固定成本，只负担变动成本。

2. 以市场需求为基础的定价方法

该方法决策的重点考量因素和基准是产品的销售业绩，最优价格应是企业取得最大销售收入或利润时的价格。以市场需求为基础的定价方法主要有以下两种：①需求价格弹性系数定价法。在其他条件不变的情况下，某种产品的需求量随其价格的升降而变动的程度，就是需求价格弹性系数。②边际分析定价法。即通过分析不同价格与销售量组合下的产品边际收入、边际成本和边际利润之间的关系，进行定价决策的一种定量分析方法。

## 五、财务与会计分析

### （一）财务管理功能

企业财务是企业在生产经营过程中有关资金的筹集、资金的使用和耗费、资金的收回和分配等方面的事务。财务管理就是安排好企业的财务活动同时处理好企业与各方面的财务关系的一项管理活动。也就是说，按照企业资金运动的客观规律，财务管理对企业的资金运动（财务活动）进行预测、决策、计划、控制、分析和监督，并处理好企业与各方面的财务关系。我们知道企业经营活动具有一定的复杂性，其包括战略管理、生产管理、技术研发、人力资源、市场营销、物流仓储等诸多方面的内容。企业管理中的各项工作既有科学的分工，也有互相的合作与联系，且各具特点。财务管理能在整个系统性和复杂性的企业经营管理中发挥其独特的作用，即财务管理是以价值形式对企业的生产经营活动进行综合性的管理，是企业经营管理的重要组成部分。

1. 财务管理从价值方面理解企业经营与管理

财务管理主要是运用价值形式对企业的经营活动实施管理。企业经营过程中的各种要素都可以表现为价值的运动。例如，企业生产管理过程中材料的收发、固定资产的折旧、人工费用的开支、其他各种间接费用的支出等都与资金有关，生产管理的过程实际上又是生产资金管理的过程；再如，企业在新产品开发管理过程中会涉及对产品技术的预判、论证、研发、小批量试产、大批量生产等活动，这些也都离不开资金的投入与安排。财务管理就是通过价值形式或标准，合理地规划和控制企业的经营过程和结果，以实现企业效益不断提高，企业价值不断保值和增值的目的。由于企业的各项经营活动通常情况下都需要与资金发生关系，财务管理活动就会触及企业经营的各个部门。因此，财务管理是理解和管理企业经营活动必不可少的一项活动和能力，也是管理者必须掌握的知识与技能。

2. 财务管理能有效地反映企业经营管理状况

在企业经营管理中，决策是否得当，经营是否合理，是否存在潜在问题，都可以有效地在企业财务指标中得到反映。例如，如果企业生产的产品适销对路，质量优良可靠，则可带动生产发展，实现产销两旺，资金周转加快，盈利能力增强，这一切都可以通过各种财务指标迅速地反映出来。由此，财务管理就可以通过自己的各种统计与分析工作，向企业管理层及时反映企业经营的有关财务指标及其变化情况，以便使公司的各层次管理者及时了解自己的经营与管理状况，及时进行调整和优化。

3. 财务管理影响资金使用效率来促进企业经营效益

企业资金在循环的各阶段中，有着不同的职能。企业在采购、物流、生产、营销和服务的整个经营过程中，实质是资金与物资的不断转化与周转的一个过程，每一次的良性周转可以带来一次资金增值，同时，资金的周转速度必然影响企业的经济效益。因此，企业资金的周转速度也与企业经济效益之间存在着必然的联系。一般来说，企业资金周转速度越快，经济效益越好；反之，企业的经济效益越差。具体地说，企业资金的周转速度主要是从资金时间价值的节约和资金数量增值两个方面影响企业经济效益：①从资金时间价值节约角度看，如果企业借贷资金的周转速度越快，就越可提前偿还本金，减少利息的支出，获得资金时间价值上的节约。或者说，用相同的资金增加周转次数意味着利息支出相对减少，经营效率得到提高；反之，则是资金时间价值上的浪费，经营效率就会下降。②从资金数量增值角度看，因为在正常情况下，资金每周转一次，都会给企业带来一部分增值，所以，资金周转的速度越快，带来的增值就越多，企业的经营效益就越好；反之，得不到增值，企业的经济效益就差。所以，企业要提高经营效益水平，加速资金周转是一个重要的经营思路。

（二）资金结构管理

资金结构是指企业各种资金之间的价值构成及比例。广义的资金结构是指企业全部资金的构成及比例关系。狭义的资金结构又称资本结构，主要是指企业各种长期资金的构成及比例关系，尤其是指长期债务与股东权益之间的构成及比例关系。由于本模拟决策系统较偏重长期债务与股东权益的实践应用，我们这里主要讨论狭义的资金结构。

1. 最佳资金结构

在现实企业经营中，企业资金结构都是既存在债权资金，也存在股权资金，一般来说，资金结构完全为股权资金或完全为债权资金的企业极为鲜见。通常情况下，企业融资一般是既包括债权融资又包括股权融资的混合融资状态。为此，企业必然会面对一个股权融资与债权融资的比例决策问题，也即资金结构决策问题。最佳资金结构是指在财务风险的可控范围内，使企业综合资金成本最小，同时实现企业价值最大化的资金结构。虽然对最佳资金结构的标准仍然存在争议，但是现实中由于受企业经营特性的影响，不同行业的企业的资金结构存在很大差异。不同行业之间资金结构的显著差异也验证了最佳资金结构是存在的。这也说明不同行业的企业在资金结构的选择上是存在差异的，不同的行业存在着各自的资金结构决策。

资金结构决策会涉及风险与利润之间的权衡，确定最优资金结构可以保证风险和利润之间的平衡，在促使资金的成本最小的同时，实现企业价值最大化。为此，我们要辩证地理解债权融资对企业价值产生的复杂影响，债权融资不仅可以促进企业价值增加，同时债权融资也有可能减少企业价值。例如，通过税盾作用，债权融资的引入会减少企业所交纳的所得税，降低股权代理成本，提高企业经营管理者对企业的控制力。但同时，随着债权融资的增加，企业的风险不断加大，导致企业的财务困境成本与破产成本增加，企业的债权代理成本也会提高。因此，考虑到债权融资对企业价值影响的多维度性，债权融资要避免过低或者过高的单维思考模式，而应该根据企业经营情况找到一个恰当的资金结构决策。

2. 资金结构决策

最佳资金结构是指使企业的综合资金成本最小，同时将财务风险保持在适当的范围内、达到企业价值最大时的资金结构。但那是在理想状态下讨论的。根据不同的条件和情形，在实务中有不同的资金结构决策方法。最佳资金结构决策就是要寻找适合企业的最佳财务杠杆比率，有助于企业以最低资金成本、最小风险程度，取得最大的投资利润，或者普通股每股收益达到最大；同时既要能保证现有普通股股东对企业的控制，又能使普通股股票价格达到最大化。资金结构决策主要有以下两种方法：

（1）比较资金成本法。比较资金成本法是在做出筹资决策之前，企业先拟定若干个筹资方案，分别计算各个筹资方案的综合资金成本，并比较综合资金成本的大小，选择综合资金成本最小的备选方案。比较资金成本法的决策标准是筹资方案或筹资项目的综合资金成本最小。比较资金成本法通俗易懂，计算简单，是确定资金结构的简便方法，其资金成本计算公式为：综合资金成本 = 股权比重 × 股权成本 + 债权比重 × 债权成本。需要说明的是，由于财务会计制度规定利息费用可以从应税收益中予以扣除，所以，企业使用债务资金实际付出的代价应扣除因此而得到的省税部分（也称“税盾”），剩余的部分资金成本才是借入资金真正的成本，这个扣除所得税因素以后的借入资金成本称为税后资金成本。因此，债务资金成本指的是税后资金成本。税后资金成本和税前资金成本的关系为：税后资金成本 = 税前资金成本 ×（1− 所得税率）。

（2）企业价值法。企业价值法首先需要预测市场上不同筹资结构的债务成本和股权资金成本，然后计算各种资金结构的综合资金成本和企业市场总价值，最后选择最佳资金结构。企业价值法可以用如下公式来计算：

$$V = EBIT(1 - T) / K_{\mathrm{a}}$$

$$K_{\mathrm{a}} = \sum W_i K_i$$

其中：$V$—企业市场总价值；$EBIT$—息税前利润；$T$—企业所得税率；$K_{\mathrm{a}}$—综合资金成本；$W_i$—各种资金来源占总资金的比重；$K_i$—各种资金来源的成本。

由上面的分析可以看出，当企业经营管理资金结构时，资金成本是考虑的重要因素之一，其经营决策的核心逻辑就是通过降低综合资金成本，来为企业获得更大的经济效应。

（三）投资决策管理

企业投资按照其内容不同可分为项目投资、证券投资和流动资产投资等类型。本部分主要讨论项目投资，工业企业投资项目主要可分为以新增生产能力为目的的新建项目和以恢复或改善生产能力为目的的更新改造项目两大类。根据本模拟系统的特点，我们主要聚焦讨论新建项目的投资。

1. 投资项目的决策流程

投资决策阶段是整个投资过程的开始阶段，也是最重要的阶段，此阶段决定了投资项目的性质、资金的流向和投资项目未来获得报酬的能力。

（1）投资项目的提出。产生新的有价值的创意，进而提出投资方案是非常重要的。一般来说，公司的高层管理人员提出的投资多数是大规模的战略性投资，如兴建一座厂房；而中层或基层人员提出的主要是战术性投资项目，如研发一款新产品，更新与改造生产设备。

（2）投资项目的评价。投资项目的评价主要包括以下几个部分：①将提出的投资项目进行分类，为分析评价做好准备；②估计各个项目每一期的现金流量状况；③按照某一个评价指标，对各个投资项目进行分析并根据某一标准排队；④考虑资本限额等约束因素，编写评价报告，并做出相应的投资预算。

（3）投资项目的决策投资项目经过评价后，要由公司的决策层做出最后决策。决策一般分为以下三种情况：①批准该投资项目；②否定该项目的投资；③要求重新调查和论证修改后再考虑。

2. 投资决策的分析方法

对于不同的投资项目要选择不同的投资决策方法。采用不同的投资决策方法得出的结论可能不同。投资决策的分析评价方法按是否考虑资金的时间价值，可以分为两类：一是静态分析法，它不考虑资金的时间价值，又叫非贴现现金流量分析法，主要有投资回收期法和平均投资报酬率法两种；二是动态分析法，它是结合资金时间价值进行分析，又叫贴现现金流量分析法，主要有内部报酬率法和盈亏平衡分析两种。

（1）投资回收期法。投资回收期法是通过计算某投资项目投资额收回所需要的时间，并以收回时间短的投资方案作为备选方案的一种方法。一个项目的投资回收期越短，说明投资所承担的风险越小，相应的投资取得报酬的时间就越长，企业为了避免出现意外和取得更多的报酬，都要争取在短期内收回投资。投资回收期的计算，因每年的营业净现金流量是否相等而有所不同。如果每年的净现金流量相等，则投资回收期可以按以下公式计算：

$$投资回收期 = \frac{原始投资额}{每年的净现金流量}$$

（2）平均投资报酬率法。平均投资报酬率法是根据各个投资方案的预期投资报酬率的高低来评价方案优劣的一种方法。平均投资报酬率（Rate of Return，ROI）是指一个投资方案平均每年的营业净利润与原始投资的比率。平均投资报酬率越高，说明投资方案的获利能力越强；反之，平均投资报酬率越低，说明投资方案的获利能力越差。平均投资报酬率的计算公式为：

$$平均投资报酬率=\frac{平均每年净利润}{原始投资额}\times 100\%$$

采用平均投资报酬率这一指标时，应事先确定一个企业要求达到的投资报酬率。在进行决策时，只有高于一定的投资报酬率的投资方案才是可行的。对于有多个方案的投资项目选择，则应选择平均投资报酬率最高的那个项目。平均投资报酬率法的优点是简明、易算、容易理解，但缺点是没有考虑资金的时间价值。

（3）内部报酬率法。内部报酬率法就是通过计算内部报酬率来反映投资报酬水平和选择投资方案的方法。内部报酬率（Internal Rate of Return，IRR）又称内涵报酬率，是使投资项目的净现值等于零时的贴现率。内部报酬率法实际上反映了投资项目的投资收益率。用内部报酬率法与企业要求的收益率或资金成本率比较就能得出投资项目好或坏的结论。内部报酬率的计算原理是：假定投资项目的未来报酬总现值等于投资的总现值，以此为基础测算相应的贴现率，该贴现率就是内部报酬率法。内部报酬率是已知未来报酬的现值，即等于投资的现值，然后计算使未来报酬的现值正好等于投资的现值的贴现率。采用内部报酬率法的判断标准是：在只有一个备选方案的决策中，如果计算出的内部报酬率大于或等于企业的资金成本率或企业要求的收益率，则该投资方案就可以采纳；反之，如果计算出的内部报酬率小于企业的资金成本率或企业要求的收益率，则该投资方案就不应采纳；在有多个备选方案的决策中，应选用内部报酬率超过资金成本或企业要求的收益率的方案中内部报酬率较高的投资方案。

（4）盈亏平衡分析。盈亏平衡分析就是根据建设项目正常年份的产品销量、固定成本、变动成本，研究建设项目产量、成本、利润之间关系的分析方法。线性盈亏平衡分析包括以下基本前提条件：产量等于销量；产量变化时，单位变动成本不变，总成本是产量的线性函数；销量变化时，销售单价不变，销售收入是销量的线性函数；产量在一定范围内固定成本不变；产品品种结构稳定。线性盈亏平衡分析的基本公式是：

收入 = 成本

$PQ=F+VQ$

盈亏平衡时的产量（盈亏平衡点）：

$Q_0=F/(P-V)$

其中：$P$ 为产品销售单价；$F$ 为年固定成本；$V$ 为单位产品变动成本。

（四）财务报表分析

财务报表分析有助于评价公司的流动性和财务风险、盈利能力、营运能力和发展能力，以及对未来的现金流量进行预测，以满足经营者决策的信息需求。通过财务报表分析，还能够更深入地了解企业的经营战略方向和竞争优势、经营风险和发展前景。

1. 理解财务报表

（1）资产负债表。资产负债表是反映企业某一特定日期的资产、负债、所有者权益等财务状况的会计报表。通过资产负债表，可以了解企业所拥有或控制的资源及其结构、承担的负债义务及财务风险、所有者权益的规模及资本保值和增值情况。

（2）利润表。利润表也称损益表，是反映企业一定会计期间内的收入、费用和利润情况的财务报表。利润表揭示了企业利润的来源和构成，反映了企业的盈利能力和持续性，有助于评价未来现金流量的时间、金额和不确定性。

（3）现金流量表。现金流量表是反映企业一定会计期间内现金及现金等价物的流入和流出情况的会计报表。现金流量表以收付实现制为基础，分别列报经营活动、投资活动、筹资活动现金流入量和现金流出量，反映了企业现金流量的来源和构成，是对资产负债表和利润表的补充。

2. 基础会计分析

基于以上三个核心报表，经营者可以对公司的经营活动信息进行分析，包括资产结构分析、负债与所有者权益分析、收入和利润分析以及现金流量分析。

（1）资产结构分析。资产结构是指各类资产或各项资产之间的相对比例关系，一般用各类或各项资产在资产总额或分类资产中的比例表示。由于不同资产的流动性和获利方式不同，因而不同的资产结构下，企业的运营效率和盈利能力也不相同。不同行业的经营模式不同，资产结构通常存在系统性差异；同一行业内的不同企业，由于实施了不同的竞争战略、资产配置策略和业绩激励机制等，资产结构也可能存在一定差别。通过各种资产结构比例的分析，不仅可以分析企业的经营模式，还可以通过同一行业内企业的比例指标比较，很快找到企业的经营优势和劣势。

（2）负债与所有者权益分析。对于负债与所有者权益的整体分析，一般要关注两个方面：一是负债的适度性。从资产负债表来看，负债比例越高，偿债压力就越大。二是要关注债务融资成本。从利润表来看，利息费用越多，对报告期利润的影响就越大，财务风险就越高。相对股权融资，负债融资快速便捷，融资成本低，具有财务杠杆效应和税盾效应，有助于提高权益资本的收益率。同时，如果企业负债规模过大或比例过高，且又无法及时获得充足资金以偿付到期债务或履行其他支付义务时，将面临较高的财务风险。

（3）收入与利润分析。利润表分析可以包括总体分析和项目分析两个层面。其中，总体分析的内容主要包括共同比利润表分析和趋势分析，项目分析的内容主要包括收入项目分析、费用项目分析、利润质量和利润构成分析。具体来说分别是：①营业收入分析，包括营业收入的构成分析，如产品的构成、客户的构成、区域的构成、主营与非主营构成等。同时，还可以对不同类型的营业收入的增长现状与趋势进行分析。②成本与费用分析，企业的营业总成本包括营业成本、销售费用、管理费用、研发费用、财务费用和税金及附加等，分析这些成本与费用占总营业收入的比重及其变化情况，可以了解企业的经营效率。③利润分析，利润包括多个层次，如营业利润、利润总额、息税折旧摊销前利润、息税前利润、净利润、综合收益，综合分析这些利润比例及增长情况，可以及时掌握企业的经营效益。

（4）现金流量分析。现金是企业生存的“血液”，充足、持续且稳定的现金流是企业经营活动良性运转和财务健康的标志。现金流量表可以反映企业在报告期内各项业务活动的现金及现金等价物的流入和流出情况以及现金流量净额的信息，可以掌握现金来源路径和运用去向。现金流量分析具有重要作用，包括：①有助于评价企业创造现金流量的能力，尤其是日常经营活动产生现金流量的时间、金额和不确定性，以评价企业的经营风险和竞争优势。②有助于判断企业的财务状况和流动性，评价企业的现金支付能力，包括偿付债务本息的能力，以及支付现金股利的能力和股利政策的持续性。③提供报告期内重大投资活动和重大筹资活动的信息，有助于了解企业的经营战略和预测企业未来的成长性。

3. 财务能力分析

财务能力分析主要可以聚焦在三方面的能力：偿债能力、营运能力和盈利能力。

（1）偿债能力分析。偿债能力是指企业如期偿付债务的能力，包括短期偿债能力和长期偿债能力。其中，短期偿债能力分析有助于判断企业短期资金的营运能力以及营运资金的周转状况；长期偿债能力分析不仅可以判断企业经营的健康状况，还可以反映企业提高融通资金的能力。

（2）营运能力分析。营运能力分析主要是对企业所运用的资产进行全面分析。分析企业各项资产的使用效果、资金周转的快慢以及挖掘资金的潜力，提高资金的使用效果。

（3）盈利能力分析。盈利能力分析主要通过将资产、负债、所有者权益与经营成果相结合来分析企业的各项报酬率指标，从而从不同角度判断企业的获利能力。

4. 经营策略分析

通过财务报表分析还可以了解和掌握企业的经营策略。例如，实施总成本领先战略和差异化战略的企业，具有不同的盈利逻辑。从实现利润的途径来看，差异化战略侧重价格端，成本领先战略侧重成本端，因而其财务报表尤其是利润表的结构存在一定的差异。

（1）总成本领先战略的实施分析。成功实施低成本战略的企业，能够以较低的价格提供产品或服务吸引客户，致力于“薄利多销”。总成本领先战略是在保证产品和服务质量的基础上，控制直接成本和期间费用，同时提高经营效率，加快资产周转。因此，财务报表数据通常具有下列特征：①由于提供较低价格的产品或服务，毛利率较低。②为了降低成本，一般会严格控制销售费用率。③产品或服务不具有领先性，因而研发费用率较低。④为了达到一定的利润水平，企业需要提高运营效率，提高总资产周转速度。⑤为了保持低成本优势，必须具备一定的规模，不断扩大生产或运营能力，如不断进行固定资产投资或增开店面，或进行并购。

（2）企业差异化战略的实施分析。与同行业公司相比，成功实施差异化战略的企业，由于其产品或服务的独特性，能够向客户要求高于同类产品或服务的价格，在产业链上具有相对强势的地位。其财务报表数据通常具有下列特征：①能够以较高的价格出售产品或服务，毛利率较高。②为了保持产品知名度和增强客户体验，渠道维护投入多，销售费用率较高。③在竞争激烈的市场上，可能需要不断推陈出新，研发费用率较高。④由于价格高于同类产品，客户群体和市场占有率有所局限，总资产周转速度较慢。⑤占用客户和供应商的资金。

总之，企业通过有效的竞争战略形成某种竞争优势和稳定的市场份额，就可

能获得高于行业平均的投资回报。由于相对于客户或供应商具有较强的议价能力，能够及时收回货款，现金流动较快，应收债权较少或预收款项较多，或者具有较长的应付账款周转期，因而具有较高的正值经营活动现金流量净额。

## 第 3 节　经济学相关知识模块

虽然企业经营模拟主要聚焦于企业管理相关专业的知识应用，但在实践过程中，相应的经济学相关知识同样发挥着重要的作用，其对经营模拟的成效具有重要影响。以下我们主要介绍与本模拟系统有直接关联的经济学知识，掌握这些知识将非常有助于经营决策模拟效果的提升。

### 一、经济学知识

#### （一）市场供需关系

供需关系和市场机制是经济学中的基础知识，它们描述了市场经济中商品和服务的定价和分配方式。理解供需关系有助于市场参与者做出明智的经济决策，并更好地适应和利用市场的波动。如图 2–14 所示，图中有几个关键的概念需要理解：

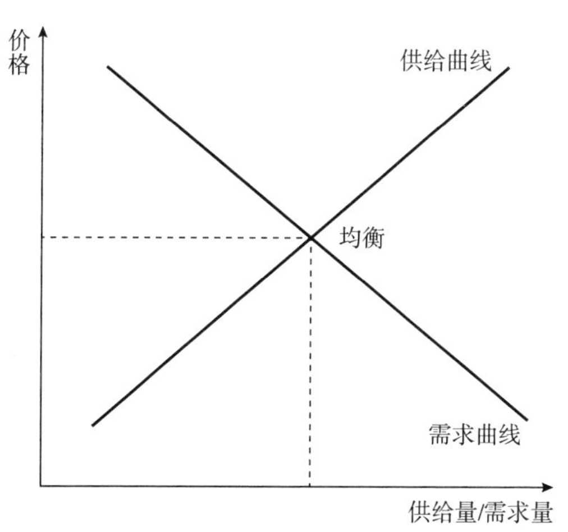


图 2–14　市场供需关系

第一，市场需求量。市场需求量是指在一定价格水平上，消费者愿意并且能够购买的商品或服务的数量。市场需求通常受到多种因素的影响，包括消费者的收入水平、消费偏好、替代品和互补品的价格等。当其他条件不变时，市场价格与市场需求量之间呈反方向变动，即市场价格提高则市场需求量减少，市场价格降低则市场需求量增加。

第二，市场供给量。市场供给量是指在一定价格水平上，生产者愿意并且能够供应的商品或服务的数量。市场供给量也受到多种因素的影响，包括生产成本、技术水平、政府政策等。与市场需求相反，市场价格与市场供给量之间呈同方向变动，即市场价格提高则市场供给量增加，市场价格降低则市场供给量减少。

第三，供需均衡。在完全竞争的市场条件下，市场需求和市场供给相互作用，形成一个均衡点，即均衡价格和均衡数量。在这一点上，市场需求量等于市场供给量，市场处于出清状态。当市场价格高于均衡价格时，市场供给量将超过市场需求量，导致供过于求；当市场价格低于均衡价格时，市场需求量将超过市场供给量，导致供不应求。

第四，价格机制。市场价格机制是调节市场需求和市场供给的重要工具。当市场需求增加时，价格会上涨，从而刺激生产者增加供给；反之，当市场需求减少时，价格会下降，从而降低生产者的供给意愿。这种价格机制有助于使市场保持均衡状态。

理解供需关系和市场机制对于企业经营决策者具有重要的指导意义。企业可以通过分析供需关系来制定定价策略和生产计划，以适应市场需求并获得最大利润。此外，供需关系的理解也对投资决策至关重要。投资者可以通过分析市场的供需情况来判断某种产品或资产的价格趋势和投资回报，充分利用供需关系的波动来把握投资机会并降低风险。

（二）行业生命周期

行业生命周期（industry life cycle）是指行业从出现到完全退出社会经济活动所经历的时间。如图 2–15 所示，行业生命周期主要包括四个发展阶段：幼稚期、成长期、成熟期、衰退期或蜕变期。识别行业生命周期所处阶段的主要指标有市场增长率、需求增长率、产品品种、竞争者数量、进入壁垒及退出壁垒、技术变革、用户购买行为等。

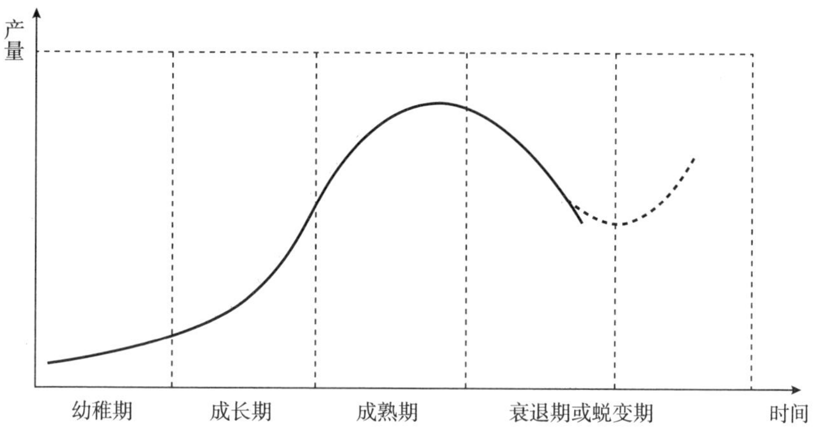


**图 2-15　行业生命周期曲线**

（1）幼稚期。当一项具有突破性但尚不完善的技术被发明出来，就可能吸引具有企业家精神的开拓者进入该领域，尝试开发满足消费需求并适合批量生产的创新产品。行业幼稚期的企业数量相对较少，产品设计往往不成熟，服务尚未完善，还没有形成一个行业标准。行业的利润率较低，市场增长率较高，需求增长较快，技术变动较大，行业中的用户主要致力于开辟新用户、占领市场。此时技术的发展存在很大不确定性，在产品、市场、服务等方面有很大的创新空间，新创企业对行业特点、行业竞争状况、用户特点等方面的信息掌握不多，企业进入壁垒较低。

（2）成长期。行业进入成长期后，技术、服务与产品质量趋于完善与稳定，行业标准逐步形成，此时产品的盈利前景已经被充分预计，大批新进入者涌入该行业。这一时期的市场增长率很高，需求高速增长，顾客群体趋于理性与成熟；进入该行业的企业增加，产品的种类和数量也大幅增加，竞争强度大，价格比较敏感；技术渐趋定型，行业特点、行业竞争状况及用户特点已比较明朗，产品品种及竞争者数量增多，行业进入壁垒显著提高。同时，随着新进入企业的增加和新技术的扩散，突破性技术带来的高额利润逐渐被竞争所拉低。

（3）成熟期。在成熟期，新进入者和在位者继续进行产品创新或工艺创新，创新会很快扩散，行业标准已经形成，技术已经基本成熟，新产品和产品的新用途开发更为困难；行业增长率和市场需求增长率降低，行业特点、行业竞争状况及用户特点非常清楚和稳定，买方市场形成，行业盈利能力下降；经过成长期的竞争与兼并，行业内企业的数量减少逐步稳定，企业自身规模增大，一般最终只剩下少数几家实力强的企业，行业进入壁垒很高。

（4）衰退期或蜕变期。进入行业衰退期，市场需求下降，行业生产能力会出现过剩现象，同时市场增长率严重下降，行业呈现负增长；产品品种减少，竞争企业因行业利润减少而逐步退出，剩下少数几家满足市场需要。蜕变期是指在行业衰退期间，行业经过技术变革，在原来行业的基础上有了提升，适应了市场环境变化，能满足新的市场需求。本阶段的某些特点和行业的导入期有些相似，既有新材料、新技术或新的服务形式出现，从而满足市场需要，但区别为蜕变期是在已有行业的基础上进行提升，而导入期是进入一个全新的领域。

（三）学习经验曲线

学习经验曲线又称波士顿经验曲线，是一种表示生产成本和总累计产量之间的关系曲线，即随着产品累计产量的增加，单位产品的成本会以一定的比例下降（见图 2-16）。此现象出现的原因在于，如果一项生产任务被多次反复执行，它的生产成本将会随之降低。研究人员发现，当产量每一次倍增的时候，其成本价值（包括管理、营销、分销和制造费用等）将以一个恒定的、可测的比率下降。对各个行业的经验曲线效应进行研究统计后发现，下降的比率在10%~30%。

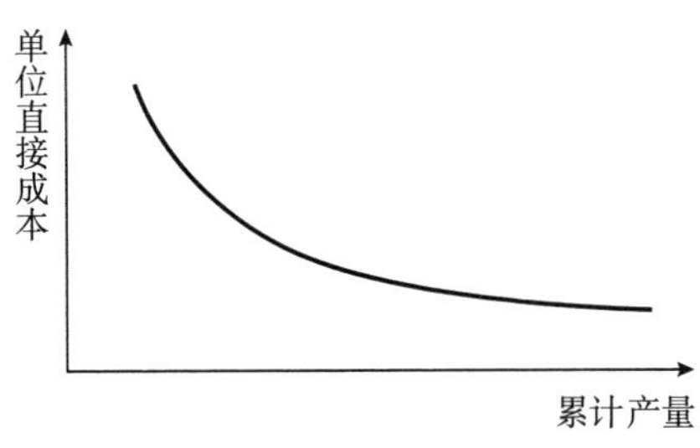


**图 2-16　学习经验曲线**

学习效果受许多因素的影响，主要有：①操作员动作的熟练程度是影响学习曲线最基本的因素。②改善操作工具，便于工人大大减少操作时间。③设计改进，新产品开始生产后，由于各种疏忽和考虑问题的不周全，需要做设计修改，必要的设计修改有助于降低工时，但过多的修改则有碍生产，对学习反而有害。④改善陈旧设备有助于降低工时。⑤高质量的原材料和充足的货源可避免停工待

料的时间，从而有助于单位工时的缩减，减少学习中断现象。⑥分工专业化，使每个操作者专做某一部分简单的制造工作，有利于减少操作者的学习遗忘和工作难度，从而降低单位工时。⑦优良的管理、科学的指导、奖罚制度的应用和学习效果的即时反馈都有助于降低成本、提高生产力。

## 二、金融学知识

本系统模拟的是一家跨国经营的上市公司，其中评估经营成效的一个重要指标就是上市公司的累积股东回报率，而该指标与公司的估值与股价直接相关，因此需要了解和掌握公司估值的方法。同时，由于是跨国经营的公司，汇率的变化对公司经营也会产生一定影响。

（一）企业估值

1. 绝对估值法

绝对估值法一般采用现金流折现估值法，简称 DCF 法（discounted cash flow），其核心思想是：一家公司的价值应基于其未来可产生的现金流来计算，其等于现金流按照能够反映其风险的折现率进行折现的结果。

（1）现金流。公司自由现金流的具体计算公式如下：

$D=EBIT\times(1-k)+$ 折旧 + 摊销 − 资本性支出 − 营运资本支出

其中各个参数说明如表 2–1 所示：

表 2–1　现金流计算参数

| 参数 | 说明 |
|---|---|
| $D$ | 公司自由现金流 |
| $EBIT$ | 营业利润 |
| $k$ | 税率 |
| 折旧 | 固定资产在使用寿命内按照确定的方法对应计折旧额进行系统分摊 |
| 摊销 | 除固定资产之外的其他长期使用经营性资产，按照其使用年限每年分摊购置成本 |
| 资本性支出 | 购建固定、无形及其他长期资产所支付的现金减去处置固定、无形资产及其他长期资产而收回的现金 |
| 营运资本支出 | 存货增加额 + 经营性应收项目增加额 − 经营性应付项目增加额 |

（2）企业价值。即自由现金流现值和终值现值的合计值。企业价值 $T$ 可以用下面的公式来计算：

$$T=\frac{D_1}{1+r}+\frac{D_2}{(1+r)^2}+\frac{D_3}{(1+r)^3}+\cdots+\frac{D_n}{(1+r)^n}=\sum_{t=1}^{n}\frac{D_t}{(1+r)^t}$$

其中，$D_n$ 代表每个年度的现金流，$r$ 代表折现率。如果我们假定企业未来的增长速度是恒定的，其现金流增长也是恒定的，同时将现金流增长率设为 $g$，那么企业价值 $P$ 的计算公式可以简化为：

$$P_0=\frac{D_0\times(1+g)}{1+r}+\frac{D_0\times(1+g)^2}{(1+r)^2}+\frac{D_0\times(1+g)^3}{(1+r)^3}+\cdots+\frac{D_0\times(1+g)^n}{(1+r)^n}=\sum_{t=1}^{n}\frac{D_0\times(1+g)^t}{(1+r)^t}$$

当 $n\to\infty$ 时，化简得到：

$$P_0=\frac{D_0\times(1+g)}{r-g}=\frac{D_1}{r-g}$$

如果我们假定企业的发展会经历成长期、成熟期和衰退期，在不同的阶段，企业的增长速度是不同的，那么我们的估值模型就可以比上面的公式要更复杂一些。这里我们不再做更深入的探讨，对上面计算过程的阐述主要目的是让我们理解怎样用 DCF 法来计算企业的价值。此外，上面的折现率 $r$ 是把未来的钱放到现在来衡量其价值。折现率的大小将对企业的估值产生重要影响，因此如何确定 $r$ 值就显得非常重要。这里也暂不做深入探讨。

（3）股权价值。上面基于 DCF 方法计算的价值，我们称之为企业价值，其代表了股权投资人和债权投资人共同拥有的价值，即整个企业的价值。但在资本市场上，还有一个股权价值，其主要代表股权投资人的价值。其计算公式为：

股权价值 = 企业价值 − 债务市场价值 + 资产负债表上的现金

2. 相对估值法

相对估值法主要是采用乘数方法来估值，如市盈率、市净率、市销率等乘数，其核心思想是：将某公司的乘数值与所在行业中的平均乘数值进行比较，然后做出合理的估值判断。由于采用的估值乘数不同，我们就能得到不同的估值方法。

（1）市盈率估值法。市盈率（简称 PE）是每股股价与每股收益的比率，其计算公式为：市盈率 = 公司股价 / 每股收益。运用市盈率进行估值模型如下：

公司每股价值 = 行业平均市盈率 × 公司每股收益

如果等式两边同时乘以公司总股权数，则可以得到公司整体的估值：

公司价值 = 行业平均市盈率 × 公司净利润

（2）市净率估值法。市净率（简称 PB）是每股股价与每股收益的比率，其计算公式为：市净率 = 公司股价 / 每股净资产。运用市净率进行估值模型如下：

公司每股价值 = 行业平均市净率 × 公司每股净资产

如果等式两边同时乘以公司总股权数，则可以得到公司整体的估值：

公司价值 = 行业平均市净率 × 公司净资产

（3）市销率估值法。市销率（简称 PS）是每股股价与每股销售收入的比率，其计算公式为：市销率 = 公司股价 / 每股销售额。运用市销率进行估值模型如下：

公司每股价值 = 行业平均市销率 × 公司每股销售额

如果等式两边同时乘以公司总股权数，则可以得到公司整体的估值：

公司价值 = 行业平均市销率 × 公司销售额

用以上三个常用的相对估值法可以进一步将估值方法进行拓展，即可以将行业中一些能反映企业价值的参数值筛选出来，以此作比较来进行相对估值。

（二）外汇汇率

汇率和外贸是两个紧密联系并相互影响的领域，外贸受汇率波动的影响，而汇率又受外贸活动的影响。对于具有国际贸易业务的企业，必须关注汇率的变动带来的重要影响，并采取相应的措施来利用汇率变动的有利影响，避免不利影响。

（1）汇率变动对出口贸易的影响。汇率变动直接影响着出口商品的价格竞争力。例如，本国货币贬值可能提高出口商品的竞争力，促进出口增长；而货币升值则可能降低出口竞争力，影响出口业绩。

（2）汇率变动对进口贸易的影响。汇率的波动也会影响国内商品的进口成本。一国货币贬值可能导致进口商品价格上涨，刺激本国生产；而货币升值则可能降低进口成本，刺激进口需求。

（3）汇率变动对外贸企业经营绩效的影响。影响企业成本和收入，汇率的波动直接影响着企业的成本和收入，进而影响其盈利能力和竞争优势。

（4）汇率变动带来的企业经营风险。汇率的不稳定性会增加企业的风险，尤其是长期贸易合同的签订，可能导致汇率风险的增加。

（5）汇率变动对企业外汇资产的影响。汇率的变动将直接给企业所拥有的外汇资产价值带来大的波动，特别是对于外汇资产价值比重较大的企业，汇率变动将可能直接影响企业的总体价值。

# 第 4 节　其他相关学科知识模块

企业经营决策思维具有综合性和系统性的特点，其所涉及的知识远超管理学和经济学方面的知识，会广泛地涉猎社会学、行为学和运筹学等相关学科的知识。在模拟的过程中如果能引发学生做更广博和深邃的思考，不仅有助于做出更正确的经营决策，同时对理解管理学和经济学知识也大有裨益。限于篇幅的考虑，这里我们只结合本模拟系统的特征，重点介绍三个知识模块，分别是 ESG 管理、博弈策略和决策行为。三个知识模块代表了从社会、组织和个体三个层面在实践模拟中的思考和应用，以促使学生做些更综合、更系统的决策训练。需要说明的是，读者不要局限于本章所列举的知识点，只要是能触发个人深思的知识点，都应该敏锐地抓住，通过自主学习与构建来进行拓展与深化，以此来激发个人决策思维模型的进化与迭代，让自己的决策认知能力得到有效提升。

## 一、ESG 管理：追求可持续发展优势

### （一）ESG 的管理意义

#### 1. ESG 带来的优势

ESG 是三个英文单词首字母的缩写，分别从 Environment（环境）、Social（社会）与 Governance（治理）这三个维度评估企业经营的可持续性与对社会价值观念的影响。ESG 在实践上有很大的价值，它把对企业价值的关注点，从过去单纯的股东转向更为广泛的利益相关者。推动企业追求经济价值和社会价值的统一，重塑企业的价值观，同时也重塑商业的价值体系。

ESG 不仅对环境和社会有益，给企业的可持续发展也带来优势。ESG 推动企业从单一追求自身利益最大化到追求社会价值最大化。经验表明，ESG 表现良好的企业，运营和财务表现同样出色，这样的企业能够较好地预判未来的外部经济与社会环境的变化、潜在的机会和风险，更好地关注技术创新、环境保护、节能减排、成本降低，更好地创造竞争优势以及长期价值。实践 ESG 的企业还可以获得许多好处，包括提高声誉，提高客户忠诚度和提高员工敬业度，减少企业的碳足迹，促进多样性和包容性，以及坚持高道德标准。通过这样做，企业可以提高业务的底线，并与客户和员工建立信任。

越来越多的研究认为，ESG 责任履行有助于改善企业绩效，在改善公众形

象、增强品牌影响力、提升经营业绩、降低经营风险、加强融资能力、强化员工忠诚度等诸多方面发挥着积极的作用。当然，对于一些企业来说，履行 ESG 责任短期内不一定能直接带来企业财务状况的改善，甚至还会占用企业发展的宝贵资源。但是作为决策者，我们需要权衡企业的长期与短期利益，以追求一种更加可持续的发展优势。

2. ESG 的绩效影响

（1）环境与企业财务绩效之间的关系。随着全球对可持续发展的重视，公众的环境责任意识日益增强，要求企业应在社会环境需要下，追求自身发展，履行基本的经济责任、环境责任和社会责任。企业积极承担环境责任，能够缓解政府等机构组织对企业的环境规制与行业规范压力，降低违规风险，能够营造良好的企业形象，增强各方面利益相关者的信任，达到积累声誉资本的目的。

（2）社会与企业财务绩效之间的关系。企业社会责任渐渐引起广泛关注，促使企业将社会责任视为企业产生价值效应的首要条件之一。同时，企业的社会表现直接关系到其声誉和可持续性。好的社会表现不仅可以增强企业的形象和品牌价值，还能够提升员工和消费者的忠诚度，吸引更多的投资和业务机会。研究发现（Giannarakis et al.，2016），选择增加参与社会责任计划的企业，其财务绩效得到显著提升。并且，较好的企业社会表现会对企业财务绩效产生显著的积极影响。

（3）公司治理与企业财务绩效之间的关系。一般良好的公司治理能够提升企业财务绩效。一些学者指出，优越的公司治理可以减少企业高管的机会主义与不确定性，提升企业绩效。此外，公司治理从内部为企业可持续发展提供制度保障，具有良好公司治理表现的企业在制定发展战略时能够更加重视利益相关方的利益，最大限度地为各利益相关方创造多元综合价值。

（二）ESG 的评价内容

在企业经营与投资决策过程中，ESG 认为我们不仅要考察企业财务绩效，还需强调关注企业环境绩效、社会责任、公司治理等非财务绩效，在生态环境保护、相关利益者权益维护、公司治理体系完善等多方面承担起相应的责任与义务。

1. 环境（E）方面

主要关注企业在生产经营活动或者投资行为中，资源利用以及污染物排放等对环境造成的影响，并建立生态环保理念、制定环境管理策略等方式提升环境绩效。从环境方面评价的影响因素来看，包括碳排放、环境政策、废物污染及管理政策、能源使用及管理、自然资源消耗及管理、生物多样性、合规性等内容。

2. 社会（S）方面

主要是平衡和协调企业与各方利益者之间的关系，强调企业除追求既定财务目标之外，应多关注社会的长远利益，实现社会主体之间的良性互动，涵盖企业与员工、供应商、消费者、社区和其他相关利益相关者的互动关系。从社会方面评价的影响因素来看，包括性别平衡、人权政策、社团、健康安全、管理培训、劳动规范、产品责任、合规性等内容。

3. 治理（G）方面

主要关注企业的内部治理结构和机制，监督员工的薪酬以及企业伦理道德等内容，以科学合理的治理体系进行权力制约与平衡，提升治理水平。良好的治理机制能够确保企业合法、公正、透明地经营，并保护各利益相关方的权益。从治理方面评价的影响因素看，主要指公司治理、贪污受贿处理、反不正当竞争、风险管理、税收透明、公平的劳动实践、道德行为准则、合规性等。

## 二、博弈策略：营造良性竞争与合作

博弈策略是一种基于博弈论的思考方式，强调在决策过程中考虑自己与他人之间的互动关系，尤其是当各方的利益可能存在冲突或合作时，不仅要考虑自己的行为和策略，还要充分考虑他人的行为和策略，以及这些策略组合可能产生的各种后果和概率，从而选择能使自己收益最大化的策略。这是一种系统性、逻辑性和策略性的思维方式，帮助人们在复杂的情境中做出更优的决策。在本模拟决策系统中，将由多个团队经营多家企业在同一市场中进行竞争博弈，运用博弈思维和策略进行决策将能够提升企业经营决策的动态有效性。

### （一）博弈思维

1. 理性分析

博弈思维强调理性分析，其假设参与者是理性的，每一方都会根据自身利益最大化来选择策略，要求个体在面对决策时，不要受情感、偏见或直觉的影响，而是要对问题进行理性分解，分析各方的动机、目标和可能的行为，基于事实和逻辑进行推理和判断。

2. 动态调整

博弈思维不是静态的，而是一个动态的过程。随着环境和条件的变化，个体需要不断调整自己的策略，以适应新的情况。这种思维强调在变化的环境中保持灵活性，并根据新的信息重新评估自己的决策。

3. 多方互动

博弈思维强调多方之间的互动关系，关注各方的策略如何相互影响。博弈思维不仅关注自己的行为和策略，还充分考虑他人的行为和策略，并根据对方的可能反应调整自己的策略。这要求个体在决策时，要预测和判断他人的反应和行动，以及这些行动可能对自己产生的影响。

4. 策略性思考

博弈思维的核心是策略选择。博弈思维注重策略的设计与实施，强调如何通过选择合适的策略来影响对方的决策。它要求考虑短期和长期的影响，以及策略的连锁反应，个体或组织需要在多个可能的策略中，通过分析和比较，选择最能实现自己目标的策略。

5. 均衡与妥协

在博弈中，各方通常会有不同的利益目标。这种思维强调在利益冲突中寻找平衡点，而不是单纯追求个人利益最大化，要求权衡各方利益，找到最优解或均衡点。在商业竞争中，博弈思维强调在竞争和合作中找到均衡点，而不是一味对抗或妥协。

6. 竞争与合作

博弈思维认为竞争与合作是相辅相成的。即使在竞争中，也可能存在合作的机会。在某些情况下，合作可能比竞争更有利，因此需要根据具体情况调整策略。它要求决策者灵活应对，根据局势选择竞争或合作的策略。

（二）博弈类型

博弈类型可以按照多个分析方法来进行分类，这里主要列举与本经营模拟应用较为密切的类型：

1. 零和博弈与非零和博弈

（1）零和博弈（zero-sum game）。零和博弈是博弈论中的一个重要概念，指的是在一个封闭的系统内，一个参与者的得益总是等于另一个参与者的损失，也就是说，整个系统中的收益和损失总和为零。在零和博弈中，出现各参与者之间利益完全对立的博弈情况，一方获得的收益必然等于另一方的损失，所有参与者的收益总和始终为零。由此可见，零和博弈有几个重要的假设，主要有：①资源有限性：零和博弈发生在资源或利益有限的情境中。②严格竞争性：参与者之间的竞争是基于争夺有限的资源或目标，一方的收益必然导致另一方的损失。③非合作性：在零和博弈中，参与者之间不存在合作的可能性，因为任何一方的增益都必然伴随着另一方的减少。以价格战为例，企业为了争夺市场份额而不断降低价格，导致利润下降甚至亏损。如果在资源有限的条件下，几家企业为了争夺市场份额而展开激烈的竞争，且不存在合作的可能性，那么这种竞争就符合零和博弈的特点。

（2）非零和博弈（non-zero-sum game）。与零和博弈相对的概念是非零和博弈，即参与者的收益总和不一定为零，可能是正数（合作共赢）或负数（共同损失）。由此可见，与零和博弈相比，非零和博弈有几个重要假设转变：①资源分配：在零和博弈中，资源或利益是有限的，一方的收益必然伴随着另一方的等量损失。而在非零和博弈中，资源或利益并非固定不变，通过合作和创新可以创造更多的价值。②竞争与合作：零和博弈强调竞争和对立，参与者之间往往陷入“你输我赢”的僵局。而非零和博弈则打破了这种局限，允许参与者通过协商、合作等方式实现共赢或多赢的局面。③策略选择：在零和博弈中，参与者往往采取对抗性的竞争策略以争取自身利益最大化。然而，在非零和博弈中，这种策略往往难以奏效甚至导致“双输”的结果。相反地，参与者需要更加注重合作与协调的策略选择以实现共赢或多赢的局面。以国际贸易为例，各国之间通过贸易合作可以实现互利共赢。在全球化背景下，各国之间的经济联系日益紧密，通过贸易往来可以促进经济增长、提高人民生活水平。这种贸易合作就是非零和博弈的体现，因为各国的收益并不以其他国家的损失为代价。

2. 双人博弈与多人博弈

（1）双人博弈。双人博弈是博弈论中的一种基本模型，指的是两个参与者（玩家）之间进行的策略性互动。每个玩家根据自己的目标和对对方行为的预测，选择自己的策略，以期获得最优的结果。双人博弈在现实生活中具有广泛的应用，如商业竞争、国际谈判、体育比赛等。举一个商业例子：假设企业 A 和企业 B，它们在同一市场上销售相似的产品。企业 A 和企业 B 都需要决定自己的产品价格和产量。如果企业 A 选择降价，可能会吸引更多的消费者，但也会降

低自己的利润；如果企业 B 也选择降价，那么两家企业都会面临利润下降的风险。因此，这是一个典型的双人博弈问题，两家企业需要根据对方的可能策略来制定自己的决策。

（2）多人博弈。多人博弈是指涉及三个或更多参与者的博弈过程。在多人博弈中，每个参与者都有自己的目标、策略和选择，他们的决策会相互影响，并共同决定最终的结果。与双人博弈相比，多人博弈的复杂性更高，因为参与者之间的互动关系更加多样化，可能会出现合作、竞争或混合的行为模式。同样举一个商业竞争例子：假设企业 A、企业 B 和企业 C，它们在同一市场上销售相似的产品。每家企业都需要决定自己的产品价格、产量和营销策略。由于市场上存在多个竞争者，每家企业的决策都会受到其他企业的影响，这就是一个典型的多人博弈问题。企业需要综合考虑市场需求、竞争对手的策略以及自身的资源和能力来制定决策。

## 三、决策行为：提升综合决策能力

本经营实战模拟的一个重要目标是要提升个人和团队的决策能力，因此，掌握相关的决策知识是非常必要的，在相关理论知识的指导与应用下，个人和团队可以更为有效地提升自己的综合决策能力。

### （一）决策行为特征

#### 1. 目标导向性

决策行为始终围绕特定的目标进行。这些目标可能是明确的、量化的，也可能是模糊的、定性的。无论如何，决策者在决策过程中都会明确或隐含地设定一个或多个目标，并以此为基准来评估各种可能的决策方案。

#### 2. 选择性与评估性

决策行为涉及对多个可能性的选择。决策者需要从众多备选方案中挑选出最符合目标的方案。在选择过程中，决策者会对每个方案进行详细的评估，包括成本、效益、风险、可行性等方面的考量。

#### 3. 动态性与适应性

决策行为是一个动态的过程。决策者需要不断收集新的信息，调整对问题的理解和目标的设定，并根据环境的变化来修正决策方案。同时，决策者还需要具备适应性，能够灵活应对决策过程中的不确定性和复杂性。

4. 有限理性与感性思维

决策者的理性是有限的，他们无法完全掌握所有相关信息，也无法进行无限的计算和推理。因此，决策者在决策过程中通常会采用感性思维，即依靠经验、直觉和简单的规则来做出判断。这种思维方式虽然可能不是最优的，但在实际应用中往往是高效且实用的。

5. 风险与不确定性

决策行为往往伴随着风险和不确定性。决策者需要在不确定的环境下做出决策，并承担由此带来的风险。这种风险和不确定性可能来自市场环境的变化、竞争对手的行动、自然灾害等外部因素，也可能来自决策者自身的知识、能力和经验等内部因素。

6. 反馈与调整

决策行为是一个反馈和调整的过程。决策者需要不断关注决策的实施效果，并根据实际情况进行必要的调整。这种反馈和调整机制有助于决策者及时发现并纠正决策中的错误和不足，提高决策的质量和效果。

（二）决策行为类型

1. 战略决策与战术决策

首先，战略决策是针对组织最重要、最长远的问题，通常包括组织目标方针的确定、组织机构的调整、企业产品的更新换代、技术改造等，其具有全局性、长期性和方向性，通常涉及组织生存和发展的关键问题。其次，战术决策也称为管理决策，属于战略决策执行过程中的具体决策，主要涉及日常运营、资源分配、生产计划等方面，以实现战略目标为导向。战略决策的重要性往往高于战术决策，同时战略决策的实现需要战术决策的支持和保障。

2. 个人决策与团队决策

首先，个人决策就是由单个人做出的决策，通常涉及个人判断、经验和价值观等方面。个人决策具有灵活性和快速性，但可能受到个人认知限制和偏见的影响，做出错误决策。其次，团队决策由多人一起做出，通常涉及团队讨论、协商和共识等方面。团队决策能够汇集更多信息和观点，提高决策的全面性和准确性，但也可能导致决策过程缓慢和群体思维等问题。

3. 程序性决策与非程序性决策

首先，程序性决策是指针对常规性、重复性的问题所做出的标准化决策。这类决策通常有明确的规则、政策或程序作为指导，决策过程是系统化和规范化的。其特点包括：①重复性：问题是经常发生的，具有规律性。②标准化：有固定的规则或程序可以遵循。③低复杂性：问题通常比较简单，变量较少。④效率高：因为有现成的流程或经验，决策速度较快。其次，非程序性决策是指针对非例行性、复杂性和新颖性的问题所做出的决策。这类决策通常是偶然发生的、非常规性的问题，决策者没有先例可循，需要依靠经验或直觉进行决策。这类决策往往具有独特性和不可预测性。其特点包括：①非重复性：问题是新出现的或不常见的，缺乏规律性。②无固定流程：没有现成的解决方案，需要创新性思维。

（三）决策行为步骤

科学的决策行为通常要包括一些必要的步骤，个人和团队如果能够把每个步骤都能有效率地完成，就能很好地保障决策的成效。

（1）诊断问题或识别问题：明确当前面临的挑战或机遇是什么，问题出现的背景和原因是什么。

（2）确定目标：设定具体的目标，这些目标应该是可衡量的，并且与组织的长远愿景相符合。

（3）收集信息：收集相关信息和数据，包括市场趋势、客户反馈、技术发展等。

（4）分析问题：分析收集到的信息，评估各种因素如何相互作用，并确定问题的本质。

（5）拟定方案：基于问题的分析和目标，提出多个可能的解决方案或策略。

（6）评估和选择方案：对拟定的方案进行评估，包括成本、风险、预期结果等，然后选择最佳方案。

（7）执行决策：将选定的方案付诸行动，涉及资源分配、任务分配、时间表设定等。

（8）反馈和评估：定期反馈进展情况，评估决策的效果，并根据需要做出调整。

决策训练就像肌肉训练一样，只要坚持有规律的训练，决策思维就能像肌肉一样获得良好的训练效果。决策模拟如果能够遵循上面的标准步骤坚持训练，不断地反馈、调整和迭代，决策能力在持续的反思和总结中一定能获得提升。

## 本章小结

本章主要对本模拟课程所涉及的相关学科知识进行概述。首先，对知识学习目标进行了说明，以帮助理解本模拟课程在知识学习目标上所具有的独特性，然后对整体涉及的知识做了一个地图式的导航，以便学习时能方便有效地查阅。其次，我们对主要涉及的相关学科知识进行了逐一阐述，主要包括三个方面：第一，管理学相关知识，这是本经营模拟聚焦的重点知识模块，其主要涉及管理相关专业中最核心的五方面内容，分别是：企业战略管理、创新战略管理、生产运作管理、市场营销管理和财务与会计分析。第二，经济学相关知识，其对管理学相关知识的应用与实践具有重要价值，主要包括经济学和金融学两方面的相关知识。第三，与本模拟有关的其他相关学科知识，包括社会学、行为学和运筹学等相关学科知识，其中主要列举了三个知识点，分别是 ESG 管理、博弈策略与决策行为理论。

## 思考与练习

1. 谈谈本模拟在知识学习目标上主要具有哪些特征？
2. 我们为什么要鼓励进行知识的自主构建？
3. 管理学相关的专业知识具有怎样的内在关系？
4. 掌握经济学相关知识对实践管理学相关知识具有何种价值？
5. 除了本章阐述的相关知识，你还能发现哪些知识能应用到本实战模拟中？

# 第 3 章　商业模拟的学习优势*

◎本章学习目标

1. 了解商业模拟在知识学习上所具有的不同优势
2. 理解商业模拟知识学习不同优势的核心原因所在
3. 理解为什么要强调商业模拟的自主知识构建
4. 了解商业模拟中自主知识构建的多样化实践方式

从第 2 章的内容中可以看出，实战模拟课程的重要任务是要将自己在诸多专业课程中所学的知识进行整合，形成更加综合与系统且具有实践应用价值的知识。一定程度上，实战模拟过程中的知识学习是在已有学科与专业知识的基础上，需要做更有价值的训练与提升。那么，如何来理解实战模拟这一学习目标，以及如何在模拟课程中进行有意识的训练与提升，本章将通过商业模拟学习优势展开探讨。

## 第 1 节　商业模拟的知识学习优势

如果商业模拟在知识学习上具有优势，那么重点应该不会仅仅是表现在知识的记忆与理解上。实际上，我们传统的一些教学方式在知识的记忆与理解上已经做出了许多的变革尝试，其效率也获得了许多的进步与突破。那么，商业模拟的

* 本章内容主要摘自《商业模拟：理论与实践》（经济管理出版社 2024 年版）。有改动。

知识学习优势主要体现在哪些方面呢？基于已有的实战模拟教学经验与研究成果，我们可以总结出以下几个重要方面。

## 一、知识的理解与领悟

传统商科教育模式具有一定程度的自然科学原子论认识逻辑。所谓原子论方法，就是为了对客观事物有本质的认识，需要对客观事物进行深度的解剖分析，即不断地把整体分解成更小的组成部分，直至不可分的基元（如原子或元素），然后从基元的属性及关联中去寻找客观事物整体的属性和特征，其潜在认为各个基元的总和就形成了整体的属性与特征。原子论方法的主要任务和方法是要溯源研究构成客观自然对象的“原子”及其属性，以此为基础来概括宇宙物质的属性及规律。原子论方法认为从整体客体中分离出来的“原子”具有不变的属性，只要能分析研究清楚原子的属性，就能还原认识客体的属性和规律，其基本的思维逻辑就是先部分后整体，先分析后综合。其研究问题同样遵循着从局部到整体的认识方法，即首先对基本的原子、元素和因素进行分析和研究，然后再进一步对问题的系统机制和规律做深入认识。原子论在对整体与部分关系的认知上，持有简单机械论和累加关系原则，即相对忽视整体事物组成部分之间的互动关联，认为事物整体无论在组成、性质还是功能上，都可以通过部分累加的方式来认识。

传统商科教育领域也有类似思维和模式，即我们将一个领域划分为不同学科，每个学科划分为不同专业，每个专业由不同课程组成，每门课程由不同知识模块构成，每个知识模块会包含若干知识点。例如，以企业经营领域为例，其中的工商管理学科设有工商管理、市场营销、会计学、财务管理、人力资源管理、国际商务等不同的专业；以工商管理专业为例，其专业教育由管理学、运营管理、战略管理、人力资源管理、市场营销、财务管理、国际商务等课程组成，其中管理学这门基础课又由计划、组织、人员、激励和控制等知识模块组成，而每个知识模块再由若干知识点构成。

商科领域这种原子论式的教育思维和模式看上去是科学和有效率的，其可以在短时间内将商科领域大量的知识框架和内容成体系地转移和存储到学生的大脑中，但是，其存在的问题也很明显，即知识转移得快，遗忘得也快，并且存储在大脑中的知识依旧不能形成对商业的理解和领悟，学习了大量的商科知识但对商业的认知却很少或很肤浅。实际上，后者才是教育的本质或核心，就如爱因斯坦说，教育就是当一个人把在学校所学全部忘光之后剩下的东西。

商业模拟学习在一定程度上可以克服这种原子论学习模式的不足。与原子论认识的逻辑相反，其不是层层分解学习商业世界所需的知识，而是将所需知识在可能的情况下整合在一起，让这些知识综合来反映现实商业世界，学生必须在一个系统中去理解和应用这些知识，具体来说其可以体现出以下优势：

（1）场景化的知识学习优势。商业模拟通常会模拟一个商业场景，并在这个商业场景中设计若干相互关联的决策问题，学生需基于对该商业场景的理解和判断，并应用相应的知识点来分析和思考各个决策问题，因此，其所能理解的知识点和决策点就不是孤立的，而是能将这些知识点和决策点的角色与效用置于可以感知的商业场景中进行理解和评估。

（2）知识网络化的学习优势。正是由于放在一个大的商业场景中去理解和领悟知识，学生关注的就不仅是各个知识点和决策点，其更能关注到这些知识点和决策点之间的联系与联动，即知识不再是以要点和卡片的形式存储进学生的大脑，而是以一种网络化的结构进行建构和内化，这种网络化的知识结构不仅更能真实地反映现实商业世界，而且能够让学生对知识的理解和领悟有质的提升。

## 二、知识的应用与实践

商科是一门实践导向的学科，实践是检验学习成效的核心标准，因此知识的应用与实践是商科学习的最终目标与归宿。传统商科学习以知识传授为主，因此需要承认或者默认的一个潜在逻辑是：如果学习了商业世界的知识，学生就能够将这些知识应用于商业实践。

但是多年的教学实践经验告诉我们，在商科这种实践性强的学科中，从知识理解到实践应用往往存在一个巨大的鸿沟。这一点和军事战争中的知识学习与实践能力具有类似之处。历史上很多的案例一再告诉我们，仅有知识而没有实践往往是非常危险的，就如我们耳熟能详的“马谡失街亭”的三国故事：马谡自幼熟知兵法，才气过人，诸葛亮十分器重，行军打仗，两人常常促膝长谈，彻夜谋划，诸葛亮甚至称其为“匡世奇才”；但是，饱读兵书的马谡一到领兵打仗就兵败如山倒，其失败最核心的原因就是缺乏实战经验，犯了常识性的错误，做出了致命的错误决策。商业实践同样如此，只学习商科知识是远远不够的，必须有商业的实践体验，才能真正实现“知行合一”。

我们在商业模拟的实际教学中也能发现这种“知与行”之间的巨大鸿沟。学生在做企业经营模拟决策中，表现出了“知与行”之间存在的巨大反差，例如有这样一些现象：①在实战模拟中与所学知识建立不起联系，即实际学过的知识依旧存储在大脑中，但根本不知道与实践有何联系，就像没有学过一样。这在一些比较宏观层面的知识中有很多体现，例如虽然学习了战略管理的知识，但很多学生在实际决策中是没有任何思考的，对于其他的如经济周期概念、产品周期概念、行业周期概念等更加宏观的概念，则表现得更加明显。②学生知道模拟决策可以关联到一些所学知识，但不知如何运用这些知识进行分析和应用。例如学生虽然都学习过财务与会计的课程，但在分析商业模拟中的财务报表和相关数据时，却无法运用财务与会计知识来分析和判断企业经营的现状与成果，更难以用财务与会计数据来指导经营的改善。③最令人担忧的是，学生虽然看上去学习了大量经济与管理的相关专业课程，但在经营决策时却缺乏一些基本的商业认知与常识。例如，虽然学习了市场营销知识，但却没有客户和市场的概念，连对产品的定价都没有基本的思路；虽然学习了行业竞争和企业竞争战略的知识，但对行业和市场的竞争根本没有关注的意识，对竞争对手的经营行为也几乎是视而不见；虽然学习了投资相关的课程，但对利润、成本与收益却不加思考和关注；等等。总体而言，就是所学知识与理论并不能对学生的商业认知和经营决策带来预期的实践效用。

如果商科学习应该实现“知行合一”的目标，显然我们就有必要反思传统课堂知识学习模式的实际效果，而商业模拟在“知行合一”的学习目标上具有其特定优势，其主要可以体现在以下几个方面：①在商业模拟决策行动中评估和反思所学知识。仅仅凭思辨和推理是难以获得真正的商业认知的，体验式学习才能促进学习者进行有效的评估和深刻的反思，决策模拟就是让学生经历体验学习后产生有效的反思。②在行动反思中去学习和提炼有效知识与概念，这是对已有知识或新增加知识不断抽象和内化的过程，经过学习者亲自提炼和亲身实践过的知识才更有可能转变或内化为决策行为的理论指导，否则就是与实践行为毫无关系的一些储存在大脑的文字和符号记忆。③进一步在模拟决策行动中去检验自己的反思与认知。模拟决策不是简单的重复训练或熟练，也不是简单的知识累积或增

加，而是在知与行之间建立一种螺旋上升的反馈机制，每一次的模拟决策过程都是在一个新的认知平台上不断提升自己。

正是基于以上学习机理和优势，商业模拟可以让学习者在“知”与“行”之间的鸿沟搭建一座桥梁，来实现“知行合一”或“知行一体化”。

## 三、知识的融通与整合

人类社会可以被看成一个复杂系统，复杂系统包含了一些重要特征：第一，系统必须由若干要素组成，单一要素不能成为系统，由要素组成了一定的结构，系统才具有可分析性。第二，要素一旦形成了特定的结构，其中最重要的研究就是各个要素之间，以及要素与整体之间的相互联系与作用。第三，研究清楚各个要素如何联结组成一个功能超过要素之和的有机整体。第四，系统作为整体所表现出来的功能，需要以结构为载体，因此结构研究的重要性不可忽视。以商业生态系统为例，其是客户、生产商、供应商、经销商、竞争对手、投资商、政府等以生产商品和提供服务为中心组成的群体，它们在商业系统中担当着不同角色，发挥着不同的功能，各司其职，但又形成互依、互赖、共生的复杂系统。

进一步地，作为商业生态系统中的企业也同样是一个较为复杂的经营管理系统，其需要统筹考虑企业经营管理的众多要素和价值过程，即把人员、设备、资金、材料、信息、时间等各类资源，合理地组织和整合起来创造更多的社会和经济价值，同时实现企业的多样化目标，其既要提高产品或服务质量，又要提升资本运营效率，能够实现创收盈利、降本增效、资本增值等多重目标系统。商业模拟系统实际上就是在模拟现实中的复杂商业生态系统，其目的不仅期望更真实地反映现实商业系统，更重要的是培养学生能够以复杂和系统的思维来认知这些复杂世界，从而训练自身的认知能力。商业模拟学习在提升认知的复杂性和系统性上具有诸多优势，可以表现在多个方面：

（1）跨学科知识的融通与整合。尽管我们通过对学科、专业和课程的归类来不断分解复杂的社会知识系统，以便我们能更好地分析和理解庞大的知识体系，如果我们不能将分解后的知识重新整合为一个综合的复杂系统来理解，那我们在认知的过程中就可能会出现“见树不见林”的局限，只看到事物的局部特征与功能，却不能鸟瞰事物的全貌与效用。商业模拟的目标就是可以通过系统的建模和设计，将商业系统的综合性和复杂性尽可能地模拟呈现出来，让学生不是在每个学科、专业或课程中去思考和记忆这些孤立的知识点，而是在一个结构化的系统中来思考和理解各个知识点，实现跨学科知识的融通和整合。

（2）宏观与微观层面知识的融通与整合。商科学习所涉及的知识非常广泛，如社会学、经济学、金融学和管理学等，这些庞杂的知识在认知对象和现象理解上也各有所长。例如，有些学科和专业的知识专注于一些较为宏观和抽象的系统和现象，有些则专注于一些较为微观和具体的事物和现象。传统商科学习的一个难点就是如何将宏观层面和微观层面的认知进行融通与整合，例如以宏观经济学与微观经济学为例，两门课程在分析对象和研究现象上各有所专，但是只有将这两个层面的知识进行融通和整合，才能让我们对社会经济现象有更深刻的理解。在管理学中也同样如此，我们虽然把战略规划、市场营销、研发创新和财务会计等学科专业知识进行了分解学习，但真正要理解企业经营，就需要将这些不同层面的知识进行融通和整合。用一个形象的比喻，如果一个农民种地只知道闷头对脚下的土地进行深耕细作，对外部环境的节气变化却毫无察觉与理会，其种地的收成可能就需要凭运气了。

（3）静态思维与动态思维的整合。以知识的理解与记忆为主导的传统学习，在思维上更趋于一种静态思维，即我们在寻找一种稳定或固定的认知模式来帮助我们预测与应对现实世界问题。而动态思维则能够深刻地认识到真实的世界，确定的因素是极少数，不确定性的因素是大多数，并且不确定的因素在持续变化。静态思维偏好从固定的概念出发，循着固定的思维程序，以达到固定的思维成果，其优点是具有思维的程序化和准确化，其缺点是一种被动性的有限思维，有可能使思维陷入僵化与刻板，失去自身的主动性和创造力。相对应地，动态思维会根据不断变化的环境与条件来改变思维程序和方向，对事物进行调整与控制以优化思维目标。商业模拟的学习一定程度上较好地整合了静态思维与动态思维，特别是在动态思维的训练上，比传统的教学模式更具有独特优势。

因此，如果我们再次用军事战争来做一个类比理解，传统商科知识学习过程中注重各个知识点的精准理解和记忆，就如同让战士在进行一次次的瞄准打靶训练；而整合了各个学科和专业知识点的商业模拟学习，就如同训练高级军官指挥一场资源耗费大、时间周期长、多兵种联合作战的大型战役，两种训练方式与目标具有非常大的差异性。我们应该深刻理解和利用商业模拟在学习目标、学习内容和学习模式上所具有的这些独特优势。

## 四、知识的自主构建

商科学习的核心任务是要建立我们对商业世界的一些认知结构或模型，这些认知结构或模型的建立需要基于以下几个要点：

（1）认知结构或模型是一种相对性知识。认知模型是一种解释、假设或假说，它不是问题的最终答案，而是帮我们去认识现实世界的一种工具（就像透视镜一样）。认知模型的正确性是相对的，不是绝对的，并且会随着人类认知的提升不断演化和变革。同时，认知模型的构建需要基于学习者自己的经验背景，取决于认知主体特定情境下的学习活动与意义构建过程，具有相对性和个性化，即每个人都可以构建自己的认知模型。

（2）认知结构或模型是认知主体主动建构的。认知模型的构造必须是认知主体自我主动行为的结果，学生通过自己的经验来构造自己的理解，外部灌输或强加赋予都是无意义的，因此，认知结构或模型不能是复制书本或教材上的知识，也不能是将教师、专家或权威人士头脑中的知识转移到学生的头脑中。认知结构或模型只能是由学生主动构建才具有意义或有效。

（3）认知主体在自主知识构建中起到决定性作用。这种决定性作用可以从多个方面来理解：第一，认知主体学习的内在动机发挥决定性作用，只有调动学生的内在积极性，知识的自主构建才更具有效率，否则就很可能是被动灌输，而非主动构建。第二，认知主体原有的知识和经验会发挥重要作用，传统教学常常认为是将经过验证的知识从一个主体转移到另一个主体上，这种学习对学习主体的已有知识和经验基本无须考虑和关注，但知识的自主构建则需要密切关注认知主体已有的知识和经验，它们在自主构建的过程中发挥了关键的作用。第三，认知主体可以自由选择自主知识构建的方式。如果学习的主要目标是建立认知主体自己的认知结构或模型，那么所有的方法和方式都应服务于这一目标，因此，我们的教学方式也应尊重和适应认知主体的个性要求。

那么，商业模拟学习的优势就主要体现在：辅助学生更有效率地自主构建商业世界的认知结构或模型，具体来说有三个方面：①激发学习兴趣与动机。如前面的调查研究结果所显示，商业模拟学习过程对于学生来说更具趣味性和挑战性，学习结果与成效也具有更高的满意度，这是激发学生学习兴趣和动机的关键因素。从商业模拟的发展历史与趋势来看，随着技术的进步，其在激发学习兴趣与动机上都将具有显著优势。②在行动与反思中不断验证个人构建的认知模型。商业模拟不是依靠传统的口头讲授与理解来提升认知，其主要通过不断的行动与反思来验证和完善自己的认知，有效反思会体现在行动中，行动又会验证其反思的有效性，这种知行合一的学习反馈机制能够更有效地帮助学生来构建自己的认知模型。③自主构建知识的个性化与多样化。知识的自主构建不要求具有统一性和客观性，其允许每个学生在复杂多变的模拟决策情景中去构建个性化与多样化的认知模型，这点大大突破了传统教学中所注重的统一性与标准化。如果将学生所学知识当成一个有形产品来描述的话，传统教学的产出品期望是标准化和误差可控的工业品，而商业模拟教学的产出品更像各具特色的手工艺品，其允许每个认知主体构建自己个性化的认知模型，对商业世界的认知能力也更具成效。

## 第 2 节　商业模拟学习的自主知识构建

在建构主义理论看来，学习本质上是学习者主动的知识自我构建过程，外在的学习条件只是知识构建过程的一种辅助作用，任何外部环境与条件的有效配置都需要理解如何才能帮助学习者更好地来构建知识。如果我们细心观察就会发现，许多现代化的工具在帮助学生构建知识的原理与目标是存在较大差异的，一些工具可能只是帮助学生更快地获得各种信息，为学生提高效率和节省时间，但也有一些工具可能更有效地促进学生进行深刻的反思，使学生自主构建更加有认知深度和实践效用的知识。商业模拟作为一个教学平台或工具，其在学生的自主知识构建上具有一些独特的优势。

### 一、跨学科专业知识的框架构建

传统商科教育基于专业分工逻辑，分学科和分专业来设计课程体系，其优点是“术业有专攻”，不同学科和专业的知识得到更有效的深化和积累，但在将各个学科与专业的知识还原和应用到真实世界时，遇到的一个主要挑战就是要有效贯通和整合这些有内在强逻辑关系的知识。例如，传统商科专业会设计战略管理、运营管理、市场营销、财务管理、国际商务等不同课程的教学计划。但是，其局限性也是不可避免的，运用这些不同知识认知企业经营时就如“盲人摸象”，

虽然可以从不同的经营职能角度对企业进行理解与分析，但很难获得真正的整体性理解与认知，即使我们可以用严谨的逻辑思维将这些知识进行积木式拼接整合，但终究是一种逻辑性认知。商业模拟课程设计的目标是有效地整合不同学科和专业知识，让它们在特定商业场景中同时登场亮相，从而可以训练学生观察和思考这些知识的内在关联与互动模式，这个过程是在帮助学生构建更加反映真实世界的有效知识框架。

目前，从在高校中开设的一些商科模拟课程来看，其能较好地实现不同学科和专业知识的整合，让学生在一个更广阔的视野中来理解这些分类知识的内在关系。一些模拟软件可以很好地将经济学、管理学、金融学、信息统计学等多个学科的知识进行整合学习与应用。例如，宏观经济课程会教给学生一些宏观经济的概念，比如关于经济发展周期，战略管理课程会教给学生企业战略规划的理论思维，但是如果没有一种方式让这两种知识能够令学生在一种真实的场景中去行动实践，从而去体验和反思这些抽象知识的内在关联与作用，那么就像一个普通人即使看了无数部战争影片，他依旧不会使用武器，也无法真正体验到战争的惨烈，更别说从战争影片中学到指挥的艺术。

因此，我们需要让学生能够真正在一种商业场景中去思考和行动，即使这个场景是计算机模拟出来的，学生就有一个将不同学科和专业知识进行整合的机会。这个整合过程就是学生进行自主知识构建的绝佳契机。那么这个知识框架是什么样的呢？这个知识框架又应如何来有效构建呢？

我们的回答是，必须促使学生去探索和构建一种自己自主的知识框架。如果将知识框架形容为一条“鱼”，那么模拟课程教师的教学目标应该是“授人以渔”，而不是简单地“授人以鱼”。具体来说，通过商业模拟来帮助学生自主构建知识框架，我们首先应该理解和接受以下主要事实和原则：①教师的“鱼”（知识框架）不能简单地移植到学生的“鱼缸”（大脑）中。很多种情况都可能导致教师的知识框架在学生的大脑中无法激活：第一种情况是教师的知识框架相比学生可能更加复杂和宏大，但学生的大脑根本无法接收这一知识框架，就好比鱼太大而鱼缸太小；第二种情况是学生与教师之间的经验和知识具有较大差异性，而学生无法理解教师的知识框架，就好像鱼缸里水的养分无法供养这个鱼种一样。②不同学生会有不同的知识框架。当教师在课堂教学中把自己的知识传授给学生时，会期望每个学生都获得同样的知识框架，而实际情况往往是“一千个人眼中有一千个哈姆雷特"，所以我们的模拟教学不能用一个标准知识框架来进行考核，而是允许形成不同的知识框架，允许学生养成自己独特的"鱼苗"。③每个学生的知识框架会不断进化。商业模拟训练的优势就是其经营决策模拟处于动态的变化过程当中，这个过程会从不同知识层面和不同知识视角持续塑造学生的知识框架，随时处于成长和进化当中。

## 二、有意义知识的动态构建

如果把一个人拥有的整体知识结构与生物体结构进行类比，那么，我们会发现任何一个人的知识结构与种类都是无比复杂的，其复杂程度将远超芬克的有意义学习的分类框架。但我们在传统课程教学中似乎无视这种复杂程度的存在，因为当我们把课程教学的目标事前规划在有限的一些知识学习目标时，将忽视一些宝贵的有意义知识学习。在商业模拟教学中，我们经常碰到一种阻碍学生学习成长的现象，就是当学生碰到预料之外的挫折或失败时，学生不同的认知态度和应对行为将非常显著地影响到其学习成长。一些学生在重大的失误和挫折面前，会沮丧地自暴自弃，带着一种极为不良的情绪中断自己后续的努力和学习，这种行为从长远来看会有怎样的影响还不得而知，但可以确定的是在这门课中他们将无法获得成长；相反，一些学生在失误和挫折面前，能够正确地去面对，通过艰苦的努力将不利局面做出弥补或挽回，不管最终的模拟业绩结果如何，但在课程结束时，他们会惊奇地发现，自己的学习成长收获已远超模拟结果本身具有的价值。这正是一种有意义的知识学习！这种知识在课程规划的目标中没有出现，在课程考核中也可能没有出现，但我们必须知道这种成长过程才是最具价值和意义的。这种成长不仅局限在个体层面，还体现在团队层面和整个班级层面。在我们的模拟教学中，出现过这种情况：当整个模拟市场由于出现过度的恶性竞争，所有的经营团队和公司都出现了大幅亏损，然后有学生和团队主动站出来，开始倡议大家一起制定市场和行业的竞争规范，当其奔走与倡议开始得到越来越多的学生和团队响应时，这一刻就会帮助学生达到成长的一种高峰体验。这也是一种有意义的知识学习！而且是传统教学模式无法实现的一种教育境界。

因此，与传统教学不同，模拟教学完全有条件超脱传统的教育模式、要求和规范，让学生获得更完整、更丰富的有意义知识。同时，我们必须纠正一个错误认知和行为，即让模拟系统代替教师传授已有的知识，或者让学生自学模拟系统

中嵌入的知识。模拟系统和课程的目的是为学生创造一个环境或平台，让学生能更自由、更有创造性地进行有意义知识的动态构建，而这种动态构建过程就是学生作为一个完整的人不断成长的过程。

## 三、“知行合一”的自主知识构建

目前，商科教育中面临的一个重要挑战是当学生学了很多专业知识后，却还是不知道怎么做，即在“知”与“行”之间有一个巨大的鸿沟。我们原本认为鸿沟存在的原因是学生缺少实践的机会，但是我们同时又发现，即使是对具有工作经验的 MBA 学生来说，在学习相关的专业知识之后也同样出现了不知道如何应用的现象。在商业模拟实践中，我们对“知”与“行”的关系做了一些观察。例如，我们要求学生理解团队合作决策的重要性，并培养团队合作决策的行动能力，对于前者我们通过评阅他们递交的报告来评估，对于后者我们则通过观察他们实际的合作决策行为来评估，这样就可以将学生分为四种不同类型（见表 3-1），对于 A 和 D 我们认为就是符合我们所理解的“知行合一”类型，即认知水平高行动能力就高，或者认知水平低行动能力就低；但是，对于 B 和 C 两种类型却引起我们更多的思考，C 在报告中对团队合作决策能够有很好的总结能力，但在实际行动中却表现较弱；相反，B 在报告中总结水平较低，但在实际的行为表现上却非常好。这些观察促使我们对知识与行为之间的关系有了进一步的思考和认识，即我们能够表达出来的知识并不等于我们的行动能力，行动能力所需要的知识应该超出了口头或文字能表达出来的知识；相反，当学生有行动能力的时候，也许并不能表达出来是如何行动的。用前文知识分类理论来解释，在行动能力后面还有一些无法表达的隐性知识，或者有一些难以表达的程序性知识。

**表 3-1　认知与行动的组合类型**

| 行动能力 | 认知水平 | |
|---|---|---|
| | 高 | 低 |
| 强 | A：知行合一 | B：知行不统一 |
| 弱 | C：知行不统一 | D：知行合一 |

正是基于以上此类的大量观察，我们认为学习知行合一的知识基本无法通过他人的讲授甚至示范来获得，知行合一的知识只能由个体自主构建。也因此，在商业模拟教学中，我们强调“学生自主学习、协作互动交流、行动反思学习”等教学方式的设计。在这些学习过程中，我们通常不需要给学生明确的知识内容点，因为我们是在创造条件让学生自主构建行动所必需的隐性知识和程序性知识。隐性知识和程序性知识学习的最佳方式就是在行动中学习、在行动中反思。在商业模拟实践教学中，就是模拟一个商业场景，嵌入与现实世界相关联的问题情景，让学生组成经营团队进行模拟决策，当模拟决策结果出来后，经营团队反思讨论，针对新的问题进行新一轮的数据搜索、整理、分析和判断，并形成新的解决方案和决策，如此不断地行动和反思，学生在分析和解决问题的过程中不断提升自己的行动能力，获得相应的知行合一知识。

由此可见，基于商业模拟的实践教学就是通过学生持续的行动和反思来获取相应的知识，这个教学过程可以由教师来设计，但学习过程则必须依靠学生参与和自主实施，学生只有将自己的兴趣、经验和情感真实地融入该实践当中，其知识的自主构建才更加有效。

## 四、元认知知识的评估与调节

在传统的课堂教学中，我们潜在地持有一些对知识学习的观点：课堂就是学生获取知识的最佳场所，学习行为可以不需要融入实践活动，学生通过课堂教学就能单独获得自己实践所需的知识。但越来越多的研究显示，知识学习并不像我们想象得那样简单，可以在课堂中从教师身上直接转移到学生身上，完整的知识并不仅是一些可以用语言和符合传递的显性知识，其中还包含了大量的隐性知识，并且通常需要依附于人与具体的实践情境而存在。特别是组织层面的知识学习，必须依靠具体情境下个体实践与环境的相互作用。也就是说，组织知识必须是在个体成员积极参与实践、相互协商、互动和联结的过程中创造的。因此，对于个体来说，需要培养一种高效的学习机制，能在实践中不断地与环境发生联系，在处理问题的过程中及时调整自己当前的行动，使学习符合当前情境的需要。也就是说，这种学习机制高效就在于：个体在迭代的学习过程中需要及时和充分地介入环境，并采取快速行动和运用一些丰富的直觉学习能力。

个体的学习是一个认知提升的过程，其中也包括“对认知的认知”，即元认知，其主要是个体学习者对自我认知活动的认知过程，是一种高阶的认知学习发生机制。元认知的提升对个体的认知提升具有重要意义，而元认知的提升可以通过“获取元认知知识、进行元认知评估和元认知调节”的内在机制实现，从而有效提升个体在不同情境下的学习和实践能力。这里的元认知包括两层含义：一是有关认知的知识，涉及学习者的自身状态、面临的认知任务、解决问题时的处理习惯等方面；二是有关认知的活动，涉及学习者对自身认知活动进行监控和调节的技能（Flavell，1999）。在商业模拟学习中，学生的学习可以随着不同回合和时间节点逐步推进，从认知活动中获得的元认知知识在经过与元认知评估的相互作用后，在后面的练习回合通过元认知调节再作用到认知活动上。具体可以描述为如图 3–1 所示的元认知的发生机制：①获取元认知知识：学习者通过对自身认知活动的觉察，获得相应的元知识，包括自己的知识结构、知识水平、认知风格、认知情绪，同时还包括对自己所接受的学习任务和所处环境状态的认识。元认知知识不仅是学习者对当前情况的认知，还来自其以往经验的积累，以及对以往学习活动的总结和分析。②进行元认知评估：在获取元认知知识的基础上，学习者会对自身当前认知活动的效果进行监测和评估。评估的内容不仅包括学习进度、学习效率、阶段性成果，还包括学习任务的难度、在未来学习中可能遇到的阻碍、学习目标完成情况的预测和估计。评估的结果会作为新的经验积累再反馈给元认知知识。③进行元认知调节：根据元认知知识和元认知评估结果，对即将进行的认知活动进行计划和安排，完善认知方法，改善认知情绪和认知策略。

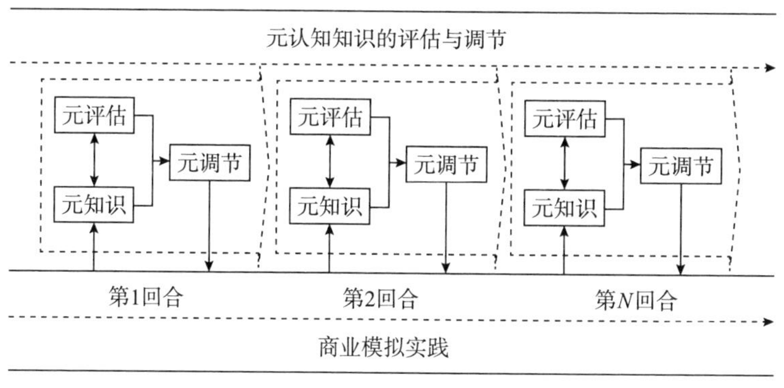


**图 3–1　元认知知识的评估与调节过程**

总之，商业模拟实践可以为学习者提供一种商业实践情景下个体与环境的密集互动，学习者可以实时把握自己的认知活动，及时进行监测和调节。学习者的元认知随着自身认知活动在时间上进行延展，也意味着对不同空间中认知活动的感知与掌控。元认知机制可以使学习者在实践中与环境不断互动，更新、调整自己的认知活动，从而提升解决问题的应变能力、自主学习能力和处理复杂环境的灵活性。元认知是建立在个体认知活动背后的学习机制，能使学习者在跨越情境的情况下，对认知活动进行自我意识和自我调节。

## 本章小结

本章主要深入探讨商业模拟在知识学习上具有的优势，以帮助学生在学习的过程中有自主意识地利用商业模拟来挖掘个人的学习潜力。商业模拟的知识学习优势主要体现在四个方面：①知识的理解与领悟；②知识的应用与实践；③知识的融通与整合；④知识的自主构建。其中，在商业模拟中进行自主知识构建是最具价值性，同时也是最具挑战性的学习优势。本章主要从四个层次探讨了如何进行自主知识构建，分别是：①跨学科专业知识的框架构建；②有意义知识的动态构建；③“知行合一”的自主知识构建；④元认知知识的评估与调节。本章的探讨不仅是要在认知上让学生能有意识地利用商业模拟在知识学习上所具有的优势，更是为学生在商业模拟中的知识学习提出了更高的要求和目标，应该作为学生商业模拟学习成效评估的一个高阶标准。

## 思考与练习

1. 你如何理解商业模拟在知识学习上具有的优势？
2. 你认为商业模拟可以在哪些方面提升个人的知识学习？
3. 你如何理解自主知识构建的重要性？
4. 思考“知行合一”在商业模拟中如何体现？
5. 如何在商业模拟中提升个人的元认知知识？

# 第4章　综合能力素质概述

◎**本章学习目标**

1. 理解能力素质的基本概念
2. 了解能力素质在实践中的广泛应用
3. 理解大学生就业能力的内核与结构
4. 理解大学生创业能力的内核与结构
5. 掌握能力素质在企业管理中的应用

能力素质的培养在高等教育中具有越来越重要的地位，为此，学生需要对能力素质有全面深入的理解与认知。能力（competence）作为一个发展较为成熟的理论概念，特别是在管理实践中，在组织、团队和个人等诸多层面都获得了广泛的应用，本章将在基本能力概念与理论介绍的基础上，针对在大学生培养中较为关注的能力素质来进行阐述，以便在实战模拟的过程中能有一定的指导意义。

## 第1节　能力素质模型及应用

### 一、能力素质冰山模型

McClelland 和 Boyatzis（1980）认为能力是帮助个人获得良好工作绩效的某些内在特质，包括个人动机、技能、社会角色和知识等要素。Lyle M. Spencer Jr. 和 Signe M. Spencer（2005）较完整地提出了素质冰山模型，即用浮在水面上的冰山来类比个人的能力。如图 4-1 所示，冰山可以由两部分组成：浮出水面之上的代表一个人的知识和技能，潜在水面下的代表一个人的自我认知、特质和动机等。前者被称为门槛能力，是对个体胜任某职位的基础素质要求，门槛能力是那些容易被测量和观察的能力要素，因而也是容易被模仿的能力要素；潜藏于水下的部分被称为差异性能力，是区分绩效优异者与平庸者之间的关键能力要素。两位学者对以上几项主要的门槛能力和差异能力，分别给出了相应的内涵：①知识指个人在某些特定领域所拥有的专业知识；②技能指有效地运用特定知识和技术来完成某些具体工作或任务的能力，即反映了个人对具体知识与技术的掌握和运用能力；③自我认知指一个人的态度、价值观和自我印象；④特质指个人身体某些特征对所处环境和各类信息所表现出来的持续反应；⑤动机指一个人对某种事物表现出来的一种愿望与期待，以及对行动产生持续影响的力量与念头。

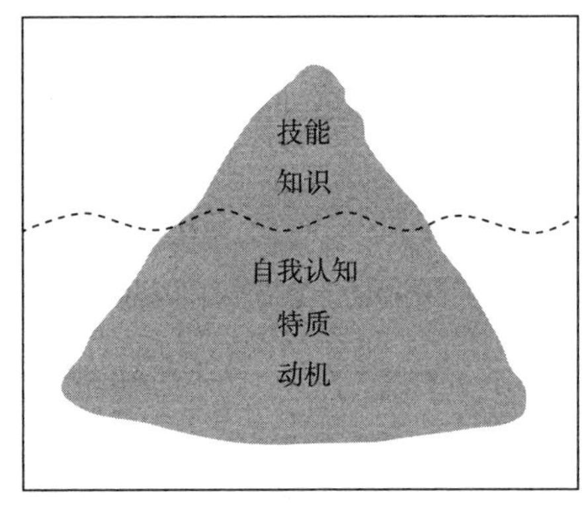


**图 4-1　素质冰山模型**

位于冰山不同层面的能力要素具有不同的特性，水面之上的知识和技能是倾向于看得见的表面特性，相对来说是比较容易通过教育和训练来获得的，在高等教育中也是学生学习的一个重点。但是潜藏在水面之下的动机和特质要素，则是难以直接发现和探测得到的能力要素，其能力的形成也是较为复杂的，与个人早年的成长经历有密切关系，要改变也不是一件容易的事，需要付出较大的努力。其中，自我认知介于知识和特质之间，其改变的难度也介于中间，是可以通过相应的教育和训练等方式来改变的，但是在改变的时间和程度上也是具有一定难度的。

## 二、能力素质的广泛应用

### （一）不同层次的能力素质

能力素质概念首先是在个人层面上的应用，即研究在不同岗位或环境下，个人应需要具备什么能力素质才能够胜任工作。其次是在个人组成的团队上的应用，即作为一个团队在执行某种任务或作业时需要具备怎样的能力，这种能力不是简单地将个人能力进行叠加，而是需要形成一种个人无法获得的团队能力。再次是在组织层面上的应用，即组织竞争力，此应用最具影响力，特别是在企业这一组织形式上，提出了企业核心竞争力这一概念，且得到了最为广泛的认可，成为理解企业成长与竞争的重要概念。最后是在国家层面上的应用，即国家竞争力，其考察的内容更为广泛，涉及的指标也较丰富，并成为国家治理和发展的重要概念。

### （二）不同职业群体的能力素质

能力素质概念还在不同的群体层次上进行应用，较早的是研究不同行业的创业者需要什么样的能力，哪些能力能帮助创业者获得持续的成功。此外还在教师这个职业群体中进行应用，即作为教师需要具备哪些能力能使其胜任这项工作。当然，能力概念还可以在医生、军人、金融工作者、行政管理者及社会工作者等不同职业群体中应用，研究这些群体独特的能力素质。

### （三）不同企业岗位的能力素质

能力素质概念最为广泛的是在企业的人力资源管理中进行应用，企业为了更好地招聘不同部门和岗位的人员，如销售岗位、财务岗位、外贸岗位和技术岗位等，需要知道什么样的能力素质才能胜任或取得持续的绩效，以及为了适应企业的成长或未来的岗位需要培训员工哪些能力素质。特别是对于一些跨国公司来说，还需要考虑国家和文化的差异性，恰当地招聘、选拔和培训一些具有相应能力素质的员工。

# 第 2 节　就业能力与创业能力*

能力素质的概念在教育领域获得了广泛应用。在高等人才的培养中，随着外

* 本节内容主要摘自《商业模拟：理论与实践》（经济管理出版社 2024 年版）。有改动。

部环境的变化，特别是就业市场人才需求的变化，高校从以传统的知识传授为重点的培养模式，转为越来越重视学生能力素质的培养，其中就业能力与创业能力的培养在高教研究中获得了最为广泛的重视。

## 一、就业能力分析

### （一）就业能力的定义

“就业能力”（employability）最早是由英国经济学家贝弗里奇（Beveridge）提出的，被称为个体获得和保持工作的能力。之后就业能力的概念得到众多学者或机构的界定，但并未得到统一。例如，Bernston 和 Marklund（2007）认为，就业能力是个人对获得新工作可能性的一种感知，包括感知“技能、经验、人际关系、个人特质和劳动力市场知识”等。国内的学者比较早地提出，大学生就业能力是指通过在校知识学习和综合素质开发，大学毕业生所获得的能够实现就业理想与满足社会需求，并实现自身价值的本领（郑晓明，2002）。李玲玲和许洋（2022）认为，就业能力是个体拥有的对雇主有吸引力的知识、技能、态度的组合，大学生就业能力是大学生在校期间通过学习和培养所获得的核心素质集群，不论是绝对就业能力还是相对就业能力，其背后均蕴含着显性和隐性的元素。

以上定义主要从个体的维度将就业能力视为大学生实际掌握的“绝对能力”，而忽视了就业能力包含绝对和相对两个维度，即“就业能力不仅是个人的，也是集体的”。班杜拉（Bandura）的社会学习理论认为，人的行为是由个人内在因素与外在环境的交互影响作用决定的。McQuaid 和 Lindsay（2005）认为，就业能力不只视为个人的一些特征，更要考虑外部环境带来的影响，包括社会的、经济的和体制的环境，特别是要关注这些个人特征与外部就业情景因素之间的动态互动。实际上是建议我们把狭义上就业的个人特征放到更大的环境背景中去考虑，更加具有参考意义。

### （二）就业能力的结构

为了将就业能力转化为教育与培训相关机构可实践操作的概念，就业能力被进一步地进行了剖析，通过不同角度和方法对就业能力进行分解，以获得更好理解和操作的一些构成要素。就业能力模型较多地在心理学和行为学领域获得关注和研究，例如，从心理学角度构建的就业能力 USEM 模型就是被广泛应用的一个

模型（Yorke and Knight，2004）。从中可以看出，该就业模型的四个字母包含四个组成要素：U 代表对专业知识的理解力；S 代表工作所需的通用和专业技能；E 代表自我效能感；M 代表个体的元认知。也有一些学者提出了更具实践操作性的就业能力模型，例如 Pool 和 Sewell（2007）提出的关键要素 Career EDGE 模型，该模型一方面包括与职业相关的一般要素（如专业知识、实习经历、学历、逻辑推理能力、团队合作能力、忍耐力、沟通能力等），以及较深层次的个人特征（如自信心、自尊和自我有效管理等）。需要说明的是，这些就业能力的要素之间存在内在关系与相互作用，彼此之间并不是相互独立的或者没有关系的。

国外教育机构与管理部门对大学生的就业能力也提出了一些框架，例如欧美国家的一些教育部门就提出了相应的就业能力要素，美国教育科学部提出了一个就业能力框架，包括“问题解决能力、创新与创业能力、技术能力、沟通能力、自我管理能力、团队合作能力、规划与组织能力、学习能力”八种能力要素（耿冬梅和潘月杰，2014）。英国高等教育质量保证机构提出的大学生就业能力构成要素，包括“问题解决能力、沟通能力、创造性思维能力、与他人合作的能力、执行能力、跨学科意识”六个方面（王峰，2018）。同时，英国高等教育学会总结了雇主最期望大学本科毕业生拥有的 15 项通用技能，包括“乐于学习、独立工作能力和自主能力、想象力和创造力、适应能力和灵活性、在压力下工作的能力、团队工作技能、管理他人的能力、良好的口头沟通能力、书面沟通能力、数理能力、注重细节、时间管理能力、承担责任并做出决策的能力、计划协调和组织能力、运用新技术的能力”（陈勇，2012）。瑞士联邦大学高等教育中心提出的就业能力包括“获取职业的动机、个人素质、专业知识、处理人际关系的技能、有效的工作方法、全球视野”（王峰，2018）。

国内学者郑晓明（2002）较早将大学生就业能力构成要素划分为两大维度：智力因素和非智力因素。宋国学（2008）将大学生就业能力构成要素划分为五个维度：个人属性、专业技能、沟通技能、学习能力、人际技能。胡永青（2014）认为就业能力可以划分为基本技能、专业技能、交往能力、适应能力、发展能力。李玲玲和许洋（2022）结合国家大学生就业服务平台（National College Student Service，NCSS）相关研究成果和理论发现，提出了大学生的“二维四重”就业能力结构，主要包括自我认知能力、职业管理能力、专业发展能力、适应社会能力。

（三）就业能力的核心观点

基于以上众多学者的研究，我们发现在就业能力的要素与结构研究上，以下一些方面得到了专家和机构较为普遍的认可，我们大致将其进行归类，该分类仅是在本书作者个人理解的基础上进行分类，并没有经过数据的再次验证，目的是将主要的就业能力囊括进来，同时有助于我们更好地理解后文的商业模拟训练就业能力。

第一，学习思维能力。是指在各种不同的学习环境下，能够自我求知、做事与发展，主要强调个人学习的方法与技巧。同时在学习能力的基础上具备一定的思维判断能力，即能运用逻辑思维、理性思维、科学思维等对事物进行剖析与分辨以及独立观察和思考的能力。

第二，沟通与人际能力。是指运用书面及口头语言系统地表达想法，以及能够正确理解口语信息及暗示，与他人进行思想、感情等交流的能力；广泛地建立与周围环境的各种联系，能妥善处理周围的人际关系及冲突；理解团队合作精神并能与团队成员密切协作，以有效地提升团队工作效率。

第三，问题分析与解决能力。是指有效利用信息的能力，主要包括获取信息和评估、分析与判断等方面；在此基础上能够用合适方式或方法分析自己面临的问题，探索与提出各种解决问题的方案和措施的能力。

第四，自我管理与领导能力。即发挥个人的主观能动性，有意识、有目的和有目标地对自己的认知与行为进行管理和调控的能力；同时能在组织中实施计划、组织、领导、协调、控制等管理职能，从而协调更大群体的工作活动与流程，以更有效率地实现组织的既定目标。

第五，职业发展管理能力。能对自我能力和外部环境进行充分的评估，形成自己的职业认知、远景与目标，并能够进行未来职业发展规划与管理。

第六，积极心理与自驱力。是指个体在成长和发展过程中能够具备一种积极心理状态，包含自信、乐观、韧性和自我效能感等，并能够让自己变得更好，不断驱动自己进步的能力，是促使个人很好地工作、努力实现优秀工作绩效的动力。

第七，环境适应与抗压能力。是指个体能按照环境的变化来调整自身行为，在新的环境下也能达到最好的或者可接受的能力状态。特别是在面对外界强大压力下表现出来的处理事务能力，体现了个体在逆境下的承受与调节能力。

## 二、创业能力分析

### （一）企业家通用能力模型

在创业领域，Lyle M. Spencer Jr. 和 Signe M. Spencer 进行了一项跨文化的研究，研究总共访谈了 3 个国家 3 个行业的 216 名企业家，经过深入的企业家访谈、编码分析和统计分析研究后，提出了一个企业家通用能力模型，模型包括如表 4-1 所示的 13 种能力，并对每种能力所包含的行为模式进行了提炼总结（Lyle M. Spencer Jr. and Signe M. Spencer，2005）。

表 4-1　Lyle M. Spencer Jr. 和 Signe M. Spencer 提出的企业家通用能力模型

| 能力 | 行为模式 |
|---|---|
| 主动积极 | a. 在他人的要求提出之前积极主动进行处理；<br>b. 主动采取行动以拓展新产品或新服务领域 |
| 把握机会 | a. 把握新的商业机会；<br>b. 寻找机会以获得融资、土地、工作空间或协助 |
| 坚持 | a. 采取各种行动来解决障碍；<br>b. 面临重大障碍时会采取行动 |
| 寻求资讯 | a. 个人会研究如何提供产品或服务；<br>b. 请教专家，寻求商业或技术建议；<br>c. 通过寻求资讯或提出问题来澄清供应商的需求；<br>d. 个人进行市场研究、分析或调查；<br>e. 使用人际网络或资讯网络来获得有用的资讯 |
| 注重高品质的工作 | a. 表达欲望，希望能够制造 / 提供更高品质的产品与服务；<br>b. 认为自己与公司的工作优于其他工作 |
| 对工作契约尽忠职守 | a. 个人做出牺牲或付出更大的努力来完成工作；<br>b. 敢于承担问题带来的全部责任，能为顾客完成工作；<br>c. 加入员工队伍以协助完成工作；<br>d. 表达出对顾客满意度的重点关切 |
| 效率倾向 | a. 千方百计以更快和更低成本方式来做事；<br>b. 收集各种资讯或使用不同商业工具来提高效率；<br>c. 基于改善、改变或行动过程来关切成本和利益 |
| 系统性的规划 | a. 将一个大的任务不断分解以有助于进行规划；<br>b. 发展规划均能预测到未来可能发生的障碍；<br>c. 评估替代方案的可行性；<br>d. 各项活动的开展不仅有逻辑还有系统性方法 |

续表

| 能力 | 行为模式 |
| --- | --- |
| 解决问题 | a. 采用替代方案以达成目标；<br>b. 提出新的概念或创新的解决方案 |
| 自信心 | a. 在完成工作与克服挑战上表达出个人的自信；<br>b. 遭遇失败或他人的反对时，还能坚持自己的判断；<br>c. 愿意做自己认为有风险的事 |
| 说服力 | a. 说服某人购买产品或服务；<br>b. 说服某人提供融资；<br>c. 说服某个看中的人按你的要求去做事；<br>d. 对自己的能力与可信度可以向别人做出保证；<br>e. 向别人说明自己对公司的产品或服务深具信心 |
| 使用影响力策略 | a. 采取行动发展商业关系；<br>b. 使用人通过代理人具备影响力来完成自己的目标；<br>c. 给予别人资讯之前会先过滤；<br>d. 使用策略来影响或说服他人 |
| 果断力 | a. 直接向他人提出问题；<br>b. 告诉别人该做什么；<br>c. 责备或规范没有达到预期目标的人 |

资料来源：Spencer L M Jr，Spencer S M. 才能评鉴法：建立卓越的绩效模式［M］. 魏梅金，译. 汕头：汕头大学出版社，2005.

（二）创业角色与创业能力

在创业的过程中创业者需要扮演什么角色，这是一个值得研究的问题。学者Chandler和Jansen（1992）认为在整个创业过程中需要“创业角色、管理角色和技术职能角色”三个角色来完成。其中，创业角色的任务是要搜寻和把握有前景的创业机会，为此创业者必须用独到的眼光来审视外部环境，以获取有利可图的机会。管理角色就是需要创业者制定创业战略、编制预算、评价绩效以及为创业战略顺利实施需要完成的其他工作。技术职能角色指能够运用特定领域中的工具和技术。为了创业成功和获得良好的创业绩效，创业者需要尽力承担好上述的角色与责任，其需要具备多个方面的能力素质：①识别和把握有前景的创业机会；②主导完成从企业新建到业务成长与收获的整个过程；③能洞察事物本质与规律，并具备高效地找到问题解决方案的概念性能力；④能找到合适的创业合作伙

件，具备营造良好创业氛围和有效地激励团队的人力能力；⑤使用特定专业领域内的技术和工具的能力。

其后，Chandler 和 Hanks（1994）又提出了创业者的两种能力：①机会能力。主要指考察环境，选择有前途的机会，并形成把握机会的创业战略。机会能力越来越被认为是创业能力的核心，该能力也会随着对市场的熟悉程度而得到改善。②管理能力。即与环境互动并获取和利用资源的能力。此能力包括诸多方面的内容，例如必须具备协调整个组织利益与行为的能力，必须能理解和激励他人，并与他人和谐共事，以及具备授权、管理客户和雇员关系、人际关系技巧等方面的创业能力，这些都对创业成功具有重要作用。应该说，机会能力与管理能力抓住了创业者能力最为核心的两个要素，当然两种能力本身所包含的内涵也是较为丰富且值得进一步挖掘的。

（三）服务行业的创业能力

Man 等（2002）运用行为事件访谈法（BEI），对中国香港地区服务行业的 19 名中小企业创业者进行访谈，这些行业包括餐饮、零售、贸易、快递、咨询、商务、专业技术服务等。通过访谈获得了 413 个能反映创业能力的事件，再通过编码分析获得了 182 种行为，这些行为被归类到 45 个能力族中，这些能力族最终归纳为 7 个创业能力维度。如表 4-2 所示，Man 等的质性研究不仅验证了前人的研究成果，此外他们还总结出了一个新的创业能力维度，该维度被命名为支持能力（supporting competencies）。

**表 4-2　服务行业创业能力维度**

| 能力维度 | 能力族 |
|---|---|
| 机会能力 | 机会识别、机会评估、机会寻找 |
| 关系能力 | 建立和维持关系网络、利用关系网络、建立和维持信任、利用信任、媒体宣传、沟通、谈判、冲突管理、建立共识 |
| 概念能力 | 直觉思考、多视角思维、创新、风险评估 |
| 组织能力 | 计划、组织、领导、激励、授权、控制 |
| 战略能力 | 愿景、设定和评估目标、利用资源与能力、制定战略变革、设定和评估市场定位、努力实现目标、利用策略、战略预算、控制战略产出 |
| 承诺能力 | 保持能力、致力于长期目标、投入工作、承诺同事、承诺信仰与价值观、承诺个人目标、失败后重来 |

续表

| 能力维度 | 能力族 |
|---|---|
| 支持能力 | 学习、适应、时间管理、自我评估、平衡生活、管理焦虑、诚实 |

资料来源：Man T W Y，Lau T，Chan K F. The Competitiveness of Small and Medium Enterprises: A Conceptualization with Focus on Entrepreneurial Competencies [ J ]. Journal of Business Venturing, 2002, 17 ( 2 ): 123–142.

（四）不同行业的创业能力比较

Man 和 Lau（2005）进一步研究了外部环境对创业者创业能力的影响，首先考察了产业环境对创业能力的影响，其中，产业环境主要聚焦在四个方面：创新机会、感知的产业成长、新产品和服务的重要性、市场异质性。为此，研究选择了“批发贸易”和“IT 服务”两个行业的创业者作为研究对象。前者是稳定的成熟行业，相对来说，创新机会较少、产业成长速度低、对新产品和服务需求少、市场较具同质性。比较起来，后者近年来发展较快，技术的迅速发展使产业环境变化较快，相应的创新机会较多、产业成长速度快、对新产品和服务有更多的需求、市场较具有异质性。

如表 4–3 所示，创业能力主要考察了“机会能力、分析能力、创新能力、关系能力”等 10 个维度。研究通过问卷调查了 138 名创业者，其中 97 名来自批发贸易行业，41 名来自 IT 服务行业。

**表 4–3　两个行业的创业能力排序**

| 排名 | 批发贸易行业 | IT 服务行业 |
|---|---|---|
| 1 | 关系能力 | 学习能力 |
| 2 | 承诺能力 | 关系能力 |
| 3 | 个人优势 | 承诺能力 |
| 4 | 学习能力 | 个人优势 |
| 5 | 机会能力 | 机会能力 |
| 6 | 分析能力 | 分析能力 |
| 7 | 创新能力 | 创新能力 |
| 8 | 运营能力 | 运营能力 |

续表

| 排名 | 批发贸易行业 | IT 服务行业 |
|---|---|---|
| 9 | 人文能力 | 战略能力 |
| 10 | 战略能力 | 人文能力 |

资料来源：Man T W Y，Lau T. The Context of Entrepreneurship in Hong Kong: An Investigation through the Patterns of Entrepreneurial Competencies in Contrasting Industrial Environments [ J ]. Journal of Small Business and Enterprise Development, 2005，12 ( 4 ): 464–481.

数据显示，两个产业的创业者所感知的产业环境在“创新机会、感知的产业成长、新产品和服务的重要性、市场异质性”四个方面均存在显著差异，并且两个产业的创业者在“创新能力、战略能力、学习能力”三个创业能力维度上均具有显著差异。统计数据还显示，两个产业的创业者对创业能力维度重要性的排序是不一样的，如表 4–3 所示，在传统的批发贸易行业，关系能力是最重要的，在新兴的 IT 服务行业，学习能力则是最重要的。但总体上，关系能力、承诺能力、个人优势和学习能力在所有创业者的身上具有较高的排序。其中，研究者认为关系能力是一种具有中国本土商业行为特色的能力，该能力不仅应用在客户和合作伙伴身上，同时也应用在雇员、贸易协会等其他会直接或间接影响企业经营的人身上。

（五）国内外创业者能力的比较

Man 等（2008）还运用关键事件与行为事件访谈法分别对 8 名国内和 8 名国外成长的创业者进行研究，分析了社会文化环境对创业能力的影响。所有访谈者都来自不同的制造业，包括医药、工程服务、床上用品、油漆涂料、手表配件、电子产品、手工装饰、摩托引擎等。访谈共收集了 210 个反映创业能力的关键事件，将这些事件编码分析后，两类创业者在创业能力上存在一定差异，如表 4–4 所示，尽管两者的创业能力存在一定相似性，但在创业能力排序上还是存在差异的。对于国内成长的企业家来说，表现最为突出的是关系能力，而对于国外成长的企业家来说，表现最为突出的是战略能力和组织能力。不仅如此，通过对每个创业能力的子维度及内涵进行分析，两者也存在明显的差异性。以关系能力为例，两类创业者都强调了关系能力对创业和企业经营发展的重要性，但国内成长的企业家却表现出一种优势，他们能够更容易地利用相关的知识和技巧，这些都是基于他们早期的经验、关系和背景所形成的。另外，国外成长的企业家也具有自己的优势，例如，在组织管理能力上，他们中的大多数都显示出对产品质量的关心，并对组织效率的重要性有更清醒的认识。

表 4-4 国内外创业者能力排序

| 排序 | 国内成长创业者 | 国外成长创业者 |
|---|---|---|
| 1 | 关系能力（23） | 战略能力（25） |
| 2 | 战略能力（22） | 组织能力（21） |
| 3 | 概念能力（20） | 概念能力（18） |
| 4 | 组织能力（13） | 机会能力（17） |
| 5 | 机会能力（12） | 关系能力（17） |
| 6 | 支持能力（7） | 承诺能力（7） |
| 7 | 承诺能力（5） | 支持能力（3） |

资料来源：Man T W Y，Lau T，Chan K F. Home-grown and Abroad-bred Entrepreneurs in China: A Study of the Influences of External Context on Entrepreneurial Competencies [ J ]. Journal of Enterprising Culture，2008，16(2): 113-132.

Man 等（2008）认为，创业能力的形成既与当前的创业环境有关，也与早期的成长环境有关。两个创业群体虽然同在国内创业，面临相同的经济、法律和社会文化环境，因此在创业能力的表现上会具有类似性，但是由于早期成长的环境不同，同样也会影响他们最终创业能力形成的表现。

（六）大学生群体的创业能力

随着中国高校“双创”教育的开展，大学生创业已成为一个重要的现象，针对大学生创业能力是否具有群体性特征，王辉和张辉华（2012）通过创业大学生的案例研究和实证分析发现，大学生创业能力主要体现在“机会把握力、创业坚毅力、关系胜任力、创业原动力、创新创造力、实践学习力、资源整合力”七个方面。该研究发现大学生的创业能力确实具有一定的群体特征，即在结构上表现出独特性，同时在内涵上又表现出差异性。

王洪才和郑雅倩（2022）在已有研究文献的基础上，梳理和提炼了大学生创业的七个子能力，分别是“目标确定能力、行动筹划能力、果断决策能力、沟通合作能力、把握机遇能力、防范风险能力、逆境奋起能力”。然后编制相应的测量量表，对全国高校大学生进行随机抽样调研收集数据，经过统计分析该量表具有良好的信度和效度。

## 第3节　企业经营管理者的能力素质

### 一、能力素质在企业管理中的应用

（一）建立不同岗位的能力素质模型

岗位分析是企业人力资源工作中的一项基本工作，是企业招聘、培训与选拔的一个重要基础。岗位分析通常会从岗位性质、岗位权限、工作条件、工作环境等方面来进行描述界定，但其存在的一个缺陷是难以真正识别岗位所需的能力要求。以能力素质模型为基础的工作分析，着重于对工作需求与优秀业绩相关的知识、技能、个性和行为进行研究，分析和确定职位胜任的能力素质，并以此来提高对员工业绩的预测能力，可以为企业人力资源工作提供更加有效的依据与指导。

（二）应用于员工的招聘与选拔

企业招聘的难点是如何正确评估应聘人员的基本能力素质，如果不能科学地判断和预测应聘者是否能完成其未来绩效，就可能会拖累企业整体绩效目标的实现，甚至给企业经营带来不可预见的风险。以能力素质模型为基础进行人才的招聘与选拔，能更有效地分析其工作经验，识别和挖掘其潜在的和深层的能力素质，从而匹配其相应的岗位，其未来工作绩效的完成与提升将更有可预判性。因此，企业在人员招聘工作中应恰当地运用能力素质模型，对应聘人员的岗位胜任能力进行全面分析，以确保选拔出来的人员能更好地融入企业环境和胜任岗位工作，发挥其最大的内在价值。

（三）应用于员工的培训需求分析

能力素质模型在企业人力资源的培训环节具有广泛应用。企业开展培训工作的目的是帮助员工全面提升个人的能力素质，以使其个人能力能更好地适应当前和未来的工作需要。为此，企业在开展培训前，需要综合分析员工自身现有能力素质，并根据工作岗位的具体情况，为员工制定更有针对性的培训方案与措施。

以能力素质模型为基础的培训体系，既可以发现员工能力素质的不足之处，又可以对员工适应未来发展所需的能力与技能进行有针对性的训练。因此，基于能力素质分析的员工培训可以更好地发掘员工的潜力，激发和增强员工的潜力，为企业发展提供相匹配的重要人才。

（四）应用于员工的绩效考核

绩效考核是人力资源管理常规且非常重要的工作，绩效考核的重点通常是制定和执行相应的评价指标与业绩标准。其中，评价指标是与员工工作成果相关的重要项目，而业绩标准则是约定员工在评价指标项目中应实现的具体目标。通过这一指标的构建能够极大限度地提高绩效考核的效率。能力素质模型能有效区分优秀员工与普通员工的不同绩效水平，从而为绩效考核指标、标准和目标的制定提供科学依据。基于能力素质模型的绩效评估系统，可以对完成工作的过程与结果进行客观评估，从而真实地反映出企业的整体能力。同时，企业还可以进一步将员工能力素质的提升作为绩效考核的一部分，这能为员工和企业未来绩效的提升提供更具先验性的指标。

## 二、典型工作岗位的能力素质

企业经营需要不同职能部门的协作，一般会设置不同功能的部门，各个部门又会设置不同的岗位，这些岗位一般需要具有不同能力素质的人员担任。高等教育的一些相关专业人才培养往往也会参照这些能力素质要求来设计相应的培养方案，以便培养出来的学生更加适合社会的要求。下面我们以企业中几个典型的工作岗位为例，通过分析这些岗位需要具备的能力素质，可以为实战模拟训练与提升相关能力素质提供参考。

（一）市场营销岗位的能力素质

市场营销是企业最为重要的岗位，其不但为企业产品或服务的市场开拓、品牌建立、客户关系管理等诸多工作提供了保障，同时也是市场竞争力的重要组成，特别是随着数字经济的发展，市场营销岗位的工作需要拓展相关方面的能力素质。

1. 市场调研与分析能力

市场营销人员需要具备强大的市场分析与调研能力，以深入了解目标市场、竞争对手和消费者需求。市场营销人员应该能够收集和分析市场数据，掌握市场趋势和变化，为制定有效的市场策略提供有力支持。

2. 市场促销能力

市场营销人员应该熟悉市场促销策略和相关工具，并能够制定和执行有效的促销计划，如广告和推广等。市场营销人员还应该具有创新能力，提出一些新颖且独特的促销方案，可以更有效地吸引消费者的注意力并激发他们的购买欲望。

3. 沟通和表达能力

良好的沟通和表达能力是市场营销人员的基本素质，他们要能够与团队内外部的合作伙伴进行有效沟通。同时应具有优秀的书面表达能力，能够编写逻辑清晰的相关分析报告和汇报材料，可以向他人准确地传达和展示各项工作成果。同时，需具备与客户进行有效沟通的能力，能够很好地聆听和理解客户需求，更好地为客户提供解决方案。

4. 销售技巧与谈判能力

虽然市场营销岗位不完全等同于销售岗位，但具备一定的销售技巧和谈判能力对于市场营销人员来说也是非常重要的。他们应该能够与客户进行有效的沟通，从而实现销售目标。同时，在与其他合作伙伴进行商务洽谈时，也需要具备一定的谈判技巧，以达成对公司最有利的合作条款。

5. 品牌管理能力

品牌管理能力要求营销人员能有效地规划、建立、维护和提升品牌影响力。市场营销人员需要具备品牌策划和管理的能力，包括品牌定位、品牌传播和品牌形象塑造等。他们应该能够制定和实施品牌策略，提升品牌知名度和美誉度，增强品牌的市场竞争力。

6. 数字营销能力

随着数字经济时代的到来，数字营销已经成为市场营销的重要组成部分。市场营销人员首先需要了解和熟悉数字营销渠道，例如，熟悉各种社交媒体平台的用户群体特征、内容呈现形式和传播规则，理解搜索引擎的工作原理，包括搜索引擎优化、搜索引擎营销、社交媒体营销等。其次，数字营销能力要求能够收集、整理和分析各种营销数据，通过分析这些数据，可以评估营销活动的效果。最后，能够利用数据指标来指导市场策略的制定和调整，熟练运用社交媒体平台进行营销活动，能够运用数字渠道进行市场推广和品牌建设，提高品牌的线上曝光度和互动率。

7. 团队合作与组织协调能力

市场营销人员需要具备良好的团队合作和跨部门协作能力。首先应具有良好的团队合作精神，能够协调好团队内部不同部门或成员之间的关系，充分发挥每个成员的专业优势。其次应具有良好的组织协调能力，善于和其他相关部门建立良好的合作关系，有效处理与外部合作伙伴（如供应商、客户、合作媒体等）的关系，共同推动企业市场营销工作的实施。

（二）人力资源岗位的能力素质

人力资源工作是企业最为基础的工作，其不但为获取企业发展所需的人才提供有力保障，而且为企业人才的继续发展与效率的提升发挥积极作用，有效的人力资源工作能够充分激发各层次人才的潜力，为企业的持续发展注入动力。为此，从事人力资源岗位的工作人员也需要具备一些相应的优良能力素质。

1. 专业能力与素养

首先，从事人力资源工作的人员需要具备扎实的相关人力资源管理理论知识，包括招聘、培训、薪酬、绩效、员工关系等模块的知识。其次，要有良好的法律法规意识与素养，熟悉并能准确应用与人力资源管理相关的法律法规，如劳动法、社会保险法等，确保企业的人力资源管理活动合法合规。最后，要具备相应的数据分析能力，能够运用数据分析工具和方法，对人力资源数据进行收集、整理和分析，为决策提供数据支持。

2. 沟通与人际交往能力

从事人力资源工作的人员首先需要具备出色的口头和书面沟通能力，能够清晰、准确地传达信息，并与员工、管理层和其他部门建立良好的沟通渠道。其次要有良好的协调能力，善于处理各种人际关系，能够与不同类型和层次的人员建立良好关系，协调不同部门和个人之间的利益冲突，促进团队合作。最后要有良好的员工服务意识，在员工关系管理方面，能够营造积极向上的企业文化氛围，组织员工活动，增强员工的归属感和凝聚力。

3. 团队与组织协调能力

从事人力资源工作的人员能够带领团队完成目标，激发团队成员的积极性和创造力。要具有团队管理能力，具备团队管理知识，能够合理分工、协调团队成员的工作，提高团队整体效能。在组织大型的人力资源活动时，如校园招聘、企业内训等，需要具备组织协调能力。要能够与相关的外部机构进行协调，如招聘培训机构、劳动仲裁机构和监管部门等进行良好的工作协调。

4. 数据分析技能

人力资源部门需要处理大量的员工绩效与薪酬数据，要能熟练使用数据分析工具，如 Excel、SPSS 软件等，能够对这些数据进行收集、整理和分析。通过分析员工绩效数据，找到绩效结果形成的原因，并基于数据为员工提供相应的培训和激励措施。同时，通过数据挖掘技术，了解行业人才发展动态，预测企业内部人员人才需求与流动趋势，为公司人才战略的制定提供有效的建议。

5. 自主学习与反思

首先，应具备持续学习成长的意愿，能保持对新知识、新技能的学习热情，不断提升自己的专业素养和综合能力。其次，在学习过程中能够进行自我反思，能定期对自己的工作进行总结和反思，发现问题并寻求改进方法。

6. 创新思维与意识

人力资源部门人员需要具有抗压能力，能够承受工作压力和挑战，保持积极的心态和稳定的工作表现。另外，还需要具备创新思维和意识，能够提出新的想法和方法，推动人力资源管理工作的创新和发展。

（三）研发管理岗位的能力素质

研发部门在企业的技术开发与产品研发中发挥着重要作用，研发部门与岗位的效率对企业的核心竞争力具有重要的影响，因此，研发管理工作具有举足轻重的作用，从事研发管理的人员需要具有多方面的能力素质。

1. 专业知识与技能

研发管理人员首先需要具备相应的专业技术知识，掌握和跟踪所在研发领域的科学原理、技术标准、最新研究成果等，能够洞察未来技术发展趋势，在研发管理中能科学地做出相关技术发展判断，指导技术研发团队把握正确的技术创新路线。其次，研发管理人员需要具备项目管理技能，熟练掌握项目管理的方法、工具和技巧，以确保研发项目按时、按质、按量推进，确保研发项目的顺利完成。

2. 团队管理与领导力

研发管理人员需要熟悉团队组建与团队激励，懂得如何组建高效的研发团队，包括招聘、选拔和培训优秀的研发人才。同时，能够激励团队成员，建立高效的团队合作文化，提高团队的凝聚力和战斗力。为此，研发管理人员需要具备良好的沟通技巧和协调能力，能够与团队成员、上级、客户和其他利益相关者建立有效的沟通渠道，能够清晰地传达目标和期望，倾听团队成员的意见和建议，并及时解决团队中的问题和冲突。

3. 研发决策与解决问题能力

研发管理人员需要有决策制定与执行能力，能够在复杂和不确定的环境下有效地做出相关重要的研发决策，包括技术路线选择、项目优先级排序、研发资源分配等，这些需要他们具备敏锐的商业洞察力和技术判断力，以确保决策的正确性和有效性。在研发决策执行过程中，面对各种复杂和困难的问题，需要具备问题分析与解决的能力，要善于分析问题，找到问题的根源，并提出有效的解决方案，以确保研发项目的顺利推进。

4. 创新思维与学习能力

研发管理人员需要具备创新思维和创新能力，从而能够不断推动产品和服务的升级和迭代。他们需要鼓励团队成员进行技术创新和尝试，为团队提供新的想法和创意。为此，研发管理人员需要保持持续学习的态度，不断更新自己的知识和技能，带领团队密切关注最新的技术发展动态和市场趋势，促进整个研发团队学习能力的不断提升，从而提升技术团队的整体研发能力。

5. 风险意识与应对策略

技术研发的投入高、风险大，研发管理人员需要具备敏锐的风险意识，能够识别项目中的潜在风险，包括技术风险、人才风险、市场风险和政策风险等。同时研发管理人员有能力制定相应的风险应对策略，降低各种风险可能对研发项目和企业创新产生的负面影响。在关键时刻能够及时地调整研发计划，采取有效的措施来应对出现的各种风险和挑战。

6. 职业素养与道德品质

诚信与正直是研发管理人员所需具备的基本职业素养与品质，他们要能够坦诚地面对各种问题和挑战，做到不隐瞒、不欺人和不自欺，能够以身作则，树立良好的榜样，为研发团队和部门营造良好的价值观和行为准则。研发管理人员需要能够恪守原则，不仅要认真地履行自己的职责和义务，做到对团队、部门和企业负责，同时对整个社会的发展也抱有强烈的责任心。

## 三、中高层管理者的能力素质

在企业管理中，不仅不同工作岗位的人员需要不同的能力素质，企业不同层级的人员所具有的能力素质同样存在一定差异，一位优秀的管理者在自己职业生涯的发展过程中，应当规划好自身能力成长路径，在一些重要的能力素质上不断进行培养与提升。

（一）高层管理者的能力素质

高层管理者一般通常是指企业内部担任重要职务、负责制定并执行企业整体战略、决策以及监督企业运营的高级管理人员，例如董事长、首席执行官和首席运营官等。高层管理者在企业中扮演着至关重要的角色，他们的决策和行动往往直接影响到企业的命运和长远发展。他们不仅需要具备一般管理者所需的管理知识和技能，还要具备领导力、战略思维、决策能力等诸多高层管理者所需要的能力素质。

1. 战略与决策能力

高层管理者需要具备战略思维能力和长远眼光，能够洞察行业趋势，了解企业内外部环境，制定符合企业实际情况的战略规划。这要求他们具备分析、预测和把握市场变化的能力，以及制定和执行长期战略目标的决策能力。同时，具备战略决策能力、敏锐的商业洞察力、丰富的经验和果断的决策风格，即在复杂多变的市场环境中，能够迅速而准确地做出决策。

2. 领导力与团队建设能力

高层管理者需要具备出色的领导力，能够激发团队成员的积极性和创造力，带领团队实现共同发展目标。这需要他们首先能制定出清晰和明确的目标，并与管理团队进行良好的沟通，让团队成员同样为目标的实现做出承诺与努力，以激发团队成员潜在的能力。同时，高层管理者需要注重团队建设，有效的沟通、协作和激励机制有利于促进团队成员之间的信任与合作。他们还需要具备解决团队冲突和问题的能力，确保团队在面临挑战时能够保持团结和高效运作。

3. 人际沟通与协调能力

高层管理者需要具备良好的人际沟通能力，能够与内外部利益相关者进行有效沟通，例如与股东、员工、客户、供应商等建立并维护良好的关系，以及通过有效的沟通来传递企业愿景、战略和价值观。同时，高层管理者还需要具备协调能力，能够协调企业内外部的各方资源，确保企业战略实施所需的各种资源。在战略实施过程中，高层管理者要具备出色的资源整合能力，能科学地分配内部资源，促进内部资源的协调和高效运作，确保企业战略的有效推进和落实。

4. 变革管理能力

高层管理者需要具备推动变革的能力，能够识别企业面临的问题和机遇，并采取有效的策略和措施来推动组织内部的变革，以促进企业能够持续发展和保持市场竞争力。高层管理者自身需要具备适应变化的能力，能够在快速变化的市场环境中保持灵活性和敏锐性。这就需要他们保持自我反思和自我批判的心态，不仅在逆境中能够推动变革，即使在顺境中，也能居安思危地带领企业主动进行自我革命。

5. 自我管理与成长

高层管理者工作强度高、压力大，需要具备良好的自我管理能力，包括时间管理、情绪管理、压力管理等。他们需要能够合理规划自己的时间和精力，保持高效的工作状态；同时，面对各种压力和挫折，能够保持积极的心态和稳定的情绪。此外，高层管理者需要注重自我成长和发展，不断学习和更新自己的知识和技能，提升自己的专业素养和综合能力。

（二）中层管理者的能力素质

中层管理者主要是指在企业组织结构中，位于高层管理者与基层员工之间的管理人员，例如部门主管或经理，以及区域负责人和分公司经理等。他们扮演着承上启下的重要角色，既需要理解和执行高层的战略意图，又需要指导和监督基层员工的工作。为了有效履行这些职责，中层管理者需要具备一系列关键的胜任力。

1. 战略理解与执行能力

中层管理者要能正确地解读公司的发展战略，准确地理解企业的总体战略意图，并将这些战略信息传达到部门和团队，使其能转化为部门或团队的工作计划和目标。在战略实施过程中，能够领导部门和团队具备高效的战略转化与实际行动能力，确保部门和团队的执行工作与企业的战略意图和目标保持高度一致。

2. 团队领导与管理能力

为了高效地执行公司的战略，中层管理者作为部门或团队的领头人，需要能够打造一支高效协作的团队，确保团队具有战斗力和执行力。为此，他们应关注团队成员的成长和发展，提供必要的培训和支持，帮助团队成员提升技能和能力。同时能够设计并实施有效的激励机制，激发团队成员的积极性和创造力，推动团队目标的实现。

3. 问题解决能力

作为公司战略执行者，中层管理者同时需要对复杂多变的动态环境做出分析和判断，以确保能将公司战略富有成效地落实，特别是要对战略执行过程中可能出现的问题和风险进行分析和预判。在战略执行的过程中，一旦面临新出现的各种挑战与困难，能够敏锐地把握问题解决的关键，有效率地提出相应解决方案去解决所遇到的困难与问题，以确保部门或团队的工作取得成效，保障公司战略的正常推进。

4. 沟通与协调能力

中层管理者一方面需要与上级、下级和团队成员保持有效的沟通，确保信息的准确传递和及时反馈，另一方面还需要与其他部门保持良好的协作关系，确保企业各项工作的顺利进行。在处理团队内部或与其他部门的冲突时，中层管理者需要具备高超的沟通技巧和协调能力，确保冲突得到妥善解决。

5. 创新与变革能力

中层管理者需要具备创新意识，能够敏锐地捕捉市场变化和客户需求，推动产品和服务的创新。在企业面对变革的需求时，他们需要具备变革管理能力，能够在公司总体战略的指导下引导团队成员积极应对变革，确保变革的顺利进行。

## 本章小结

本章主要对能力素质的基本概念进行介绍，包括能力的定义及其基本模型，以及能力素质在实践中的主要应用。在此基础上，我们首先介绍了就业能力与创业能力的基本概念，这两种能力已经在高等教育中得到了广泛的探讨和应用，其内涵与结构对大学生能力的培养具有重要指导作用。其次，我们介绍能力素质在企业管理中的应用，特别是在企业员工的招聘、培训与绩效考核中有广泛的应用。最后，我们重点介绍了一些典型工作岗位的能力素质，以及中层和高层企业管理者需要培养的能力素质。这些能力素质的阐述对本实战模拟课程中指导学生进行有意识的能力训练与提升具有指导意义。

## 思考与练习

1. 你如何理解大学生的就业能力与创业能力?
2. 结合你熟悉的工作岗位，思考该岗位需要具备怎样的能力素质?
3. 比较和思考中层管理者与高层管理者在能力素质上存在哪些异同?
4. 思考和规划你在毕业前和毕业三年之后分别要提升哪些能力素质?
5. 在本实战模拟课程中，你最希望提升哪些方面的能力素质?

# 第 5 章　商业模拟的能力提升优势*

**◎本章学习目标**

1. 了解能力评估有哪些常用的方法
2. 理解商业模拟在能力评估上具有的优势
3. 了解大学生在能力训练与提升上的趋势
4. 了解大学生能力训练与提升的常见方法
5. 理解商业模拟在能力训练与提升上的优势

能力提升往往是一个持续实践与潜移默化的学习过程。虽然本实战模拟课程在教学设计上可以达到 30 多个课时甚至更多，但对一些能力的提升来说也是非常有限的。实战模拟的意义主要体现在两个层面：一是对能力的评估，这点在我们开始实战模拟时就能得到较为直接的评估反馈；二是在评估的基础上，我们要找到方法、思路和信心来提升相关能力。这正是本章想要探讨的主题，即以商业模拟为例，让我们理解商业模拟如何来评估自身能力，其优势何在？以及我们应如何利用商业模拟来提升自身能力？因此，本章需要在第 4 章对能力理解的基础上，在实战模拟过程中有意识地进行评估、反思与训练。

* 本章内容主要摘自《商业模拟：理论与实践》（经济管理出版社 2024 年版）。有改动。

# 第1节　商业模拟的能力评估优势

制定一个有效的能力训练方案，首先需要对个人的能力进行科学和正确的评估，评估的有效性将更能为能力训练带来效率。但是，能力的评估并不是一件容易的事情，不同的评估方法可能各有优劣势，我们必须清楚其使用的必要条件。以下我们先介绍一些常用的能力评估方法，然后再来讨论商业模拟在能力评估上的一些优势。

## 一、能力评估的常用方法

### （一）问卷调查方法

#### 1. 问卷调查法的实施方法

问卷调查法（questionnaire survey）也称问卷法，即收集有关研究对象情况、观点或意见的第一手资料，通常研究者会根据自己研究的课题设计和拟写好问卷，然后将问卷发放给研究对象填写，发放的方式可以是当面作答、邮寄、网上填写或电话访问等多种形式。在我们前文中的一些对就业能力评估的研究就是采用了问卷调查法，其调查的对象可以是被研究对象群体，如即将毕业或已经毕业的大学生，也可以是被研究对象的周边人，如被雇用大学生的雇主或同事和上下级。

#### 2. 问卷调查法的优劣势

问卷调查法的优点：①低成本地覆盖大样本人群。由于问卷调查一般采用结构式问卷设计，且采用邮寄或网上调查的方式，使问卷调查的成本大大降低，且能覆盖很广的地域范围，从而进行全国范围内的调查，甚至不同国家的人群调查都可以。②调查的问题较为广泛，尤其是一些较隐私的或敏感性的问题，匿名调查方式可以减少被调查者的顾虑，如实表达自己的意见。③可以得到较为可靠的信息和意见。当问卷调查时通常会谨慎设计问卷，使用缺少歧义的标准化词语，尽量让被调查者具有统一的理解，因此，面对完全相同的问题，减少对研究对象的随意解释和诱导，就避免了许多误解和偏见。但是同时，问卷调查的缺点也是比较明显的，主要表现在：①问卷的内容设计受限，不是所有的问题都可以设计成问卷来进行调研，有些有深度或较复杂的问题很难用结构化的问卷来设计。②问卷完成质量无法控制，如果不是当面作答，就无法保证问卷是否由被调查者独立完成，以及完成问卷的环境是否受到干扰，特别是邮寄和网上填写，问卷填写的质量和信度都可能出现偏差。③问卷调查的回收率和有效性无法确保，如果调查对象对某些问题拒绝回答，或者问卷填写方式不符合要求，导致问卷调查结果无法使用，这些都是难以补救的。

3. 问卷调查法实施的条件

问卷编制、被试选择和结果分析是衡量问卷调查法有效性的三个重要环节。首先是问卷编制，根据我们的问卷调查经验，无论在设计问卷时考虑得多么充分，总是存在由于没有考虑到的情况或因素从而影响问卷调查质量的情况，因此，问卷编制看似不复杂，但一定需要丰富经验的积累。其次是被试选择，如前所述，问卷调查的劣势是对一些深入和复杂的问题无法获得调查，而其优势是能覆盖更广的人群，因此更大的样本在统计上更具说服力，但同时也对抽样提出了一定要求，如果样本数量不够，或者抽样不科学或不正确，会给问卷调查的结论带来重要影响。

（二）行为事件访谈法

1. 行为事件访谈法

行为事件访谈法（BEI）在定性研究中是得到普遍运用的一种行为回顾式探索技术。BEI 方法主要是请被受访者回忆过去一段时间（半年或一年）的一些关键事件，这些事件对其有重要影响，如最具成就感或最具挫折感的事件，然后请其详细地描述该事件过程，例如包括：①描述事件发生的具体情境或背景；②事件都有哪些主要参与人；③在该事件中受访者实际采取了哪些具体行为；④个人在事件过程中有何感受；⑤事件最终的结果如何。

2. 行为事件访谈法的优劣势

从以上访谈的过程中可以看出，BEI 方法的优点首先主要体现在可以较为深入地了解被访谈者在工作情景下的各种细致的心理过程和行为措施，而这些心理与行为往往能更好地体现出个人的不同能力；其次是充分地调动了研究者的专业能力，这不仅表现在访谈过程中，研究者可以运用各种访谈技巧来深入挖掘被访谈者能力表现的细微之处，同时还表现在从访谈资料的分析中可以发现很多结构式问卷调查无法事先预测的能力。同时，行为事件访谈法也有明显的劣势，首先是非常耗费时间和人力，每个被访谈者从约谈到访谈，再到访谈资料的整理与分析，耗时漫长，因此其用在对能力评估的过程中的成本是较为高昂的。其次，实施的过程难度相对更大，研究者务必与被访谈者建立信任，能够让对方愿意进行深入和真诚的分享，否则就是仅获得一些无意义或虚假的信息和资料，根本无法对能力进行正确的评估。

3. 行为事件访谈法实施的条件

BEI 实施过程主要分为被访谈者选择与准备、正式访谈和访谈资料整理与分析。首先是被访谈者选择与准备，如果与被访谈者之前比较陌生，最好要通过一定的方式来建立信任，例如第一次通过双方比较熟悉的中间人联系进行见面，逐渐认识熟悉，通过中间人的关系建立了一定信任后再进行访谈。其次是正式访谈的实施非常关键，很多因素都会导致访谈效果不理想，所以一定要做足准备，特别是要控制好访谈时间的节奏和长度，过短可能无法深入，过长又可能会给被访谈者带来疲劳和抗拒感。最后是访谈资料的整理与分析，与问卷调查资料分析不同，BEI 资料分析往往会运用扎根理论的编码分析，其工作过程更复杂，工作量更繁重，并且需要研究者具有更丰富的分析能力和经验。

（三）实践评估法

1. 实践评估法的概念

顾名思义，实践评估法就是通过实习实践来评估，即我们常说的“实践是检验真理的唯一标准”。实践评估法就是将个人放到一个具体的岗位上，通过一段时间的实践工作来评估其各项能力。在高等教育中，在许多高校的本科学生培养方案中就有“实习”这个环节，其目的不仅是培养实践能力，同时也是对其各项能力的一个评估。在企业的人力资源工作中，也会对新招聘的大学生或员工通过岗位实习来进行能力评估，如果实习期间对其各项能力评估合格就进行正式录用，或者经过相应的进一步培训再录用。

2. 实践评估法的优劣势

实践评估法的优势比较明显，首先是直接且真实可靠，之所以要对能力进行评估，就是为了在实践中能够胜任或合格，实践检验无疑可以直接达到这一要求。同时，实践评估法的劣势也显而易见，首先是耗时长且成本高，在工作岗位上实习实践虽然对能力的评估和检验从反馈上来看非常直接，但由于在有限时间内只能在单一岗位实践，其对能力的评估范围是有限的。其次是对能力评估具有滞后性，特别是对大学生来说，一般是在临近毕业的最后学期才安排实习，对于评估后的能力训练来说已经有点晚了。

3. 实践评估法实施的条件

实践评估法的评估实施过程主要包括选择实践岗位、安排正式实习和实习评估。对于高校来说，首先是要联系足够多合适的实习实践岗位来满足学生的需求，尽管许多学校都提倡产学结合，并鼓励学生多实习实践，但还是受限于合适实习实践岗位的数量，很多实习实践可能只是走了一个流程。其次，在实习时需要有经验的指导教师，如果将学生安排在岗位上后没有相应的实习指导和反馈，甚至只是当成一个可有可无的岗位助理，那么也无法通过实习实践来达到评估和训练的目标。最后是需要对实习有科学规范的评估，特别是对各项能力的评估反馈，如果只是像课程学习一样，只是根据学生撰写的实习报告或实习日志打一个分数，那将很难对学生的能力素质做出全面的评估和反馈。

## 二、商业模拟的评估优势

### （一）模拟实践法简介

所谓模拟实践法，就是用一些特定技术来模拟上述所说的实践评估法。例如“无领导小组讨论”（leaderless group discussion）就在许多场景中得到了使用。被试者通常被评价者要求按一定人数（如 5~9 人）组成一组，然后在规定时间内讨论相关工作或决策问题，该讨论过程中不指定谁是领导，只让被试者自由组织讨论，评价者则可以通过在一旁观察来评估被试者各方面的综合能力素质。随着计算机技术的发展，一些模拟技术在能力的评估上开始得到运用，该评估技术的核心就是用计算机模拟实践场景，让学生或被试者在该场景中进行相应的实践，以便评价者对被试者的能力或技能做出评估。

### （二）商业模拟具有的评估优势

如前所述，实践评估法虽然具有很大的优势，但其劣势也是很难克服的。与实践评估法相比，模拟实践法有其相对的优势，在一些领域取得了非常出色的表现，并已成为一些替代实践评估法的重要选择。例如，飞行员和宇航员在正式上天飞行前的训练中，模拟飞行器的训练与评估就是飞行员和宇航员的必修环节。此外，在医疗行业和高端设备行业，仿真模拟实践也已得到了广泛应用，并且其实效性已得到认可。在商业领域，商业模拟在能力评估与训练上也开始得到了人们的关注。根据笔者多年的模拟教学实践和总结，商业模拟在学生能力的评估上同样具有潜在的巨大优势。

#### 1. 综合能力评估优势

随着计算机模拟技术的发展，商业模拟能够越来越接近商业世界的现实决策问题，并且能够将许多决策变量因素纳入模拟系统中，学生在模拟过程中不仅要像在真实企业中工作一样，处理内部职能部门中间的协调与合作，还要像企业面对市场和行业的变化一样，来做出相应的应对决策。因此，与企业中单一岗位的实习实践相比，这种商业模拟技术带给学生的训练比企业的实习实践更具综合性，能为学生进行综合能力的评估。

2. 低成本与低风险优势

与实践评估法相比，模拟实践法显然具有低成本和低风险的优势，不需要耗费太多的资源和时间，只需在计算机上完成，而且可以反复操作和多次评估，并且模拟实践法也基本不会给企业和个人带来经济风险。

3. 反馈时效性优势

商业模拟的设计一般是在规定的时间段完成一个回合，然后在此基础上进入下一个回合，同时每个回合都会给学生一个模拟结果反馈，学生可以在规定的模拟时间里获得一次实践反馈。持续密集的实践与反馈能够给学生带来训练和评估的时效性优势，使学生能够对自己的能力有更加深入的认知和体验，同时也为自己的进一步训练带来明确的靶向目标。

4. 仿真实效性

在模拟实践中经常碰到的挑战和问题就是，这种模拟实践行为能真正带来评估和训练的实效吗？首先，从实证研究的角度来看实效性，目前确实还未发现有太多深入和权威的研究，我们认为这也是商业模拟领域未来值得深入研究的一个重要课题。但是本书对此问题有非常乐观的预期，原因有两个：首先是其他领域存在非常成功的模拟训练成果。以军事领域为例，除了在战斗机飞行员训练方面具有非常好的模拟训练效果之外，从传统军事沙盘演练发展而来的计算机模拟军事演练，也是非常具有实效成果。从本书作者多年商业模拟教学的观察来看，有一个非常明显的现象可以说明这种模拟实践的实效性，那就是学生在多轮模拟决策训练之后，其决策的速度和效率都显著提升；通过进一步地观察和分析发现，学生之所以能做到这一点，是因为他们对决策变量之间的关系有了更深入的洞察，同时对于决策系统提供的大量数据信息，也逐步从开始的不知所措到能够更加有序地进行收集、处理和分析，同时团队成员之间决策过程中的分工与配合也更加默契和有效率。这些现象的观察能够真切地反映出，模拟实践能够对个体的认知和行为带来实质性的改变。

（三）模拟实践法实施的条件

实施模拟实践法需要的条件有两个方面：一是商业仿真的模拟系统；二是科学合理的模拟指导。以下根据笔者多年的教学实践体验与大量观察来阐释这两点的理解。

1. 商业仿真的模拟系统

模拟实践法首先需要能够将学生带入一个商业场景中，例如一套以计算机建模为基础的模拟系统，该系统能够较好地仿真商业系统中的一些决策场景，让学生能够充分地体验到现实商业场景中的决策问题。同时，模拟系统需要具有适度的综合性、复杂性和挑战性，面对具有一定难度的决策问题，学生需要调动自身的综合知识和能力来找到解决方案。

2. 科学合理的模拟指导

模拟系统之所以具有一定的综合性、复杂性和挑战性，在于其能够更好地激发学生的能力，让学生的能力得到更加有效的评估。同时，能力的评估也是多层次多维度的，需要让学生逐次深入和展开，如果没有一个科学合理的模拟指导，就可能导致评估的效度不佳。科学合理主要体现在两个方面：一是指导仅限于一些必要的内容，不能替代学生进行问题分析与解决，更不能像课堂教学一样给出参考或标准答案。二是模拟指导计划要能够让学生逐步进入状态，能够引导学生充分发挥自己潜在的能力，千万不能令其由于突然感觉难度太大而却步退缩。根据我们的教学经验，以上是在实际的模拟训练过程中学生不能充分发挥个人能力的重要原因。总之，模拟指导就像教练在运动场上指导运动员一样，目的是能够将运动员的最大潜能发挥出来。

## 第 2 节　商业模拟的能力训练优势

### 一、大学生的能力训练思路

（一）大学生能力的训练与提升趋势

1. 就业能力的训练与提升

大学毕业生就业市场目前存在的一个重要矛盾，就是供需双方不能让对方满意：一方面是用人单位在招聘所需人才上遇到困难，另一方面是大量大学生毕业时却找不到工作。对于这种失衡的原因有人将其归结为两个方面：第一，所教的管理理论与实践不相关；第二，教授学生的方法过时了（Avramenko，2012）。就业能力在高等教育中的地位越来越重要，甚至很多教学改革措施都是围绕着提升学生的就业能力来展开的，以期能通过各种教学创新来让学生能够更好地满足就业市场的需求。

2. 创业能力的训练与提升

早在1989年，联合国教科文组织提出，创业教育应作为"第三本教育护照"，与现有的学术性和职业性教育护照同样重要。根据创业教育早期倡导者柯林·博尔的观点，创业教育就是让学生具备从事创业实践活动所需的知识、能力及心理品质。当然，创业教育兴起有其必然的重要背景（王辉，2017）：首先是新经济的出现。20世纪末期，以信息经济和知识经济为代表的新经济的出现为大学生带来了无限的创业商机，特别是在计算机、互联网与服务业等领域极大地释放了大学生的创新与创业潜能；同时新经济新产业也改变了企业的生存竞争法则，企业竞争的重心由规模与效率转向创新与创意，智力资本和创新能力在企业的生存竞争中发挥着越来越重要的作用，企业也越来越需要具有创业精神的大学毕业生。其次是严峻的就业形势。就业一直是令各国政府重视的问题，特别是全球性爆发的经济与金融危机更是使全球的失业问题恶化。第三是大学职能的革命性转型。从本质上看，创业教育的兴起是大学自身发展的内在需要。"创造新知识"一直是传统主流大学发展的重点职能，但当代的大学职能开始发生变革，被称为"第二次大学革命"。未来的主流大学将不再局限于知识和技术的创造者和发明者，同时也应是这些知识和技术商业化转换的推动者和实施者。可以预计，创业教育是高等教育发展的重要趋势之一，培养大学生的创业能力素质也必将成为高校未来的重要使命。

（二）大学生能力提升的主要思路

1. 能力提升的靶向设计思路

就业问题开始受到各级政府与高等教育相关管理机构的广泛关注，同时也带来了对大学生就业能力的关注与研究。高校在提升大学生的能力方面开始形成一种满足用户的"靶向思维"，其主要体现在以下几个核心思维：首先，能力提升的用户思维。其基本思路是强调高校与用人单位之间深度合作，高校不能关起门

来做教育，而应以就业需求与就业能力培养和提升为导向。要更好地促进就业市场供需平衡的目标实现，做到在专业设置和设计上与用人需求实现合理对接，在专业培养目标上与用人单位的岗位标准准确对接，在技能训练上与岗位要求对接。其次，能力提升的调研分析思维。现在高校越来越希望通过全面系统的市场调研和需求分析，来深入了解社会及用人单位对大学生能力素质的具体要求，并基于实际需求来设置专业和设计课程体系与人才培养方案。最后，能力提升的设计思维。高校的教学管理者认为整个能力的训练与提升需要从一个整体体系视角来进行，即高校可以分析、研究和预判社会对大学生就业能力的需求，然后在此基础上可以采取主动性和积极性，通过专业设置和课程设计，以及相关的实习实践活动策划安排，来培养就业能力满足用人单位所需的人才。

2. 基于社会需求的专业与课程体系优化

随着社会经济与产业的不断升级演化，一些专业不可避免地无法满足新经济新产业发展的需求，同时，随着一些产业与行业的衰退，相关专业也不得不面临被淘汰的命运。因此，高校在专业的培养上必须不断地进行优化和改革，才能让大学生的专业知识和能力保持现实竞争力。为此，一些具有创新改革精神的高校，会积极探索专业设置的新尝试，与社会的新经济与新产业的发展相契合，培养相应专业知识与能力的毕业生，以适应当前的劳动力市场对职业的需求。国内一些高校也越来越重视在课程教学与改革中将能力培养纳入重要考虑，这些能力包含的范围极为广泛，包括创新能力、沟通表达能力、实践能力、信息应用能力、团队合作能力，等等。

3. 参与各类实践活动

高校大学生的实践活动包含较广的范围，除了通常的企业实习，还包括第二课堂、社区服务和各类比赛活动等。第一，相关调查研究表明，第二课堂学习对学生就业能力产生了重要影响，特别是教师教学与伙伴互动会产生积极影响，他们给学生带来的实习实训体验越好，学生就业能力的自我评价也会越高。第二，参加实践活动是大学生实践教学体系的重要组成。大学如果鼓励学生参加课外活动，例如社团活动和各类竞赛，学生有机会在真实环境中得到培养和锻炼，就可以更广泛地发展自己的各种综合能力和各项就业技能。课外活动较为广泛，如参与和实施各类科研、实践、创业导向的计划活动，等等。第三，鼓励学生参与各类社区服务。美国高校的本科教学有一项重要的实践活动就是社区服务，其鼓励学生志愿从事于能满足当地需要的有组织的社区服务，从而培养学生的理论技能、公民责任意识并承担社会义务。在国内，社会实践也逐渐成为高校实践教学的一个重要环节，与一般的课外活动相比，融入校外社区环境的实践活动，更能培养学生的公民意识，并与专业技能的训练与提升相结合，将社会教育、学校教育和自我教育相融合。第四，大学生毕业前的实习是就业能力提升最为重要的一个体验式学习环节。高校一般都非常重视实习实践教学环节，通过与用人单位建立“校企合作、产教融合”的合作关系，并做好实习实训的设计、实施与评价，以促进大学生就业能力的训练与提升，以增强学生毕业后的岗位适应能力，切实提升学生的就业成效。

4. 推行创新与创业实践项目

从 21 世纪开始，教育部已颁布了一系列重要的管理政策和措施来推进高校的创新与创业教育，并且要求高校必须为本科生的创新与创业实践创造相关条件。以上海高校为例，大学生可以申请国家级、市级和校级的各类创新与创业实践项目，这些项目一般由学生团队自主选择，在校内外相关教师的指导下实施。项目周期一般在一年以内，学生可以灵活安排自己的时间，这些项目往往还能获得不同金额的项目资金支持，同时会根据实践项目的成果等级给予学生学分认定。这些鼓励政策极大地激发了学生参与创新创业实践活动的热情，对训练和提升学生的创新和创业能力有非常大的帮助。目前，从全国范围来看，大学生创新创业实践行为也获得了前所未有的支持和鼓励，如高校各个层面的创业政策和资金支持，这对学生的综合能力训练与提升无疑具有重要的促进作用。

## 二、商业模拟能力提升优势

### （一）大学生能力训练与提升的反思

我们已经越来越清楚，知识与能力不是等同关系，也不是必然的因果关系，知识只是能力的要素之一，如果高校仅仅将知识传授和学习作为主要任务，甚至唯一任务，那其所培养的大学毕业生将很可能缺乏市场竞争力和社会适应性。而能力的培养比知识的学习更具复杂性，其科学方法和过程是一个非常值得深入研究的课题，前文归纳的能力提升的主要思路都是众多教育学者提出的一些主流观点，也是许多高校在教育实践中实际采取的策略和措施。本章将对这些思路和措施的核心逻辑与特点进一步做反思。

1. 搭建跨越知识与实践之间鸿沟的桥梁

如果我们把实践作为检验知识的一个重要标准，那么高校在知识的研究和传授上就需要全面地考虑实践需求。知识与实践存在的脱节或鸿沟已是包括商科在内许多学科面临的一个现实问题，其产生原因我们前文已有所论及，且对这些原因的分析对我们采取正确和科学的改革措施来说是非常有帮助的。对于高校来说，如果能够实现知识在实践中得到应用，似乎就解决了能力培养的问题。实际上，知识是否能够被实践应用，在实际教学当中也会体现在不同的方面。例如，一门课程设计了一些实践应用题，学生能够书面作答，可以被视为知识得到了应用；再如，教师撰写一篇案例并设计了一些相应的案例分析题，学生能够应用理论进行分析，也可以被视为知识得到了应用。但正确作答这些应用型题目是否可以说学生就完全获得了相应的能力呢？学生顺利完成了这些知识应用题是否就能说明，学生在实际的工作实践中能够运用所学理论来解决实际问题呢？基于这些思考以及我们前面对不同能力概念与内涵的探讨，我们对大学生能力的训练与提升应该会有更全面和深入的思考。

2. 学生被动接受能力训练与提升的方案和措施

高校在对外部人才需求进行调研和分析的基础上，来设置新专业或优化现有专业与课程培养体系，然后学生全面接受学校不同专业的培养方案与措施，如果学生能够通过所有专业课程的考核并获得相应学分，那么就可以被视为培养合格。即使一些在校外参与的实习实践项目，学生只要能够完成学校规定流程的各项任务，就能顺利获得相应的学分并得到认可。我们可以发现，对于整个培养方案的实施过程，学生基本被动接受，所获成效和结果的差异只是分数不同或合格等级不同。由此，我们不得不思考一些问题，在这个培养过程中，为什么学生只能被动接受学校统一的培养方案？为什么能力各异的学生要采用统一的培养方案和措施？从统一培养方案中训练出来的学生，其能力都会合格吗？对这些问题的思考可以引导我们产生新的培养方案和方法，还可以指导我们的模拟教学不落窠臼，能够为学生能力的培养带来变革和突破。

（二）商业模拟训练和提升能力的综合优势

商业模拟作为高校经管类专业培养的一门课程，经常被定位为一门实践类的课程，即通过模拟平台为学生创造一个应用知识的机会，因此该定位容易让人产生与案例教学等知识应用教学方式一样的理解。但是，随着我们对商业模拟实践与研究的深入，商业模拟更应被视为一种教学方式的创新，商业模拟的知识学习逻辑与成效不仅具有非常深厚的理论基础与实证依据，并且其在教学方式的创新与变革上也具有很大潜力。以下基于我们多年的教学实践探索与总结，就商业模拟在能力的训练与提升上所具有的优势进行探讨。

1. 不同场景下的综合能力训练

在前文中我们已经探讨了商业模拟在知识学习上具有多方面的优势，其中包括综合性知识的学习，同样，商业模拟在能力的训练上也具有综合性这一重要特征。就高校所关注的大学生就业能力和创业能力来看，其所需能力具有多维度、多层次的特征，实际上，在大多数商业实践场景中，其完成工作任务所需能力都具有综合性。在商业模拟的训练中，也表现出了对能力综合性的要求，并且其综合性与商业模拟具体的教学设计密切相关，当教学设计中嵌入更多的训练目标时，随着模拟训练回合的推进适时地增加决策难度和竞争压力，学生在模拟过程中就能获得更加综合的能力训练与提升。因此，理论上，基于计算机技术的模拟系统只要具有足够的仿真性，能够科学合理地模拟出不同的实践场景，就可以让学生获得现实中所需要的综合能力。在我们的教学实践中，能观察到模拟训练对能力的提升是其他教学方法所无法替代的，即使与企业管理岗位中的实习实践相比，商业模拟对综合能力的训练都具有其独特的优势。

2. 知与行之间的持续反思

“干中学”是能力训练与提升的一个重要方法，同时“知行合一”又是判断能力形成的重要标志，而这也正是模拟训练所具有的优势，其主要表现在促进学习者能够在知与行之间进行持续的反思。没有行动或实践的知识，与没有知识或理论的行动一样，都很难形成持续改造世界的能力，因此，在认知与行动之间进行持续的反思和实践，是训练和提升个体能力的有效途径。在商业模拟训练中，正是通过持续地反思来连通知与行之间的鸿沟，如果教学设计能够引导或鼓励学生不断地采取行动与反思，就能潜移默化地提升其能力，并且能够让学生在模拟训练过程中获得能力提升的直观体验。

3. 模拟训练的即时体验与及时反馈

体验式学习认为“学习是经历自身非常本性的紧张与充满冲突的过程”，学习者需要一边积极体验，一边反思观察，积极体验为反思观察提供了条件。商业模拟的特点是能够为学习者创造一种充满挑战的决策场景，激发学习者的竞争意识与紧张情绪，这种复杂多变的即时体验是个人能力训练与提升的重要起点，其能够激发个人的持续反思与行动。同时，及时的反馈又能增强学习者能力训练与提升的目标感、方向感和成就感。及时反馈来自多个方面，首先是模拟系统会对个人的决策行为给予反馈，尤其是高仿真的模拟系统能够让学习者进入玩游戏般的沉浸学习状态。其次是与团队成员和竞争对手之间的互动反馈，可以激发和代入学习者的社会角色意识，从而获得更为真实有效的学习体验。最后是指导者的及时反馈，指导者的角色不再是传统教师的知识讲授，而是更加丰富的角色，如教练和引导者，其能够为学习者的能力训练与提升提供更多的帮助。

4. 模拟训练的因材施教与因需施教

在传统的教学模式中，从课程设置与教学目标的制定开始，直到教学内容的设计、实施与评估，所有学生的学习与训练都基本按照一套预先制定的培养模式和流程，这套培养模式就像自动化程度高的流水生产线，能够高效率地培养出符合教育者所制定和认可标准的产品。这套培养模式的合理性实际上需要满足两个重要的前提假设：一是学习者在知识与能力上具有相对的同质性；二是学习者在知识与能力的提升速度上是相对均衡的。显然这两点都是传统教学模式遇到的重要挑战。如果我们将商业模拟系统视为一个学习平台，学习平台不是预先给所有学生制定统一的教学目标，而是给学生提供一个学习的场景，在这个场景中每个学生都可以根据自己的能力特征来扮演所需的学习角色，制定自己的个性化学习目标，以适合自己个性化需求的节奏来推进学习进度，即因材施教和因需施教。这也正是商业模拟训练中具有的一个重要优势。因此，当学生组成团队一起进行模拟训练与学习时，团队成员之间初始能力的异质性和能力提升的异步性将不再构成一个挑战，甚至能变成促进学生更有效率训练和提升综合能力的一个机会。

（三）商业模拟提升就业能力的调研

相关调研发现，商业模拟对学生就业能力提升具有很大优势（Avramenko，2012）。该项调研主要了解商业模拟对毕业生就业能力的影响，研究者在毕业一年后通过校友登记册联系调研参加过商业模拟课程的毕业生。该调研获得了一些很有启发性的发现。校友们很明显表示出来，在他们的课程中设置商业模拟课程具有很大优势。许多校友都注意到，在就业前面试中提到商业模拟有积极的效果，因为这会增强雇主的好奇心，特别是对于他们在面试中所学到的东西，从而引导整个面试朝着毕业生候选人的优势方向发展。

此外，课程中这种商业模拟的存在被认为是给没有正式工作经验的毕业生提供了一个机会，在就业面试中强调他们在商业模拟中获得的非正式工作经验。据报道，这使他们从其他候选人中脱颖而出。用一位受访校友的话来说，商业模拟特别有用，能够让公司相信，尽管我没有现实世界的经验，但我比大多数（即其他候选人）准备得更好。

至于商业模拟对校友就业信心的影响，则体现在有助于学生对潜在雇主的公司有信心，并能够指导他们准备面试，就如其中一名受访者所述：商业模拟给了我一剂强心剂，使我能够欣赏面试我的组织所做的业务的更大图景。

现在的公司招聘倾向于有工作经验的毕业生，包括但不限于正式、非正式、短期就业或在公司实习，而我们发现商业模拟也具有同样的优势。例如，该研究发现，接受商业模拟训练的毕业生表示：这个模拟让我亲身体验到了企业每个部门的重要性，无论是营销、运营、财务、人力资源还是整体领导力。更重要的是，该模块最大的收获是，为了经营成功的业务，所有部门之间保持良好平衡的重要性。由此可见，商业模拟教学作为商科教育的一个重要模块或单元，确实为毕业生提供了一个机会，可以将所学的理论知识实际应用于模拟课程训练中。

## 本章小结

本章主要是探讨商业模拟对能力提升的优势，以帮助我们如何通过实战模拟来有效地训练和提升自身的能力。首先，商业模拟的优势体现在对能力的评估上，因为能力的提升首先需要建立在对能力正确的评估上。我们通过对常用能力评估方法的分析，来探讨商业模拟在能力评估上所具有的相对优势。其次，我们探讨了商业模拟在训练与提升能力上具有的优势，同样我们也在对高等教育能力培养的现状需求的基础上，分析商业模拟所具有的优势；同时，已经有越来越多的研究正在验证商业模拟对相关能力训练与提升的优势。

## 思考与练习

1. 你是否有过能力评估的经验？采取的是哪种方法评估？
2. 选择一种能力评估方法，分析该方法具有哪些重要特征？
3. 你认为目前大学的教学方法在学生能力的培养上具有怎样的成效？
4. 探讨一下实战模拟可以训练和提升自己哪些方面的能力？
5. 比较一下实践评估法与模拟实践法在能力的训练与提升上有何差异？

# 第6章　企业经营模拟决策分析

◎本章学习目标

1. 了解经营模拟系统由哪些模块与内容组成
2. 初步理解模拟系统各个决策模块之间的关系
3. 熟悉模拟系统结果报表及数据的展示方式
4. 全面分析和理解经营模拟决策面临的主要问题
5. 逐步掌握如何分析和解决各种具体经营问题
6. 了解需要提升哪些方面的经营决策能力
7. 逐步熟练掌握经营决策能力训练的流程
8. 掌握如何评估经营决策能力提升的有效性

在前几章相关理论与方法探讨和铺垫的基础上，本章将正式进入企业经营模拟的实战环节，也是模拟训练的核心内容。虽然经营模拟系统是对现实商业世界的一种简化模型，但其决策的复杂性与挑战性依旧是不容小觑的。由于课程教学时间通常较为有限，为了帮助学生模拟学习能够进入更高层的状态，本章将从三个方面来进行介绍。首先，对整个模拟系统的操作做一个较为翔实的说明，在模拟操作前对系统有个整体的认知往往会事半功倍。其次，对主要经营决策问题进行分析，前文介绍了实战模拟方法采取了基于问题的学习，因此，这部分在一定程度上是为选择找问题提供一个总体思路，甚至可以作为一个问题库来有效利用。最后，对如何训练提升经营决策能力进行较全面的阐述，以有助于更有意识地规划个人的能力训练与提升。

# 第 1 节　模拟决策系统操作说明

熟悉模拟决策系统是有效率地进行模拟决策操作的前提，以下我们将对模拟决策系统的操作进行概要介绍，以便大家尽快地进入决策操作。

## 一、经营模拟系统主页面说明

### （一）主页面信息

如图 6–1 所示，模拟的主页面显示了模拟的一些基本信息，主要有：

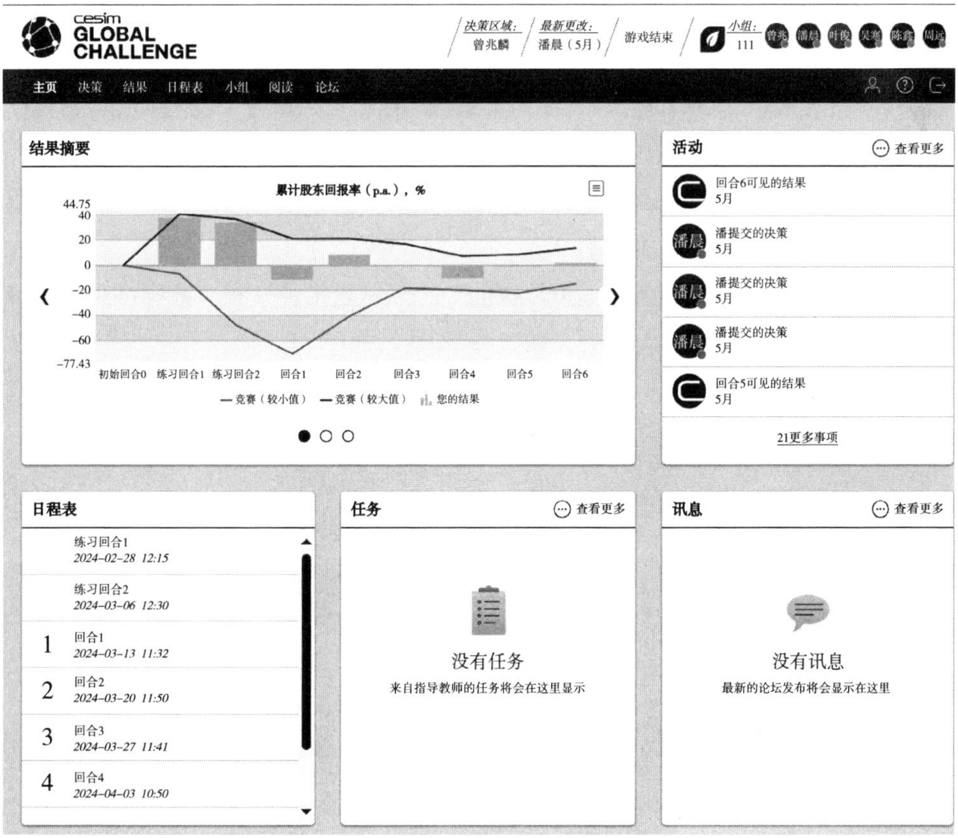

图 6–1　模拟平台主页面信息

（1）结果摘要。这些图表显示团队在模拟中的成果。

（2）活动。这个模块向学生展示了最近的活动，包括提交决策的历史和各回合截止日期。

（3）日程表。这个模块向学生展示每个回合系统将要截止的时间。

（4）任务。如果课程教师布置了小测验或成员互评，学生会在这里找到它。如果需要向平台提交文件，相关链接将在本模块中显示。

（5）讯息。论坛发布的讯息会在这里显示。

（二）主要功能栏目

主页面展示最主要的内容是左上角的一排功能栏，分别是：

（1）决策。此栏目是模拟经营最主要的内容，里面囊括了所有需要进行的经营决策内容。我们将在接下来的“经营决策流程与界面操作”部分进行说明。

（2）结果。此栏目展示每次经营模拟的结果数据，学生需要分析该栏目呈现的数据来进行决策。我们将在接下来的“经营决策结果报表与分析”部分进行说明。

（3）日程表。此栏目展示了每个回合系统将要截止的时间。各团队成员需要密切关注决策日程表以及每个回合的实际决策时间，并合理安排和规划好决策的进度。

（4）小组。此栏目展示了小组相关信息，其中每个小组可以在此编辑自己小组的名称。

（5）阅读。此栏目包括本模拟课程的“决策制定指南”和“案例描述”等资料。学生可以在线阅读或下载后打印查看。

（6）论坛。此栏目可以方便学生发表一些话题和个人的观点。

## 二、经营决策流程与界面操作

进入“决策”栏目后，可以看到如图 6–2 所示的页面。决策包含的内容较多，第一项是“快速教程”，主要将模拟决策的流程与内容做一个简要的介绍，让学生有概览式的了解。最后一项是“决策列表”，是该经营团队所有成员做出经营决策的总结列表，基于每个团队成员的经营决策，团队可以进行讨论，从而优化形成一个最终的团队决策。以下将对其他的栏目内容分别进行介绍：

（一）市场前景

如图 6–3 所示，“市场前景”包含有关当前市场和未来发展趋势的重要信息，因此，在决策开始之前，一定要仔细阅读和分析，并做出合理判断，这些是决策者做出各项经营决策的主要前提条件。此外，在“市场前景”中还列出了一系列重要参数，这些参数对于企业做出各项决策具有重要的参考作用，是经营者权衡各项决策方案的重要定量核算依据。

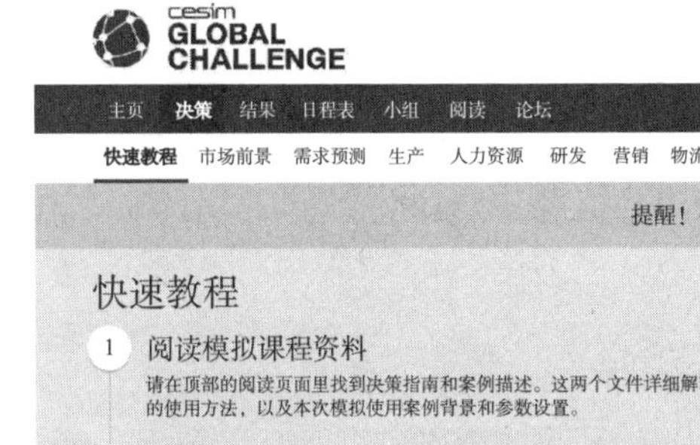


图 6-2 “决策”栏的主要内容

图 6-3 “市场前景”决策页面内容

## （二）需求预测

“需求预测”是我们经营决策的重要前提，准确的需求预测能为正确的经营决策提供基础的保障；反之，错误的需求预测则可能带偏公司的经营决策方法。如图 6-4 所示，在需求预测决策中有三方面内容需要注意：

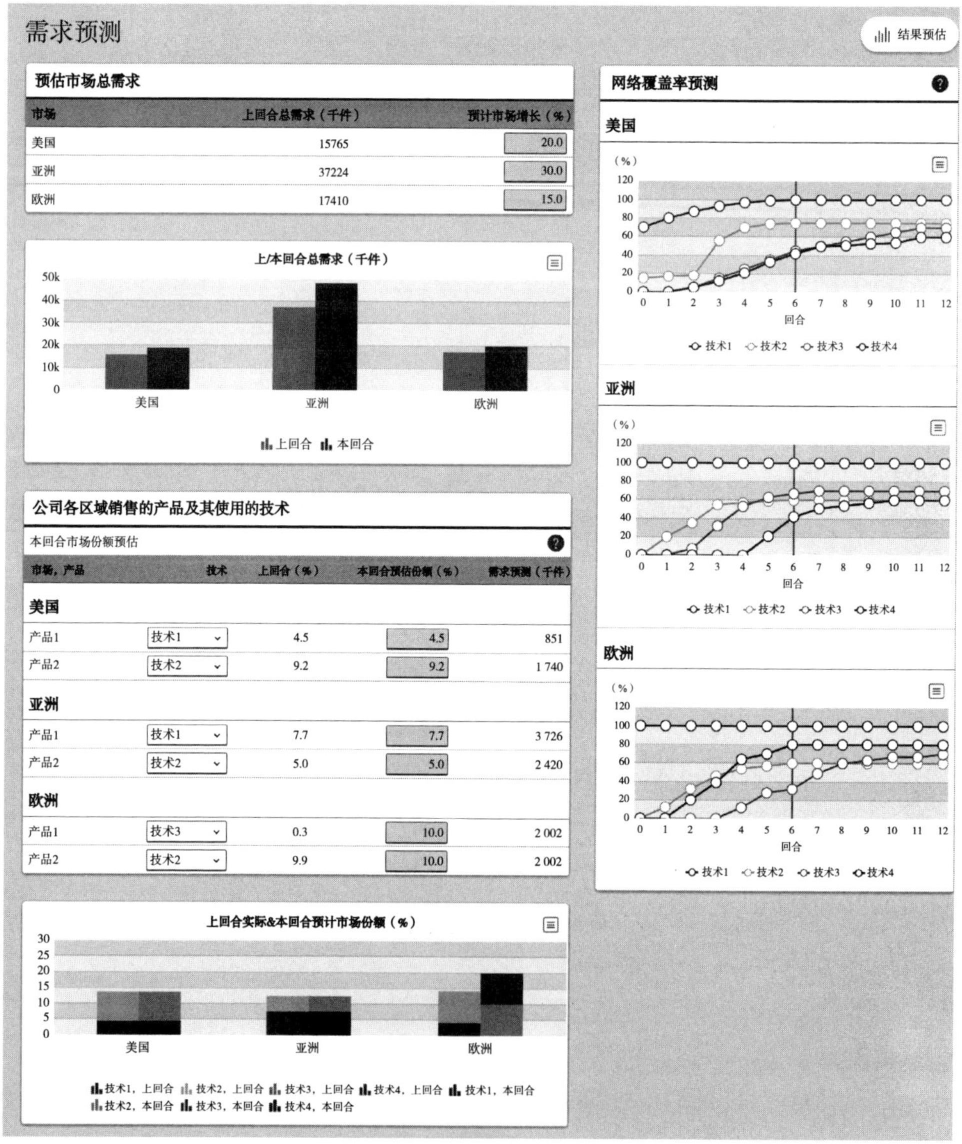

需求预测

结果预估

**预估市场总需求**

| 市场 | 上回合总需求（千件） | 预计市场增长（%） |
|---|---|---|
| 美国 | 15765 | 20.0 |
| 亚洲 | 37224 | 30.0 |
| 欧洲 | 17410 | 15.0 |

上/本回合总需求（千件）

50k 40k 30k 20k 10k 0

美国 亚洲 欧洲

上回合 本回合

**公司各区域销售的产品及其使用的技术**

本回合市场份额预估

| 市场，产品 | 技术 | 上回合（%） | 本回合预估份额（%） | 需求预测（千件） |
|---|---|---|---|---|
| **美国** | | | | |
| 产品1 | 技术1 | 4.5 | 4.5 | 851 |
| 产品2 | 技术2 | 9.2 | 9.2 | 1 740 |
| **亚洲** | | | | |
| 产品1 | 技术1 | 7.7 | 7.7 | 3 726 |
| 产品2 | 技术2 | 5.0 | 5.0 | 2 420 |
| **欧洲** | | | | |
| 产品1 | 技术3 | 0.3 | 10.0 | 2 002 |
| 产品2 | 技术2 | 9.9 | 10.0 | 2 002 |

上回合实际&本回合预计市场份额（%）

30 25 20 15 10 5 0

美国 亚洲 欧洲

技术1，上回合 技术2，上回合 技术3，上回合 技术4，上回合 技术1，本回合
技术2，本回合 技术3，本回合 技术4，本回合

**网络覆盖率预测**

美国

（%）120 100 80 60 40 20 0

0 1 2 3 4 5 6 7 8 9 10 11 12

回合

技术1 技术2 技术3 技术4

亚洲

（%）120 100 80 60 40 20 0

0 1 2 3 4 5 6 7 8 9 10 11 12

回合

技术1 技术2 技术3 技术4

欧洲

（%）120 100 80 60 40 20 0

0 1 2 3 4 5 6 7 8 9 10 11 12

回合

技术1 技术2 技术3 技术4

图 6-4 “需求预测”决策页面内容

1. 预估市场总需求

这是对全球市场增长的预测，每个区域市场的增长情况会不同，一定程度上，对不同区域未来短期和长期的增长预测会决定公司的市场开拓战略。市场总需求的预测需要结合上回合市场需求、市场前景和网络覆盖率等诸多因素综合进行判断。

2. 网络覆盖率预测

网络覆盖率是指通信网络对区域面积的覆盖比率，任何一项通信技术从引入到成熟，其对区域的覆盖范围是逐步扩展的，一般来说，技术发展的初期覆盖率较低，随着技术的发展与推广，其覆盖率会逐步增加。

3. 公司在各个区域的销售预测

在对各个区域市场总需求预测的基础上，最关键的是要对本公司在各个区域的销售做出准确预测。请特别注意，在页面中的“本回合预估份额”是指该产品（技术）在该区域所有公司所有产品中所占的份额，即预估份额计算公式的分母是指该区域所有公司及产品的总和。

（三）生产

在需求预测的基础上，公司必须制定相应的生产策略来满足市场的需求，在生产这一栏目中，有“生产计划、库存、工厂投资、环境影响”四个方面的决策管理，其决策要点如下：

1. 生产计划与环境影响

如图 6-5 所示，公司产品的生产主要分为自身生产和外包生产。自身生产主要基于已建的工厂基地，初期只在美国有工厂，同时公司可以根据市场的需求情况在亚洲建设工厂，在欧洲市场不能建生产基地。另外，公司还可以进行外包生产，特别是在公司产能不够的情况下，可以进行外包生产来弥补自身产能的不足。同样，外包生产也只能在美国和亚洲两地有生产基地的市场进行。在生产计划中，还有一项非常重要的工作就是生产流程质量改进，这是可持续发展的重要内容，对流程质量改进，可以优化公司生产中可再生能源的利用率，主要包括碳排放、能源消耗和用水量三个方面，为环境的可持续发展做出贡献，由此获得市场的认可。

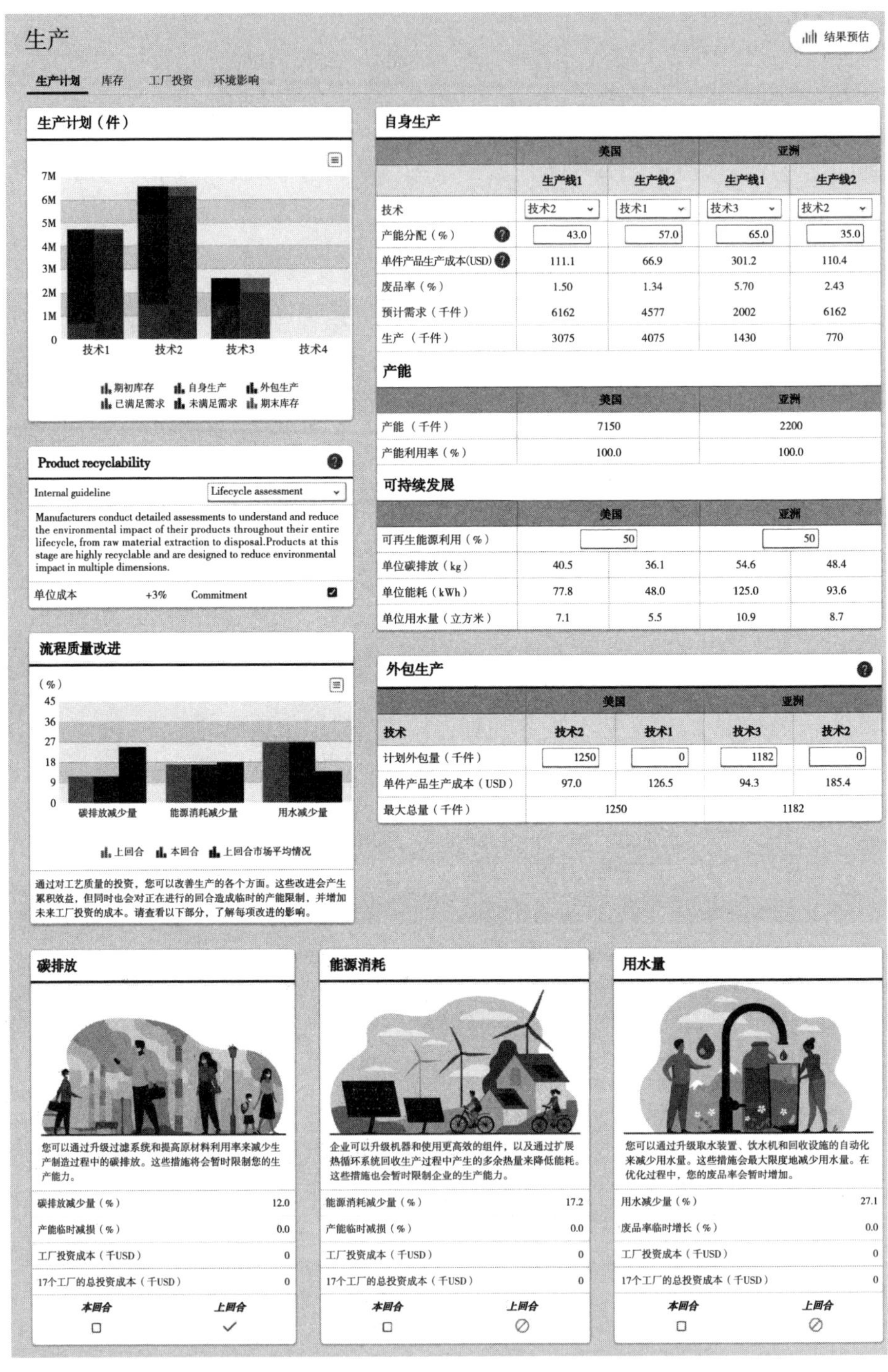


图 6-5 “生产计划”与“环境影响”决策页面内容

2. 库存

如图 6–6 所示，在库存管理一栏中，会详细地报道每个区域每种产品的库存数量，以及由此造成的资本成本与库存管理成本，良好的库存管理应尽量降低各项库存成本，但同时要考虑到，如果因为产品供应不足而导致客户订单的不能满足，同样是一种损失，因此库存管理需要在库存成本与客户需求满足之间达成一种平衡。

库存

结果预估

生产计划　库存　工厂投资　环境影响

**库存，千件**

| 技术 | 上回合计划期末库存 | 上回合实际期末库存 | 本回合计划期末库存 | 上/本回合未满足需求 |
|---|---|---|---|---|
| **美国** | | | | |
| 技术1 | 678 | 680 | 178 | 0/0 |
| 技术2 | 946 | 1502 | 434 | 0/0 |
| 技术3 | 0 | 0 | 0 | 0/0 |
| 技术4 | 0 | 0 | 0 | 0/0 |
| **亚洲** | | | | |
| 技术1 | 0 | 0 | 0 | 0/0 |
| 技术2 | 0 | 0 | 0 | 0/0 |
| 技术3 | 0 | 0 | 610 | 0/0 |
| 技术4 | 0 | 0 | 0 | 0/0 |
| **总计** | | | | |
| 技术1 | 678 | 680 | 178 | 0/0 |
| 技术2 | 946 | 1502 | 434 | 0/0 |
| 技术3 | 0 | 0 | 0 | 0/0 |
| 技术4 | 0 | 0 | 0 | 0/0 |

**库存管理**

| | 本回合实际期末库存 | 本回合计划期末库存 |
|---|---|---|
| 库存价值（千USD） | 190270 | 184959 |
| 资本成本（基于加权平均资本成本WACC）（千USD） | 17124 | 16646 |
| 库存管理成本（千USD） | 3304 | 1951 |

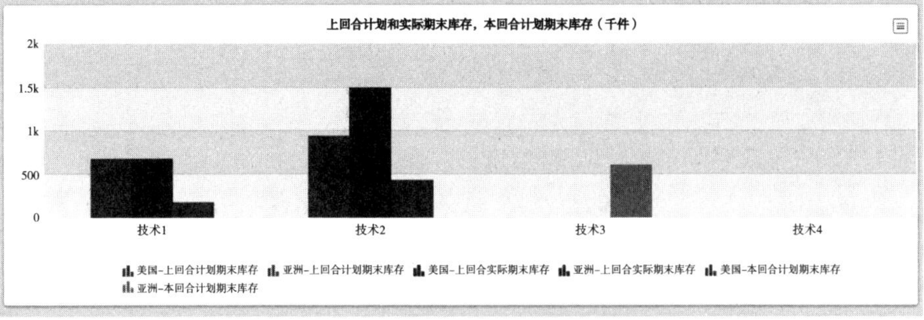

上回合计划和实际期末库存，本回合计划期末库存（千件）

2k
1.5k
1k
500
0
技术1　技术2　技术3　技术4

美国-上回合计划期末库存　亚洲-上回合计划期末库存　美国-上回合实际期末库存　亚洲-上回合实际期末库存　美国-本回合计划期末库存　亚洲-本回合计划期末库存

图 6–6 “库存”决策页面内容

3. 工厂投资

如图 6–7 所示，工厂投资是公司非常重要的一项决策，其不仅因为投资金额巨大会影响到公司的现金流与利润，同时还是公司整体发展战略的重要保障。在本模拟系统中，可以在美国和亚洲两个市场进行工厂投资建设。公司不仅可以通过工厂投资来增加公司的产量，还可以通过卖出工厂来削减公司的产量。在工厂的投资决策中，决策者需要从短期和长期两个层面对公司的市场需求与生产能力进行规划和平衡。

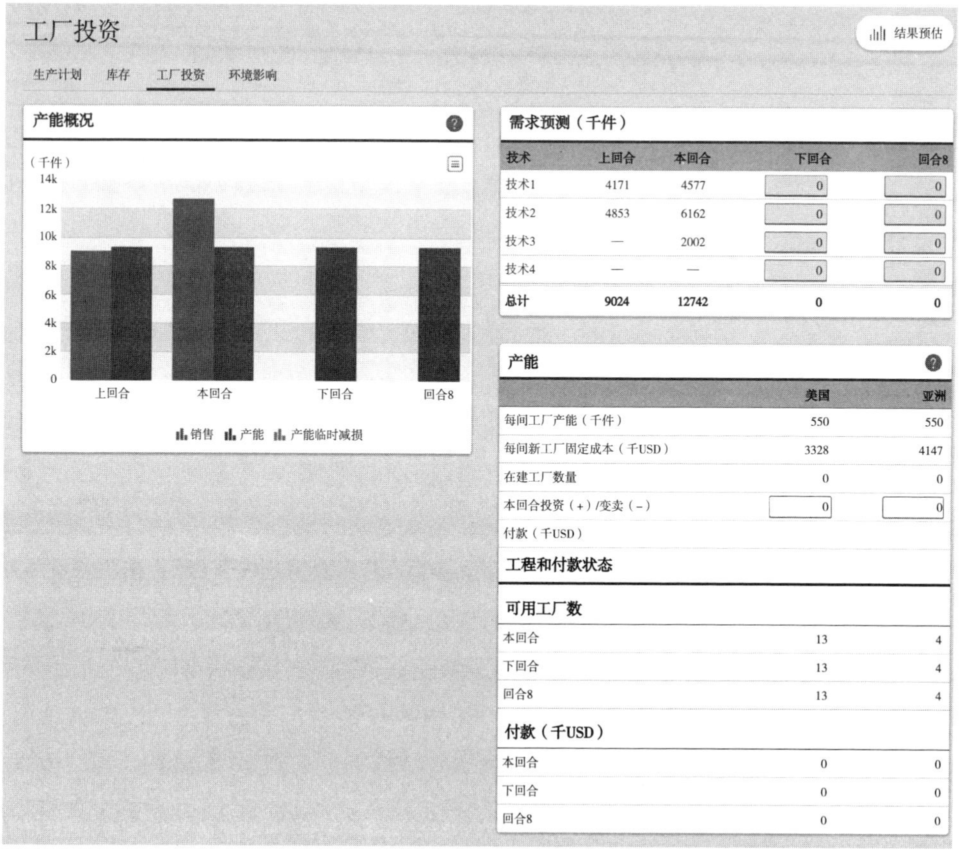

工厂投资

结果预估

生产计划　库存　工厂投资　环境影响

产能概况

（千件）
14k
12k
10k
8k
6k
4k
2k
0
上回合　本回合　下回合　回合8

销售　产能　产能临时减损

需求预测（千件）

| 技术 | 上回合 | 本回合 | 下回合 | 回合8 |
|---|---|---|---|---|
| 技术1 | 4171 | 4577 | 0 | 0 |
| 技术2 | 4853 | 6162 | 0 | 0 |
| 技术3 | — | 2002 | 0 | 0 |
| 技术4 | — | — | 0 | 0 |
| 总计 | 9024 | 12742 | 0 | 0 |

产能

| | 美国 | 亚洲 |
|---|---|---|
| 每间工厂产能（千件） | 550 | 550 |
| 每间新工厂固定成本（千USD） | 3328 | 4147 |
| 在建工厂数量 | 0 | 0 |
| 本回合投资（+）/变卖（–） | 0 | 0 |
| 付款（千USD） | | |

工程和付款状态

| 可用工厂数 | | |
|---|---|---|
| 本回合 | 13 | 4 |
| 下回合 | 13 | 4 |
| 回合8 | 13 | 4 |

| 付款（千USD） | | |
|---|---|---|
| 本回合 | 0 | 0 |
| 下回合 | 0 | 0 |
| 回合8 | 0 | 0 |

图 6–7 “工厂投资”决策页面内容

### （四）人力资源

#### 1. 人员配备和成本

如图 6–8 所示，在人员配备决策中需要对人数规模、员工薪资和培训预算做出决策，需要注意的是，人员配备主要是针对研发人员，这些研发人员所形成的“可用人工日数”可用于后续的技术研发环节中。在人员配置决策中，我们需要综合考虑效率与成本问题，其关键因素指标是员工流动和工作效率。除了内部人员效率，这些事项的决策也会影响公司在公众中的形象。

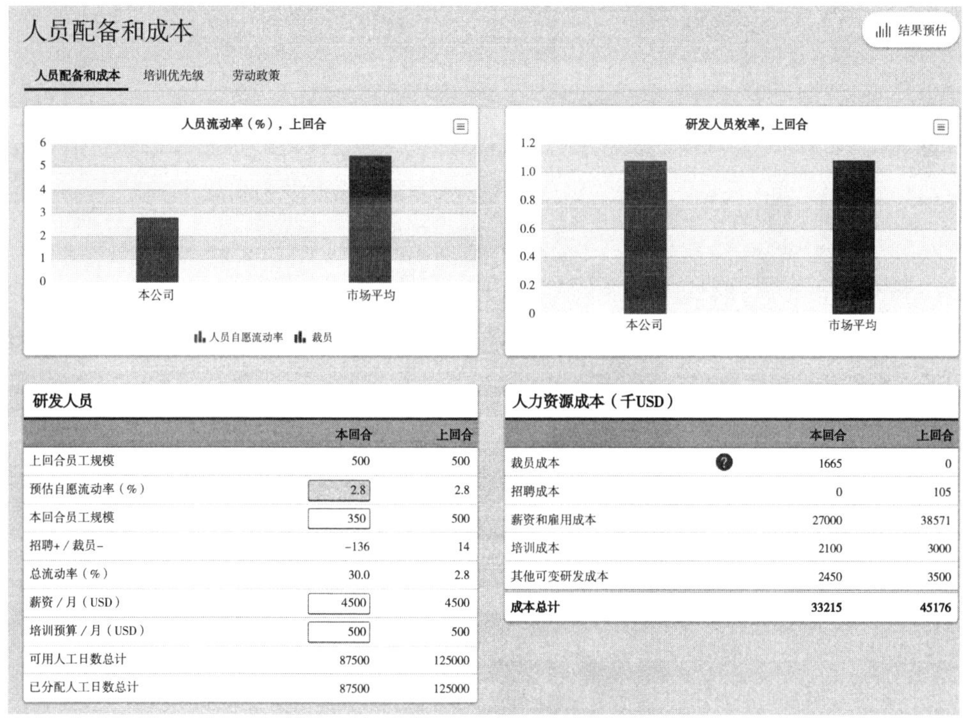


图 6–8　“人员配备和成本”决策页面内容

#### 2. 培训优先级

如图 6–9 所示，除了考虑效率与成本，公司决策还需要考虑培训项目的优先级。每种选项都会对研发效率、人员流动率和公众形象产生不同的影响。恰当地匹配多个优先级，可以带来最佳的综合效应。

培训优先级

结果预估

人员配备和成本　培训优先级　劳动政策

**优先级影响**

除了薪资，培训是研发人员效率和流动性的主要因素，它也能提升公众形象。您可以优先考虑个人培训方面。请记住，您的关注范围越广，福利就越缺乏针对性。

**基础培训**

基础培训包括针对手头工作的技术性培训，例如一般操作常识和工作工具的介绍。基础培训对研发效率影响较大，对人员流动的影响中等，对公众形象的影响最小。

本回合　上回合

**工作安全**

工作安全培训有助于预防职业危害。这包括有关各种行业安全标准和应急指南的信息。该培训对研发效率和人员流动有中等影响，对公众形象影响较小。

本回合　上回合

**人员健康&安全**

个人健康&安全可以促进员工自身的健康，例如符合人体工程学的工作环境和公司赞助的休闲活动。该因素对人员流动影响大，对研发效率和公众形象的影响中等。

本回合　上回合

**反歧视政策**

反歧视政策培训能够促进企业对同事和客户保持恰当的日常行为准则，并力求消除基于种族、性别、年龄等的歧视。它对研发效率造成的影响较小，对人员流动率的影响中等，对公众形象的影响非常大。

本回合　上回合

**商业伦理与反腐败**

商业伦理和反腐败政策侧重于一般的公司指南和规则。这对研发效率的影响最小，对人员流动率的影响较小，但对公众形象的影响非常大。

本回合　上回合

图 6–9　“培训优先级”决策页面内容

3. 劳动政策

如图 6–10 所示，人力资源劳动政策的决策包括三项，分别是：劳动法规和员工权利，企业、员工与工会关系以及管理岗名额。每一项都可以改善公众形象，提升产品需求，乃至强化公司作为雇主的地位。

以上诸多人力资源决策因素不仅需要权衡人力资源成本与工作效率平衡，还需要考虑相关成本与外部 ESG 形象所带来的益处之间的权衡。

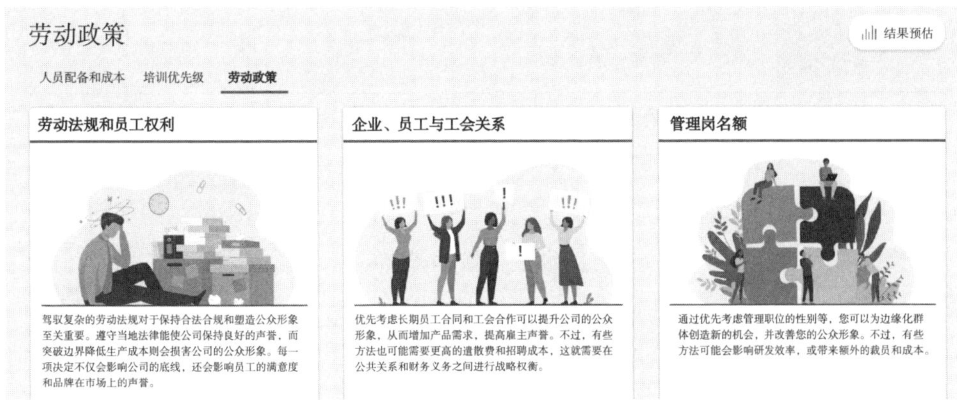


图 6-10　“劳动政策”决策页面内容

（五）研发

在公司产品生产前，需要具备相应的产品技术，在本模拟决策中技术获得的途径主要有两种：自身研发与技术引进。如图 6-11 所示，自身研发就是通过招聘人员获得相应人工日数来自主研发，每项技术的研发系统都会给出相应回合所需要的人工日数，自身研发的技术需要延迟一个回合使用。技术引进就是从市场中直接购买相应的技术，其成本由市场决定，同样会随着技术的成熟程度产生变化。

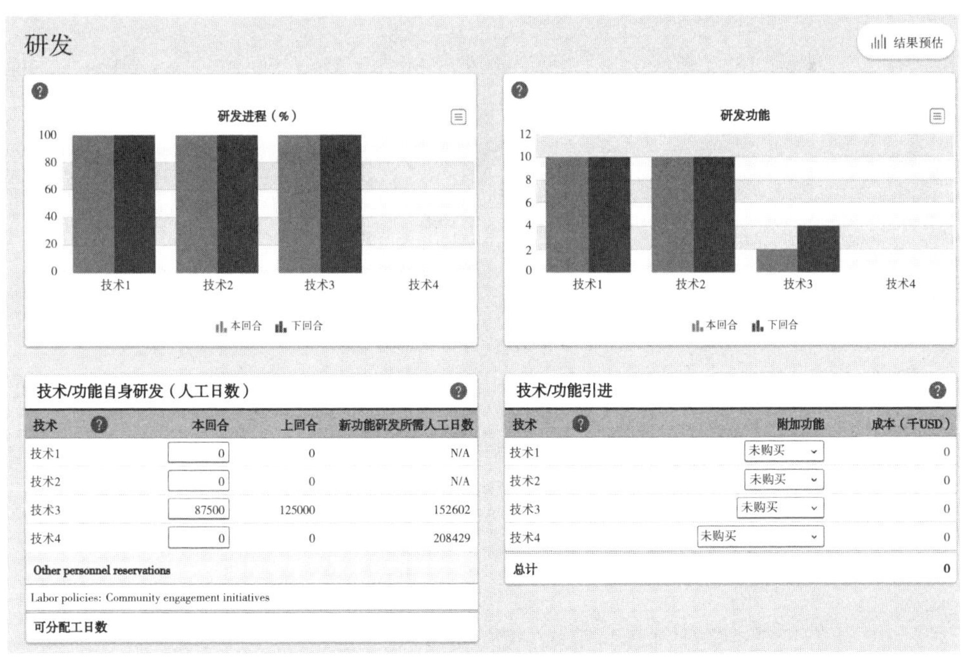


图 6-11　“研发”决策页面内容

## （六）营销

### 1. 营销策略

公司的营销组合决策是开拓市场提升营业收入最为重要的决策，本模拟决策系统主要采用了 4Ps 策略，即其中的产品（product）、价格（price）、渠道（place）和促销（promotion）。如图 6–12 所示，产品主要涉及产品的功能数量，需要前期的技术研发来积累，决定了产品的质量水平；价格则需要综合考虑产品成本以及市场竞争状况来决定；渠道主要考虑在哪些市场进行销售（后文的“物流优先级”部分将做进一步讨论）；广告推广渠道可以很好地促进公司产品的销售。营销决策重点在于要适合不同市场特征的前提下采取最佳的组合策略，以获得最佳的市场效应。

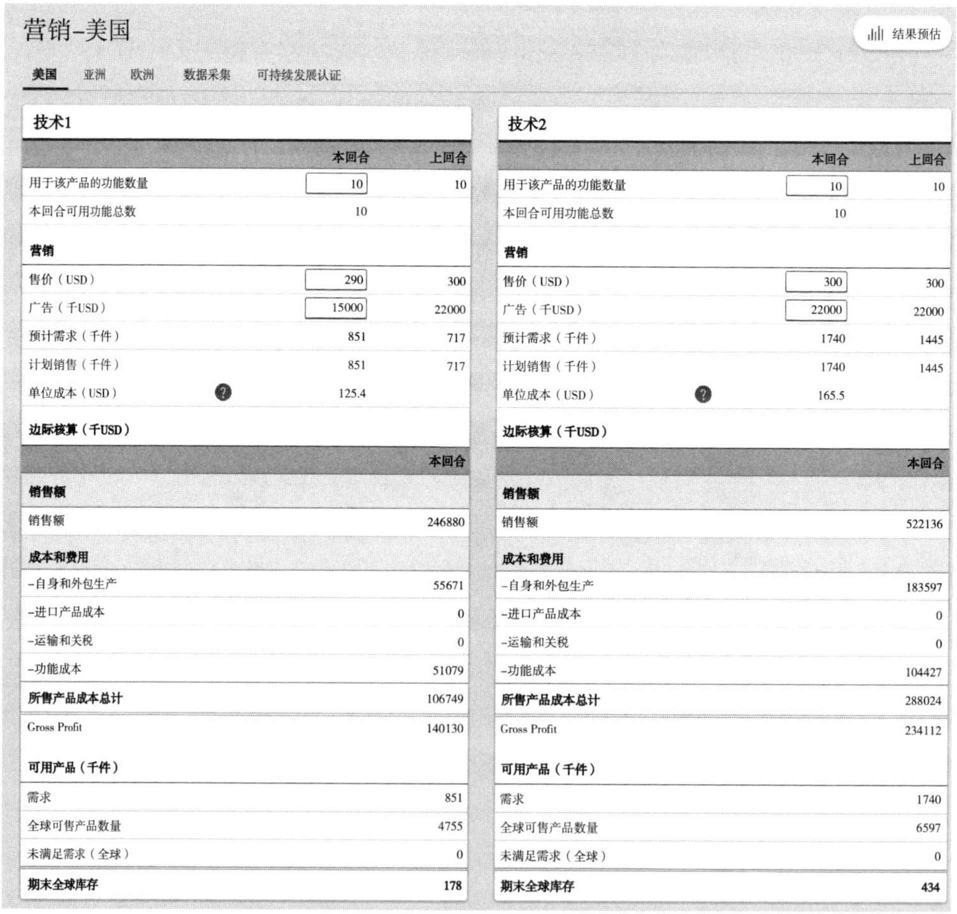

营销–美国　　　　结果预估

美国　亚洲　欧洲　数据采集　可持续发展认证

| 技术1 | 本回合 | 上回合 |
|---|---|---|
| 用于该产品的功能数量 | 10 | 10 |
| 本回合可用功能总数 | 10 | |
| **营销** | | |
| 售价（USD） | 290 | 300 |
| 广告（千USD） | 15000 | 22000 |
| 预计需求（千件） | 851 | 717 |
| 计划销售（千件） | 851 | 717 |
| 单位成本（USD） | 125.4 | |
| **边际核算（千USD）** | | |
| **销售额** | | |
| 销售额 | 246880 | |
| **成本和费用** | | |
| –自身和外包生产 | 55671 | |
| –进口产品成本 | 0 | |
| –运输和关税 | 0 | |
| –功能成本 | 51079 | |
| **所售产品成本总计** | 106749 | |
| Gross Profit | 140130 | |
| **可用产品（千件）** | | |
| 需求 | 851 | |
| 全球可售产品数量 | 4755 | |
| 未满足需求（全球） | 0 | |
| **期末全球库存** | **178** | |

| 技术2 | 本回合 | 上回合 |
|---|---|---|
| 用于该产品的功能数量 | 10 | 10 |
| 本回合可用功能总数 | 10 | |
| **营销** | | |
| 售价（USD） | 300 | 300 |
| 广告（千USD） | 22000 | 22000 |
| 预计需求（千件） | 1740 | 1445 |
| 计划销售（千件） | 1740 | 1445 |
| 单位成本（USD） | 165.5 | |
| **边际核算（千USD）** | | |
| **销售额** | | |
| 销售额 | 522136 | |
| **成本和费用** | | |
| –自身和外包生产 | 183597 | |
| –进口产品成本 | 0 | |
| –运输和关税 | 0 | |
| –功能成本 | 104427 | |
| **所售产品成本总计** | 288024 | |
| Gross Profit | 234112 | |
| **可用产品（千件）** | | |
| 需求 | 1740 | |
| 全球可售产品数量 | 6597 | |
| 未满足需求（全球） | 0 | |
| **期末全球库存** | **434** | |

图 6–12 “营销”决策页面内容

2. 数据采集与可持续发展认证

营销过程中的数据采集与可持续发展认证都会影响公司的 ESG 形象，充分考虑这些方面的影响并采取相应的措施，将可以更好地促进公司的市场营销效果。决策内容如图 6-13 所示。

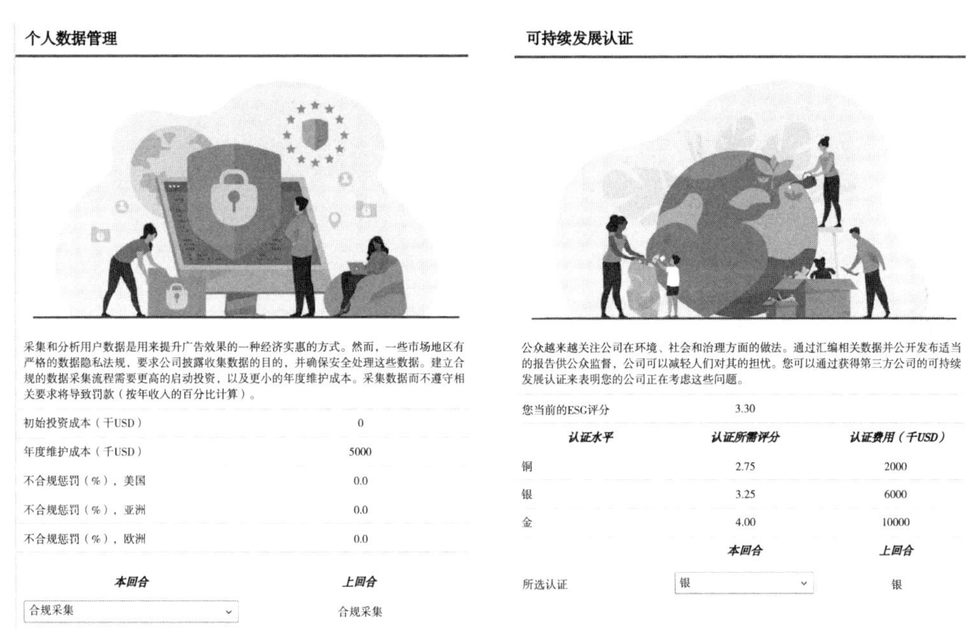

**个人数据管理**

采集和分析用户数据是用来提升广告效果的一种经济实惠的方式。然而，一些市场地区有严格的数据隐私法规，要求公司披露收集数据的目的，并确保安全处理这些数据。建立合规的数据采集流程需要更高的启动投资，以及更小的年度维护成本。采集数据而不遵守相关要求将导致罚款（按年收入的百分比计算）。

| | |
|---|---|
| 初始投资成本（千USD） | 0 |
| 年度维护成本（千USD） | 5000 |
| 不合规惩罚（%），美国 | 0.0 |
| 不合规惩罚（%），亚洲 | 0.0 |
| 不合规惩罚（%），欧洲 | 0.0 |

| 本回合 | 上回合 |
|---|---|
| 合规采集 | 合规采集 |

**可持续发展认证**

公众越来越关注公司在环境、社会和治理方面的做法。通过汇编相关数据并公开发布适当的报告供公众监督，公司可以减轻人们对其的担忧。您可以通过获得第三方公司的可持续发展认证来表明您的公司正在考虑这些问题。

您当前的ESG评分　3.30

| 认证水平 | 认证所需评分 | 认证费用（千USD） |
|---|---|---|
| 铜 | 2.75 | 2000 |
| 银 | 3.25 | 6000 |
| 金 | 4.00 | 10000 |
| | **本回合** | **上回合** |
| 所选认证 | 银 | 银 |

图 6-13 “数据采集与可持续发展认证”决策页面内容

（七）物流

如图 6-14 所示，物流决策主要是指“物流优先级”，即在美国和亚洲工厂生产的产品按照怎样的优先级销售到各个区域市场。如果在产品供不应求的情况下，优先级低的市场就很可能无法得到满足。

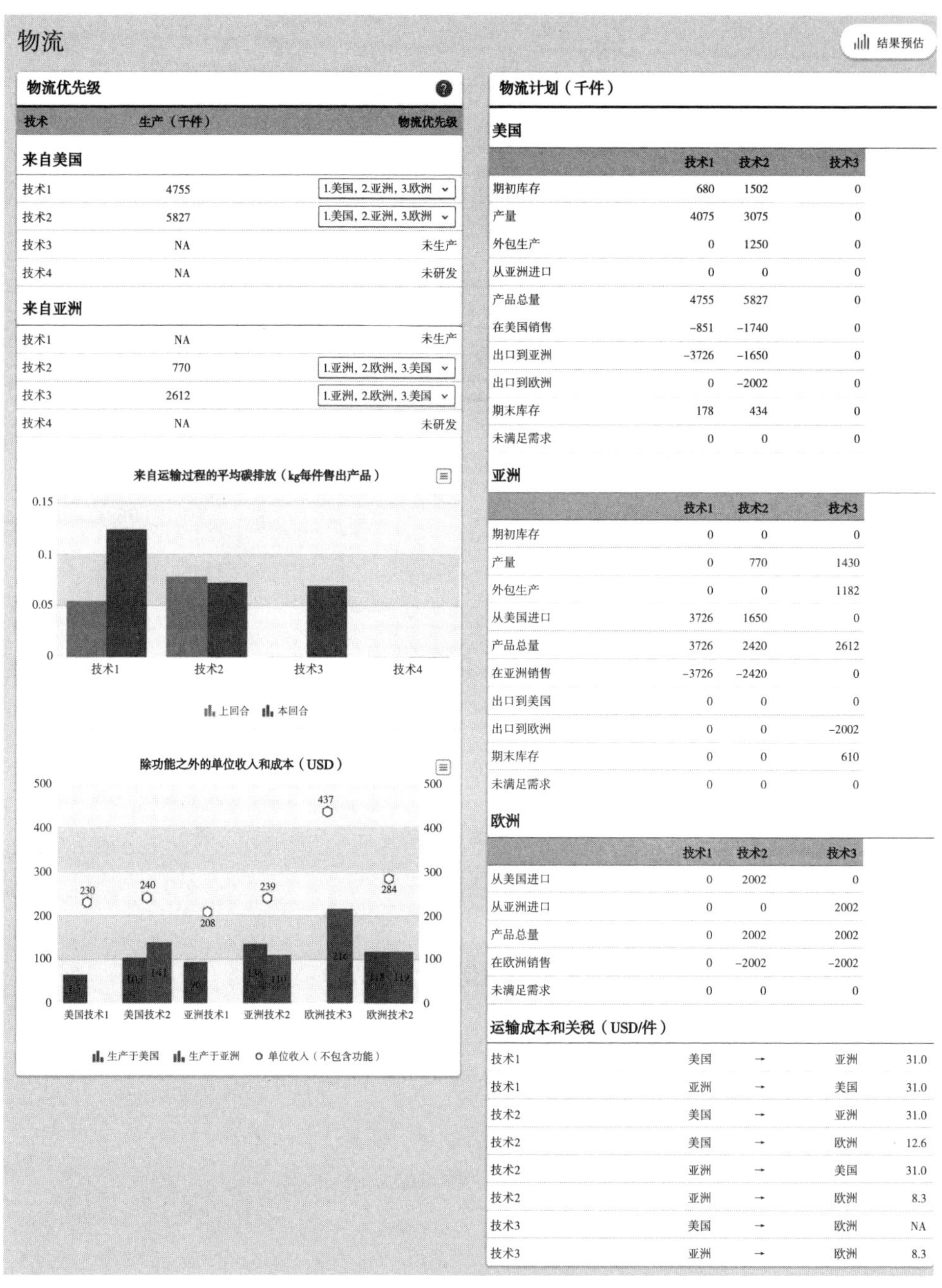

物流 结果预估

**物流优先级**

| 技术 | 生产（千件） | 物流优先级 |
|---|---|---|
| **来自美国** | | |
| 技术1 | 4755 | 1.美国，2.亚洲，3.欧洲 |
| 技术2 | 5827 | 1.美国，2.亚洲，3.欧洲 |
| 技术3 | NA | 未生产 |
| 技术4 | NA | 未研发 |
| **来自亚洲** | | |
| 技术1 | NA | 未生产 |
| 技术2 | 770 | 1.亚洲，2.欧洲，3.美国 |
| 技术3 | 2612 | 1.亚洲，2.欧洲，3.美国 |
| 技术4 | NA | 未研发 |



**物流计划（千件）**

**美国**

| | 技术1 | 技术2 | 技术3 |
|---|---|---|---|
| 期初库存 | 680 | 1502 | 0 |
| 产量 | 4075 | 3075 | 0 |
| 外包生产 | 0 | 1250 | 0 |
| 从亚洲进口 | 0 | 0 | 0 |
| 产品总量 | 4755 | 5827 | 0 |
| 在美国销售 | -851 | -1740 | 0 |
| 出口到亚洲 | -3726 | -1650 | 0 |
| 出口到欧洲 | 0 | -2002 | 0 |
| 期末库存 | 178 | 434 | 0 |
| 未满足需求 | 0 | 0 | 0 |

**亚洲**

| | 技术1 | 技术2 | 技术3 |
|---|---|---|---|
| 期初库存 | 0 | 0 | 0 |
| 产量 | 0 | 770 | 1430 |
| 外包生产 | 0 | 0 | 1182 |
| 从美国进口 | 3726 | 1650 | 0 |
| 产品总量 | 3726 | 2420 | 2612 |
| 在亚洲销售 | -3726 | -2420 | 0 |
| 出口到美国 | 0 | 0 | 0 |
| 出口到欧洲 | 0 | 0 | -2002 |
| 期末库存 | 0 | 0 | 610 |
| 未满足需求 | 0 | 0 | 0 |

**欧洲**

| | 技术1 | 技术2 | 技术3 |
|---|---|---|---|
| 从美国进口 | 0 | 2002 | 0 |
| 从亚洲进口 | 0 | 0 | 2002 |
| 产品总量 | 0 | 2002 | 2002 |
| 在欧洲销售 | 0 | -2002 | -2002 |
| 未满足需求 | 0 | 0 | 0 |

**运输成本和关税（USD/件）**

| | | | | |
|---|---|---|---|---|
| 技术1 | 美国 | → | 亚洲 | 31.0 |
| 技术1 | 亚洲 | → | 美国 | 31.0 |
| 技术2 | 美国 | → | 亚洲 | 31.0 |
| 技术2 | 美国 | → | 欧洲 | 12.6 |
| 技术2 | 亚洲 | → | 美国 | 31.0 |
| 技术2 | 亚洲 | → | 欧洲 | 8.3 |
| 技术3 | 美国 | → | 欧洲 | NA |
| 技术3 | 亚洲 | → | 欧洲 | 8.3 |

图 6-14 “物流”决策页面内容

（八）税收

税收决策主要是如何通过转移定价在全球进行税收调节。由于本模拟的跨国公司在全球有三家子公司，子公司之间可以通过内部定价实现利润在不同国家子公司之间的转移，由于不同国家具有不同的税收政策，跨国公司就能在合法合规的前提下进行税收的主动管理和调节，实现税收的最优化。转移定价决策内容如图 6-15 所示。

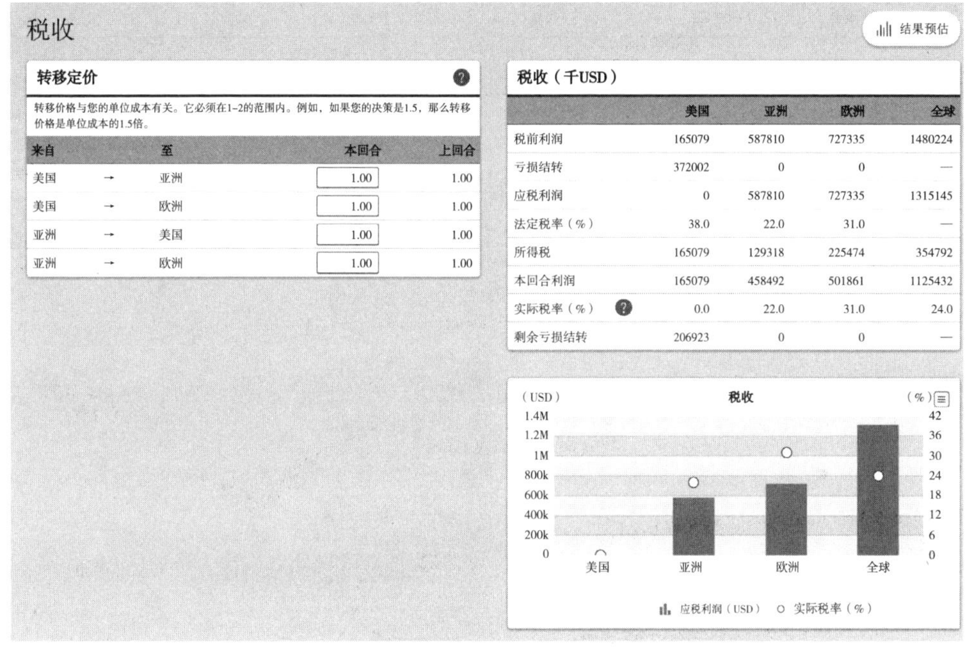


| 来自 | | 至 | 本回合 | 上回合 |
|---|---|---|---|---|
| 美国 | → | 亚洲 | 1.00 | 1.00 |
| 美国 | → | 欧洲 | 1.00 | 1.00 |
| 亚洲 | → | 美国 | 1.00 | 1.00 |
| 亚洲 | → | 欧洲 | 1.00 | 1.00 |

| | 美国 | 亚洲 | 欧洲 | 全球 |
|---|---|---|---|---|
| 税前利润 | 165079 | 587810 | 727335 | 1480224 |
| 亏损结转 | 372002 | 0 | 0 | — |
| 应税利润 | 0 | 587810 | 727335 | 1315145 |
| 法定税率（%） | 38.0 | 22.0 | 31.0 | — |
| 所得税 | 165079 | 129318 | 225474 | 354792 |
| 本回合利润 | 165079 | 458492 | 501861 | 1125432 |
| 实际税率（%） | 0.0 | 22.0 | 31.0 | 24.0 |
| 剩余亏损结转 | 206923 | 0 | 0 | — |

图 6-15　“税收”决策页面内容

（九）财务

财务决策在公司经营决策中具有重要的地位，其能保障企业经营的资源需求以及公司运营健康的现金流。如图 6-16 所示，在财务决策中主要有以下五个方面需要考虑：

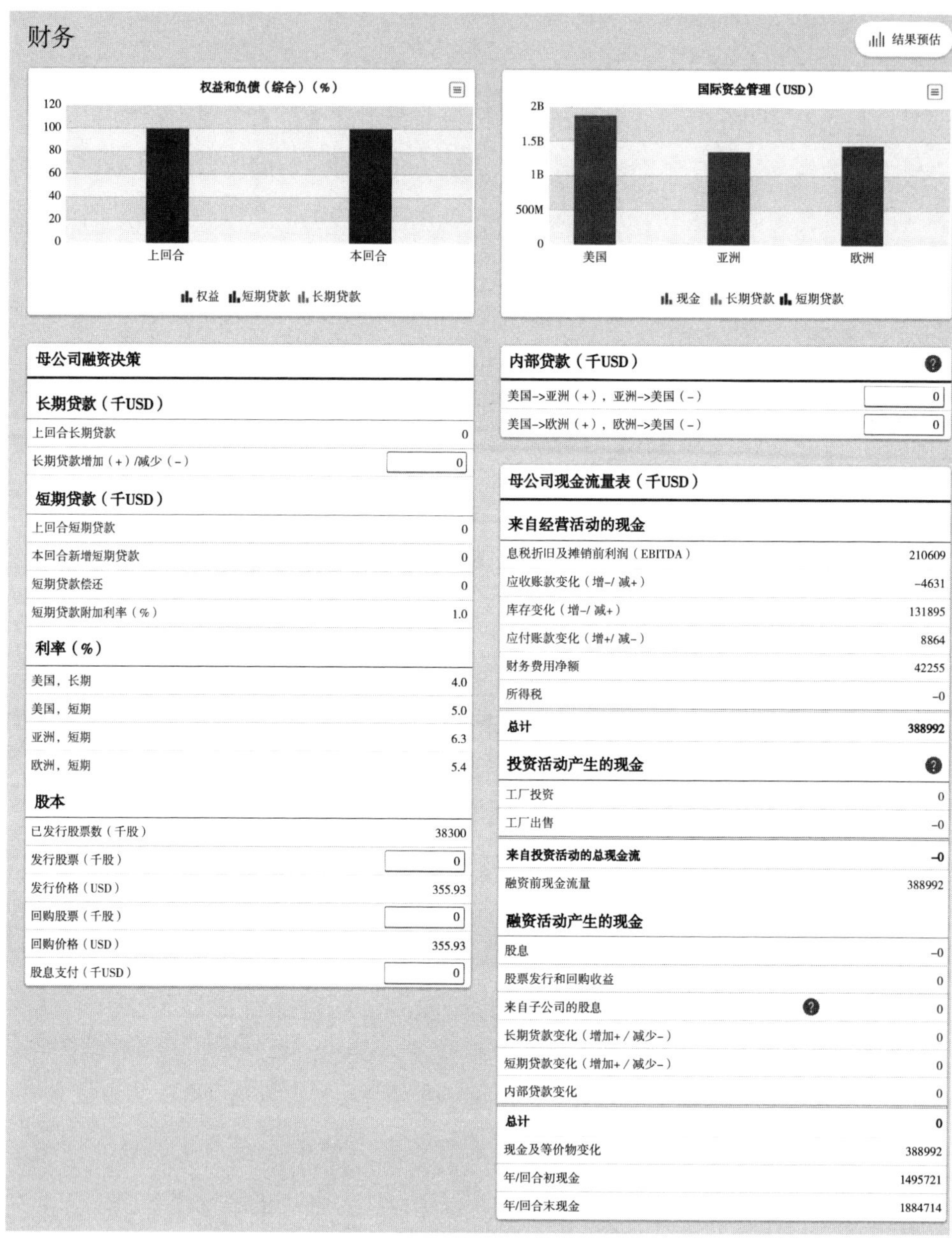

财务

结果预估



| 母公司融资决策 | |
|---|---|
| **长期贷款（千USD）** | |
| 上回合长期贷款 | 0 |
| 长期贷款增加（+）/减少（-） | 0 |
| **短期贷款（千USD）** | |
| 上回合短期贷款 | 0 |
| 本回合新增短期贷款 | 0 |
| 短期贷款偿还 | 0 |
| 短期贷款附加利率（%） | 1.0 |
| **利率（%）** | |
| 美国，长期 | 4.0 |
| 美国，短期 | 5.0 |
| 亚洲，短期 | 6.3 |
| 欧洲，短期 | 5.4 |
| **股本** | |
| 已发行股票数（千股） | 38300 |
| 发行股票（千股） | 0 |
| 发行价格（USD） | 355.93 |
| 回购股票（千股） | 0 |
| 回购价格（USD） | 355.93 |
| 股息支付（千USD） | 0 |

| 内部贷款（千USD） | |
|---|---|
| 美国->亚洲（+），亚洲->美国（-） | 0 |
| 美国->欧洲（+），欧洲->美国（-） | 0 |

| 母公司现金流量表（千USD） | |
|---|---|
| **来自经营活动的现金** | |
| 息税折旧及摊销前利润（EBITDA） | 210609 |
| 应收账款变化（增-/减+） | -4631 |
| 库存变化（增-/减+） | 131895 |
| 应付账款变化（增+/减-） | 8864 |
| 财务费用净额 | 42255 |
| 所得税 | -0 |
| **总计** | **388992** |
| **投资活动产生的现金** | |
| 工厂投资 | 0 |
| 工厂出售 | -0 |
| **来自投资活动的总现金流** | **-0** |
| 融资前现金流量 | 388992 |
| **融资活动产生的现金** | |
| 股息 | -0 |
| 股票发行和回购收益 | 0 |
| 来自子公司的股息 | 0 |
| 长期贷款变化（增加+/减少-） | 0 |
| 短期贷款变化（增加+/减少-） | 0 |
| 内部贷款变化 | 0 |
| **总计** | **0** |
| 现金及等价物变化 | 388992 |
| 年/回合初现金 | 1495721 |
| 年/回合末现金 | 1884714 |

图 6-16 “财务”决策页面内容

1. 融资策略决策

在本模拟系统中，有两种融资途径：间接融资和直接融资。间接融资就是向银行等机构进行贷款，系统设置了长期贷款栏目，公司可以主动规划和操作；在现实经营中的短期贷款在本系统中则不能主动操作，而是在现金流短缺后系统强制公司使用。直接融资就是在资本市场发行股票，需要注意的是，作为上市公司其发行股票需要具备一定条件，即在公司盈利的情况下有留存收益，且发行股票的数量也同时会根据公司的经营状况有所限制。

2. 投资策略决策

在本模拟系统中，有些投资数量较大的决策需要提前做好规划，如技术研发、工厂投建和广告宣传，并且投资决策与融资决策需要配合和匹配，才能保障公司运营的资金需求。

3. 现金流管理

在现实经营中，现金流管理非常重要，因为一旦出现现金流断裂，公司就会面临破产倒闭的可能性。在本模拟系统中，出于学习的目的，不能因为现金流的断裂而中止学生的模拟学习。为此，系统设计了短期贷款的强迫使用政策，虽然模拟公司由此可以避免公司破产倒闭被淘汰的可能，但是预期外出现的短期贷款比长期贷款在资金成本高出许多，因此，模拟经营中需要管理好现金流，避免资金链断裂给公司带来高成本的风险。

4. 股息支付管理

公司还需要考虑是否进行股息支付。股息支付虽然不是必需的，但是如果公司在盈利的情况下，能够给股东一定回报，对公司的累积股东回报率还是有所助益的。

5. 内部贷款

本模拟公司的三家子公司之间可以灵活地进行资金的调配，以实现公司内部的资源协同。

### 三、经营决策结果报表与分析

如何分析经营决策模拟的结果，是验证和进一步提升自身决策能力的关键环节。本模拟决策系统为我们提供了非常全面的公司经营绩效数据，这些数据为公司的科学决策奠定了良好的基础。经营决策模拟取得良好的绩效就是要熟悉这些数据及其用途，然后采用最有效率的方式来分析和利用这些数据以改善和提升企业的经营决策水平。

### （一）财务报表与指标分析

财务报表最基础的是三大报表：损益表、资产负债表和现金流量表。三大报表能够非常清晰地从各个层面反映公司的经营现状与成果。基于三大报表提供的数据，又可以进一步计算各种财务指标，这些指标可以为经营决策提供更深入的分析和指导。

#### 1. 损益表

损益表也称利润表，即反映企业在一定时期内（年度）经营成果（利润或亏损）的报表。如图 6–17 所示，基于损益表可以评价一个企业的经营成果和效率，分析企业过去、现在及未来一定时期的盈利能力与趋势。损益表不仅能让我们直接了解当前是盈利还是亏损，而且能有效地帮助我们分析和理解造成公司目前经营现状的因素，特别是在成本和费用的科目中可以让我们进一步分析企业的经营效率及潜力。

**损益表（千USD）**

| | 外星科技 | 未来科技 | 汉高组 | 八方来财 | 魔幻手机 | 芭比公组 | 爱拼才会赢 | 义乌小商品超市 | 天命吗喽闯天涯 |
|---|---|---|---|---|---|---|---|---|---|
| **销售额** | | | | | | | | | |
| 销售额 | 2512217 | 2310056 | 3993502 | 1953760 | 3988287 | 2523165 | 1288881 | 2556158 | 3298530 |
| **成本和费用** | | | | | | | | | |
| 可变生产成本 ? | 616071 | 245157 | 1319059 | 367023 | 1284114 | 734612 | 338498 | 650556 | 728919 |
| 功能成本 | 458767 | 229707 | 390020 | 98915 | 509264 | 257209 | 177361 | 366106 | 801574 |
| 外包生产成本 ? | 100952 | 390208 | 434680 | 237104 | 76022 | 31218 | 0 | 0 | 415902 |
| 运输和关税 | 137829 | 63263 | 118303 | 54909 | 154150 | 197892 | 59249 | 149382 | 269071 |
| 研发 | 33215 | 106859 | 259053 | 59977 | 157163 | 42153 | 25436 | 45604 | 187503 |
| 广告 | 120000 | 125000 | 94000 | 59000 | 160000 | 92000 | 42000 | 186000 | 171110 |
| 行政管理 Breakdown | 158101 | 151565 | 169322 | 157878 | 206195 | 121939 | 134112 | 168372 | 155362 |
| **成本与费用合计** | **1624935** | **1311759** | **2784437** | **1034805** | **2546908** | **1477022** | **776656** | **1566020** | **2729441** |
| 息税折旧及摊销前利润（EBITDA） | 887282 | 998297 | 1209066 | 918955 | 1441379 | 1046142 | 512225 | 990138 | 569089 |
| 固定资产折旧 | 148285 | 186344 | 246619 | 149161 | 326219 | 68535 | 81063 | 154926 | 201286 |
| 息税前利润（EBIT） | 738997 | 811953 | 962447 | 769794 | 1115160 | 977607 | 431162 | 835212 | 367803 |
| 财务费用净额 | –87878 | 14207 | –29676 | –10293 | –40492 | –15075 | –30234 | 51423 | 21613 |
| 税前利润 | 826875 | 797746 | 992123 | 780087 | 1155651 | 992683 | 461397 | 783789 | 346190 |
| 所得税 ? | 197792 | 203734 | 118883 | 154028 | 269575 | 211743 | 114371 | 128092 | 49154 |
| **本回合利润** | **629084** | **594012** | **873240** | **629059** | **886076** | **780940** | **347026** | **655697** | **297036** |

图 6–17　损益表报告内容

2. 资产负债表

资产负债表是反映企业在某一特定日期（如年末）全部资产、负债和所有者权益情况的会计报表，反映了企业在该特定日期所拥有或控制的总资产，包括股东权益和负债，能静态地反映出目前公司经营整体的资源状况。在经营模拟中，需要时刻关注公司负债表中一些指标的变化，例如固定资产、库存、短期贷款、现金及等价物的指标，这些指标不仅能反映公司资产现状，还可以对未来公司经营决策的改善提供重要信息。资产负债表报告内容如图 6–18 所示。

资产负债表（千USD）

| | 外星科技 | 未来科技 | 汉高组 | 八方来财 | 魔幻手机 | 芭比公组 | 爱拼才会赢 | 义乌小商品超市 | 天命吗嗳闯天涯 |
|---|---|---|---|---|---|---|---|---|---|
| **资产** | | | | | | | | | |
| 固定资产 | 840283 | 1055951 | 1397507 | 845248 | 1848576 | 388364 | 459357 | 877914 | 1140621 |
| 库存 | 677094 | 403163 | 184296 | 384923 | 50896 | 259375 | 383926 | 267271 | 139389 |
| 应收账款 | 96720 | 88937 | 153750 | 75220 | 153549 | 97142 | 49622 | 98412 | 126993 |
| 现金及等价物 | 3736239 | 383673 | 958342 | 996312 | 2464895 | 1464664 | 1366847 | 411684 | 462736 |
| **总资产** | **5350337** | **1931724** | **2693894** | **2301703** | **4517916** | **2209545** | **5350337** | **1655281** | **1869740** |
| **股东权益和负债** | | | | | | | | | |
| **权益** | | | | | | | | | |
| 股本 | 423000 | 278860 | 420000 | 400000 | 440000 | 390000 | 363000 | 274270 | 325900 |
| 资本公积 ? | 2049145 | 0 | 1058489 | 1077903 | 1293328 | 581229 | 332659 | 0 | 877236 |
| 本回合利润 | 629084 | 594012 | 873240 | 626059 | 886076 | 780940 | 347026 | 655697 | 297036 |
| 留存收益 | 2198534 | 191404 | 255076 | 168559 | 1820605 | 410371 | 1185137 | 0 | 284273 |
| **权益合计** | **5299762** | **1064276** | **2606805** | **2272522** | **4440009** | **2162539** | **2227822** | **929967** | **1784445** |
| **负债** | | | | | | | | | |
| 长期贷款 | 0 | 759789 | 0 | 0 | 0 | 0 | 9789 | 679789 | 0 |
| 短期贷款（无计划） | 0 | 71919 | 0 | 0 | 0 | 0 | 0 | 633 | 0 |
| 应付账款 | 50574 | 35741 | 87089 | 29181 | 77907 | 47006 | 22142 | 44893 | 85295 |
| **负债总计** | **50574** | **867448** | **87089** | **29181** | **77907** | **47006** | **31931** | **725314** | **85295** |
| **股东权益和负债总计** | **5350337** | **1931724** | **2693894** | **2301703** | **4517916** | **2209545** | **2259752** | **1655281** | **1869740** |

图 6–18 资产负债表报告内容

3. 现金流量表

现金流量表是反映一定时期内（如年度）企业经营活动、投资活动和筹资活动对其现金及现金等价物所产生影响的财务报表。现金流是企业正常经营的重要保障，一旦现金流断裂，就有可能面临破产倒闭的风险，在本经营模拟中，对各个子公司的现金流也有最低门槛要求，一旦低于该现金流门槛，系统将自动地迫使公司使用资金成本更高的短期贷款。现金流量表报告内容如图 6–19 所示。

**母公司现金流量表（千USD）**

| | 外星科技 | 未来科技 | 汉高组 | 八方来财 | 魔幻手机 | 芭比公组 | 爱拼才会赢 | 义乌小商品超市 | 天命吗喽闯天涯 |
|---|---|---|---|---|---|---|---|---|---|
| **来自经营活动的现金** | | | | | | | | | |
| 息税折旧及摊销前利润（EBITDA） | 104168 | 117694 | 592242 | 263882 | 339722 | 109493 | 33108 | 403146 | 298596 |
| 应收账变化（增-/减+） | 4470 | 3830 | -20284 | 4072 | 5239 | 742 | 1853 | 4295 | 69 |
| 库存变化（增-/减+） | -104323 | -43358 | 26208 | 102942 | 246872 | 234757 | -229036 | 563901 | 285246 |
| 应付账变化（增+/减-） | -6577 | -3192 | 19724 | -2339 | -6491 | 7727 | -3655 | 4323 | 22784 |
| 财务费用净额 | 37838 | -34045 | 13467 | -3174 | 14514 | 4998 | 10897 | -61909 | -48071 |
| 所得税 | -0 | -0 | -0 | -0 | -0 | -0 | | -0 | -0 |
| **总计** | **35576** | **40930** | **631357** | **365383** | **599855** | **357717** | **-186834** | **913756** | **558624** |
| **投资活动产生的现金** | | | | | | | | | |
| 新建工厂（-）/出售工厂（+） | -0 | -90000 | -67500 | 220000 | -32000 | -0 | -0 | 280000 | -0 |
| **融资前现金流量** | **35376** | **-49070** | **563857** | **585383** | **567855** | **357717** | **-186834** | **1193756** | **558624** |
| **融资活动产生的现金** | | | | | | | | | |
| 股息 | -0 | -100000 | -1000000 | -0 | -300000 | -0 | -0 | -1 | -0 |
| 股票发行和回购收益 | 0 | -905659 | -563366 | 0 | 0 | 304204 | 0 | -419607 | 337042 |
| 来自子公司的股息 | 0 | 1187072 | 1347083 | 0 | 325682 | 0 | 0 | 585194 | 0 |
| 长期贷款变化（增加+/减少-） | 0 | 200000 | 0 | 0 | 0 | -624789 | -200000 | -1800000 | -479789 |
| 短期贷款变化（增加+/减少-） | 0 | -82343 | 0 | 0 | 0 | 0 | 0 | 633 | -1593401 |
| 内部贷款变化 | 0 | -250000 | -200000 | 0 | 0 | 0 | 0 | 50000 | 1405000 |
| **总计** | **0** | **49070** | **-416283** | **-188160** | **25682** | **-320585** | **-200000** | **-1583781** | **-331148** |
| **现金及等价物变化** | **35576** | **-0** | **147574** | **397223** | **593537** | **37132** | **-386834** | **-390024** | **227476** |
| 现金1.1. | 1495721 | 2000 | 464875 | 162259 | 283784 | 681168 | 804947 | 392024 | 2000 |
| 现金31.12. | 1531297 | 2000 | 612450 | 559483 | 877321 | 718300 | 418113 | 2000 | 229476 |

图 6-19　现金流量表报告内容

4. 重要财务指标分析

如图 6-20 所示，除了三大基础的财务报表，本系统还给出了一些重要的财务指标，例如累计股东回报率，该指标一般作为本模拟经营决策总体业绩衡量与排名的核心指标，其数值与公司的股价密切相关，可以反映出资本市场对公司价值的总体评估。

**关键财务指标和比率**

| | 外星科技 | 未来科技 | 汉高组 | 八方来财 | 魔幻手机 | 芭比公组 | 爱拼才会赢 | 义乌小商品超市 | 天命吗喽闯天涯 |
|---|---|---|---|---|---|---|---|---|---|
| Cumulative earnings（千USD） | 2667118 | 1541542 | 2175316 | 773618 | 2925681 | 1030310 | 1371162 | 1373109 | 1785959 |
| 公司市值（千USD）） | 14284009 | 8920910 | 13732103 | 8998139 | 17029761 | 9784332 | 6703768 | 10608831 | 11963914 |
| 本回合末已发行股票数（千股） | 38300 | 23886 | 38000 | 36000 | 40000 | 35000 | 32300 | 23427 | 28590 |
| 本回合末每股交易价格（USD） | 372.95 | 373.48 | 361.37 | 249.95 | 425.74 | 279.55 | 207.55 | 452.85 | 418.46 |
| 本回合每股交易均价（USD） | 355.93 | 341.24 | 281.68 | 221.32 | 308.32 | 152.10 | 234.98 | 236.66 | 275.81 |
| 股息收益（%） | 0.00 | 1.12 | 7.28 | 1.11 | 1.76 | 0.00 | 0.00 | 0.00 | 0.00 |
| 市盈率 | 22.71 | 15.02 | 15.73 | 14.37 | 19.22 | 12.53 | 19.32 | 16.18 | 40.28 |
| **累计股东回报率（p.a.）（%）** | **12.32** | **12.55** | **13.33** | **5.36** | **15.25** | **7.05** | **1.86** | **16.01** | **14.49** |

图 6-20　累计股东回报率报告内容

除此之外，系统可以根据课程的需求计算和列示出一系列重要财务指标，如毛利率、销售利润率、权益比率和股东权益回报率等重要指标，这些指标可以及时地反映每个周期中公司的经营状况。相关重要的财务指标如图 6–21 所示。

| | 外星科技 | 未来科技 | 汉高组 | 八方来财 | 魔幻手机 | 芭比公组 | 爱拼才会赢 | 义乌小商品超市 | 天命吗喽闯天涯 |
|---|---|---|---|---|---|---|---|---|---|
| 毛利率（%） | 47.71 | 59.81 | 43.36 | 61.21 | 49.26 | 51.61 | 55.38 | 54.38 | 32.83 |
| 息税折旧及摊销前利润率（EBITDA）（%） | 35.32 | 43.22 | 30.28 | 47.04 | 36.14 | 41.46 | 39.74 | 38.74 | 17.25 |
| 息税前利润率（EBIT）（%） | 29.42 | 35.15 | 24.10 | 39.40 | 27.96 | 38.75 | 33.45 | 32.67 | 11.15 |
| 销售利润率（ROS）（%） | 25.04 | 25.71 | 21.87 | 32.04 | 22.22 | 30.95 | 26.92 | 25.65 | 9.01 |
| 权益比率（%） | 99.05 | 55.09 | 96.77 | 98.73 | 98.28 | 97.87 | 98.59 | 56.18 | 95.44 |
| 净债务与股东权益之比（gearing））（%） | –70.50 | 42.10 | –36.76 | –43.84 | –55.52 | –67.73 | –60.91 | 28.90 | –25.93 |
| 已动用资本回报率（ROCE）（%） | 14.82 | 39.74 | 32.60 | 31.74 | 26.89 | 50.59 | 19.92 | 34.92 | 14.69 |
| 股东权益回报率（ROE）（%） | 12.62 | 46.77 | 29.58 | 29.53 | 21.37 | 48.21 | 16.89 | 80.76 | 20.24 |
| 每股盈利（EPS）（USD） | 16.43 | 24.87 | 22.98 | 17.39 | 22.15 | 22.31 | 10.74 | 27.99 | 10.39 |
| 信用评级 | AAA | A+ | AAA | AAA | AAA | AAA | AAA | A+ | AA+ |

**图 6–21　相关重要的财务指标报告内容**

（二）公司经营决策报告分析

公司的财务报表是经营决策的结果，为什么会获得这样的结果，还需要我们进一步对各个职能或层面的具体经营决策进行分析。本模拟系统的一个很好的学习优势是会将所有竞争对手的经营决策数据呈现出来，供学生深入分析决策效果以及未来的改进策略。

1. 市场报告

在市场报告中，会将所有公司在所有市场的每个产品的销售情况详细列出，包括：全球的市场份额（见图 6–22）、三个市场（美国、亚洲和欧洲）的份额（见图 6–23），以及美国市场所有产品的售价、技术功能数量和实际的销售需求数量（见图 6–24）。

市场报告，全球　　市场1　回合6

全球　美国　亚洲　欧洲

**全球市场份额（%）**

| | 外星科技 | 未来科技 | 汉高组 | 八方来财 | 魔幻手机 | 芭比公组 | 爱拼才会赢 | 义乌小商品超市 | 天命吗喽闯天涯 |
|---|---|---|---|---|---|---|---|---|---|
| 技术1 | 8.40 | 11.53 | 8.23 | 6.54 | 9.15 | 7.92 | 5.93 | 16.21 | 26.09 |
| 技术2 | 17.08 | 12.93 | 2.46 | 8.35 | 15.26 | 1.48 | 7.58 | 15.83 | 19.03 |
| 技术3 | 5.56 | 0.00 | 34.52 | 0.00 | 0.00 | 48.59 | 0.00 | 0.00 | 11.33 |
| 技术4 | 0.00 | 0.00 | 42.56 | 16.29 | 41.15 | 0.00 | 0.00 | 0.00 | 0.00 |
| **总计** | **9.54** | **8.93** | **14.38** | **7.35** | **13.56** | **10.74** | **4.87** | **11.86** | **18.77** |

**图 6–22　全球市场份额**

市场报告，美国

市场1 回合6

全球 美国 亚洲 欧洲

**美国市场份额（%）**

| | 外星科技 | 未来科技 | 汉高组 | 八方来财 | 魔幻手机 | 芭比公组 | 爱拼才会赢 | 义乌小商品超市 | 天命吗喽闯天涯 |
|---|---|---|---|---|---|---|---|---|---|
| 技术1 | 10.55 | 16.30 | 7.97 | 6.11 | 10.98 | 6.32 | 5.42 | 14.55 | 21.80 |
| 技术2 | 22.38 | 19.32 | 0.00 | 12.06 | 13.31 | 0.00 | 6.70 | 26.23 | 0.00 |
| 技术3 | 0.00 | 0.00 | 0.00 | 0.00 | 0.00 | 53.40 | 0.00 | 0.00 | 46.60 |
| 技术4 | 0.00 | 0.00 | 100.00 | 0.00 | 0.00 | 0.00 | 0.00 | 0.00 | 0.00 |
| **总计** | **11.39** | **12.09** | **16.55** | **6.28** | **8.25** | **11.85** | **4.12** | **14.04** | **15.44** |

图 6–23 三个市场的份额（仅显示美国）

**技术概览，美国**

**技术1**

| | 外星科技 | 未来科技 | 汉高组 | 八方来财 | 魔幻手机 | 芭比公组 | 爱拼才会赢 | 义乌小商品超市 | 天命吗喽闯天涯 |
|---|---|---|---|---|---|---|---|---|---|
| 售价（USD） | 290 | 270 | 279 | 288 | 289 | 270 | 290 | 259 | 230 |
| 所提供的功能数量 | 10 | 5 | 9 | 4 | 10 | 6 | 8 | 6 | 8 |
| 销售（千件） | 519 | 802 | 392 | 301 | 540 | 311 | 267 | 716 | 1072 |
| 需求（千件） | 519 | 802 | 392 | 301 | 540 | 311 | 267 | 716 | 1072 |

**技术2**

| | 外星科技 | 未来科技 | 汉高组 | 八方来财 | 魔幻手机 | 芭比公组 | 爱拼才会赢 | 义乌小商品超市 | 天命吗喽闯天涯 |
|---|---|---|---|---|---|---|---|---|---|
| 售价（USD） | 300 | 330 | | 288 | 289 | | 350 | 270 | |
| 所提供的功能数量 | 10 | 5 | | 3 | 10 | | 6 | 6 | |
| 销售（千件） | 1274 | 1100 | | 687 | 758 | | 381 | 1493 | |
| 需求（千件） | 1274 | 1100 | | 687 | 1241 | | 381 | 1493 | |

**技术3**

| | 外星科技 | 未来科技 | 汉高组 | 八方来财 | 魔幻手机 | 芭比公组 | 爱拼才会赢 | 义乌小商品超市 | 天命吗喽闯天涯 |
|---|---|---|---|---|---|---|---|---|---|
| 售价（USD） | | | | | | 265 | | | 255 |
| 所提供的功能数量 | | | | | | 4 | | | 8 |
| 销售（千件） | | | | | | 1554 | | | 1356 |
| 需求（千件） | | | | | | 1554 | | | 3449 |

**技术4**

| | 外星科技 | 未来科技 | 汉高组 | 八方来财 | 魔幻手机 | 芭比公组 | 爱拼才会赢 | 义乌小商品超市 | 天命吗喽闯天涯 |
|---|---|---|---|---|---|---|---|---|---|
| 售价（USD） | | | 339 | | | | | | |
| 所提供的功能数量 | | | 4 | | | | | | |
| 销售（千件） | | | 2212 | | | | | | |
| 需求（千件） | | | 2212 | | | | | | |

图 6–24 美国市场的产品销售情况

2. 人力资源报告

如图 6–25 所示，人力资源报告较为详细地说明了公司人力资源决策的成效，

包括人员规模、人工成本（包括工资、培训费用、招聘和裁员成本等）以及相应的人员效率（包括工作效率乘数、人员自愿流动率和人工日数分配等）。由于研发人员的总成本在公司经营总体成本中占据相当大的比重，所以慎重地规划人力资源的使用是非常重要的任务，需要基于不同发展周期来进行整体规划。

人力资源报告　市场1　回合6

| 人力资源 | 外星科技 | 未来科技 | 汉高组 | 八方来财 | 魔幻手机 | 芭比公组 | 爱拼才会赢 | 义乌小商品超市 | 天命吗喽闯天涯 |
|---|---|---|---|---|---|---|---|---|---|
| 工资/月（USD） | 4500 | 5000 | 4350 | 3000 | 5000 | 4200 | 4100 | 4300 | 4000 |
| 培训预算/月（USD） | 500 | 350 | 415 | 300 | 1000 | 400 | 400 | 300 | 300 |
| 人工日数分配（%） | 100.0 | 100.0 | 100.0 | 0.0 | 100.0 | 100.0 | 21.0 | 99.9 | 100.0 |
| 工作效率乘数 | 1.085 | 1.105 | 1.091 | 1.067 | 1.154 | 1.071 | 1.074 | 1.145 | 0.875 |
| **人员** | | | | | | | | | |
| 研发人员数量，上回合 | 500 | 1100 | 500 | 200 | 1500 | 500 | 400 | 903 | 1896 |
| 辞职 | –14 | –22 | –18 | –24 | –8 | –22 | –26 | –31 | –90 |
| 招聘+ / 裁员– | –136 | 22 | –32 | –158 | 8 | 22 | –74 | –393 | 473 |
| **研发人员数量，本回合** | **350** | **1100** | **450** | **18** | **1500** | **500** | **300** | **479** | **2279** |
| 人员自愿流动率（%） | 2.8 | 2.0 | 3.6 | 12.0 | 0.5 | 4.4 | 6.5 | 3.4 | 4.7 |
| 裁员（%） | 27.2 | 0.0 | 6.4 | 79.0 | 0.0 | 0.0 | 18.5 | 43.5 | 0.0 |
| **总流动率（%）** | **30.0** | **2.0** | **10.0** | **91.0** | **0.5** | **4.4** | **25.0** | **47.0** | **4.7** |
| **培训优先级** | | | | | | | | | |
| 基础培训 | ✓ | ✓ | ✓ | ✓ | ✓ | ✓ | ✓ | ✓ | ⊘ |
| 工作安全 | ✓ | ✓ | ⊘ | ✓ | ✓ | ⊘ | ✓ | ⊘ | ⊘ |
| 人员健康&安全 | ✓ | ✓ | ⊘ | ✓ | ✓ | ⊘ | ✓ | ⊘ | ✓ |
| 反歧视政策 | ✓ | ⊘ | ✓ | ⊘ | ✓ | ✓ | ⊘ | ✓ | ✓ |
| 商业伦理和反腐败 | ✓ | ⊘ | ⊘ | ⊘ | ✓ | ⊘ | ⊘ | ✓ | ✓ |
| **成本明细（千USD）** | | | | | | | | | |
| 裁员成本 | 1665 | 0 | 105 | 2960 | 0 | 0 | 810 | 5218 | 0 |
| 招聘成本 | 0 | 253 | 0 | 0 | 92 | 253 | 0 | 0 | 7071 |
| 薪资和雇用成本 | 27000 | 94286 | 33557 | 926 | 128571 | 36000 | 21086 | 35309 | 156274 |
| 培训成本 | 2100 | 4620 | 2241 | 65 | 18000 | 2400 | 1440 | 1724 | 8204 |
| 其他可变研发成本 | 2450 | 7700 | 3150 | 126 | 10500 | 3500 | 2100 | 3353 | 15953 |
| Labor policies: Golden handshake | 0 | 0 | 0 | 900 | 0 | 0 | 0 | 0 | 0 |
| **成本总计** | **33215** | **106859** | **39053** | **4977** | **157163** | **42153** | **25436** | **45604** | **187503** |
| **每位员工每月支出（USD）** | **7908** | **8095** | **7232** | **23039** | **8731** | **7026** | **7065** | **7934** | **6856** |

图 6–25　人力资源报告内容

3. 生产报告

生产运营在公司经营决策中占据重要地位，因为其占据了公司整体经营成本的主体部分，只有生产经营能够做到科学决策，才能提升公司整体的盈利和竞争能力。通过各个生产报告，我们可以了解到：

（1）目前公司和整个行业的产品生产与供应量。如图 6–26 所示，系统会给出所有公司所有生产基地在不同技术产品上的自主生产量和外包生产量。结合目前市场实际的销售量，我们就能进一步分析目前市场的供需平衡状况，从而为公司之后的决策提供重要的指导。

生产详情

市场1 回合6

概述 生产详情 物流详情

| 自身生产（千件） | 外星科技 | 未来科技 | 汉高组 | 八方来财 | 魔幻手机 | 芭比公组 | 爱拼才会赢 | 义乌小商品超市 | 天命吗喽闯天涯 |
|---|---|---|---|---|---|---|---|---|---|
| **美国** | | | | | | | | | |
| 技术1 | 4076 | 3861 | 3102 | | 1478 | 1980 | 3300 | | 8250 |
| 技术2 | 3075 | | | 1931 | | | 2970 | | |
| 技术3 | | | | | | 4620 | | | |
| 技术4 | | | 2640 | | 4224 | | | | |
| **亚洲** | | | | | | | | | |
| 技术1 | | 1430 | | 2145 | | | 1100 | 2343 | 2750 |
| 技术2 | 770 | | 616 | | 880 | | | | |
| 技术3 | 1430 | | 2464 | | | 550 | | | |
| 技术4 | | | | | | | | | |
| **外包生产（千件）** | | | | | | | | | |
| **美国** | | | | | | | | | |
| 技术1 | | | | | | | | | |
| 技术2 | 1250 | 1821 | | | | | | | 1321 |
| 技术3 | | | | | | 5 | | | |
| 技术4 | | | 1800 | 1000 | | | | | |
| **亚洲** | | | | | | | | | |
| 技术1 | | | | 300 | | | | | |
| 技术2 | | 1793 | | | | | | | 1793 |
| 技术3 | 1182 | | 1669 | | | | | | |
| 技术4 | | | | 700 | | | | | |

**图 6–26　生产报告内容**

（2）未来整个行业的生产能力与市场潜在的供应量。公司不仅要分析市场当前的供需状况，还需要对未来的供需状况进行提前评估与预测。未来市场潜在的产品供应量与两个因素有关，一是现有的库存量，二是未来潜在的生产能力，其中潜在的生产能力与行业现有工厂和将扩建的工厂数量密切相关。这些数据都能通过库存报告（见图 6–27）和潜在产能报告（见图 6–28）进行分析和预测。

| 库存（千件） | | | | | | | | | |
|---|---|---|---|---|---|---|---|---|---|
| **美国** | | | | | | | | | |
| 技术1 | 1556 | 6334 | 1368 | 2319 | 0 | 1149 | 2180 | 1844 | 2730 |
| 技术2 | 2283 | 734 | 540 | 2320 | 0 | 963 | 1619 | 2091 | 0 |
| 技术3 | 0 | 0 | 0 | 0 | 0 | 914 | 1000 | 0 | 0 |
| 技术4 | 0 | 0 | 0 | 0 | 310 | 0 | 0 | 0 | 0 |
| **亚洲** | | | | | | | | | |
| 技术1 | 0 | 0 | 0 | 255 | 0 | 0 | 0 | 0 | 0 |
| 技术2 | 0 | 0 | 325 | 0 | 0 | 0 | 0 | 0 | 0 |
| 技术3 | 1946 | 0 | 0 | 0 | 0 | 0 | 0 | 0 | 0 |
| 技术4 | 0 | 0 | 0 | 0 | 0 | 0 | 0 | 0 | 0 |
| 库存管理成本（千USD） | 4488 | 7732 | 2605 | 5969 | 3069 | 4864 | 3842 | 9412 | 4467 |

图 6-27　库存报告

| 产能使用（%） | | | | | | | | | |
|---|---|---|---|---|---|---|---|---|---|
| **美国** | | | | | | | | | |
| 技术1 | 57.00 | 90.00 | 47.00 | | 21.00 | 30.00 | 50.00 | | 100.00 |
| 技术2 | 43.00 | | | 45.00 | | | 45.00 | | |
| 技术3 | | | | | | 70.00 | | | |
| 技术4 | | | 40.00 | | 60.00 | | | | |
| 闲置产能 | 0.00 | 10.00 | 13.00 | 55.00 | 19.00 | 0.00 | 5.00 | 100.00 | 0.00 |
| **亚洲** | | | | | | | | | |
| 技术1 | | 100.00 | | 100.00 | | | 100.00 | 71.00 | 100.00 |
| 技术2 | 35.00 | | 20.00 | | 20.00 | | | | |
| 技术3 | 65.00 | | 80.00 | | | 100.00 | | | |
| 技术4 | | | | | | | | | |
| 闲置产能 | 0.00 | 0.00 | 0.00 | 0.00 | 80.00 | 0.00 | 0.00 | 29.00 | 0.00 |

| 本回合工厂数量 | | | | | | | | | |
|---|---|---|---|---|---|---|---|---|---|
| 美国 | 13 | 12 | 15 | 12 | 16 | 12 | 12 | 15 | 15 |
| 亚洲 | 4 | 4 | 7 | 6 | 10 | 1 | 2 | 6 | 5 |
| **下回合工厂数量** | | | | | | | | | |
| 美国 | 13 | 12 | 15 | 10 | 16 | 12 | 10 | 13 | 15 |
| 亚洲 | 4 | 4 | 7 | 6 | 10 | 1 | 2 | 4 | 5 |
| **下回合之后的工厂数量** | | | | | | | | | |
| 美国 | 13 | 12 | 15 | 10 | 16 | 12 | 10 | 13 | 15 |
| 亚洲 | 4 | 4 | 7 | 6 | 10 | 1 | 2 | 4 | 5 |

图 6-28　潜在产能报告

4. 生产成本报告

生产成本的管理在公司运营管理中占据非常重要的地位，生产成本分析可以让我们对公司的成本管理有一个科学量化的分析，在各个生产成本报告中会详细地说明产品成本的组成。

首先，我们可以分析每个市场销售产品的平均成本（见图 6–29），这个成本非常重要，不仅会影响公司的毛利率，还会对公司竞争战略的实施产生决定性的影响，特别是实施成本领先战略的公司。其次，公司产品的平均成本又可以进一步分解为生产成本、外包成本（见图 6–30）和关税运费成本（见图 6–31），通过这些细分成本的分析，公司可以知道如何在其经营上进行改进。

每件售出产品的平均成本（USD）

| | 外星科技 | 未来科技 | 汉高组 | 八方来财 | 魔幻手机 | 芭比公组 | 爱拼才会赢 | 义乌小商品超市 | 天命吗喽闯天涯 |
|---|---|---|---|---|---|---|---|---|---|
| **美国** | | | | | | | | | |
| 技术1 | 54.0 | 55.2 | 52.7 | 62.0 | 55.4 | 68.4 | 60.1 | 48.1 | 53.2 |
| 技术2 | 94.8 | 98.1 | | 111.7 | 114.1 | | 107.4 | 92.3 | |
| 技术3 | | | | | | 85.5 | | | 68.8 |
| 技术4 | | | 181.3 | | | | | | |
| **加权平均值** | **82.9** | **80.0** | **161.9** | **96.6** | **89.7** | **82.6** | **87.9** | **78.0** | **61.9** |
| **亚洲** | | | | | | | | | |
| 技术1 | 54.0 | 50.0 | 52.7 | 50.1 | 55.4 | 68.4 | 55.4 | 42.1 | 49.5 |
| 技术2 | 94.2 | 136.9 | | 111.7 | 110.1 | | 107.4 | 92.4 | 113.9 |
| 技术3 | | | 164.6 | | | 86.2 | | | |
| 技术4 | | | | | | | | | |
| **加权平均值** | **70.6** | **77.8** | **120.0** | **69.6** | **77.8** | **79.8** | **76.1** | **55.4** | **73.4** |
| **欧洲** | | | | | | | | | |
| 技术1 | | 55.2 | | | | 68.4 | 60.1 | 48.1 | 53.2 |
| 技术2 | 94.8 | 118.2 | 161.4 | 111.7 | 110.1 | 120.9 | 107.4 | 92.3 | |
| 技术3 | 196.6 | | | | | | | | |
| 技术4 | | | 181.3 | 123.1 | 171.8 | | | | |
| **加权平均值** | **132.1** | **89.7** | **176.9** | **120.9** | **159.6** | **96.9** | **85.9** | **73.5** | **53.2** |

图 6–29　产品平均成本报告

单件产品生产成本（USD）

| | 外星科技 | 未来科技 | 汉高组 | 八方来财 | 魔幻手机 | 芭比公组 | 爱拼才会赢 | 义乌小商品超市 | 天命吗喽闯天涯 |
|---|---|---|---|---|---|---|---|---|---|
| **美国** | | | | | | | | | |
| 技术1 | 53.5 | 49.8 | 47.2 | | 53.7 | 63.4 | 59.9 | | 51.1 |
| 技术2 | 89.5 | | | 94.3 | | | 104.8 | | |
| 技术3 | | | | | | 76.8 | | | |
| 技术4 | | | 213.9 | | 164.1 | | | | |
| **亚洲** | | | | | | | | | |
| 技术1 | | 44.4 | | 42.7 | | | 53.3 | 35.5 | 42.1 |
| 技术2 | 93.4 | | 175.7 | | 101.2 | | | | |
| 技术3 | 278.6 | | 215.4 | | | 91.2 | | | |
| 技术4 | | | | | | | | | |
| **单件外包产品成本（USD）** | | | | | | | | | |
| **美国** | | | | | | | | | |
| 技术1 | | | | | | | | | |
| 技术2 | 100.2 | 97.5 | | | | | | | 85.0 |
| 技术3 | | | | | | 115.6 | | | |
| 技术4 | | | 133.4 | 123.5 | | | | | |
| **亚洲** | | | | | | | | | |
| 技术1 | | | | 103.6 | | | | | |
| 技术2 | | 136.9 | | | | | | | 117.3 |
| 技术3 | 97.4 | | 89.8 | | | | | | |
| 技术4 | | | | 122.5 | | | | | |

图 6-30 产品生产成本与外包成本

每件售出产品的含关税运费（USD）

| | 外星科技 | 未来科技 | 汉高组 | 八方来财 | 魔幻手机 | 芭比公组 | 爱拼才会赢 | 义乌小商品超市 | 天命吗喽闯天涯 |
|---|---|---|---|---|---|---|---|---|---|
| **美国** | | | | | | | | | |
| 技术1 | 0.0 | 0.0 | 0.0 | 0.0 | 0.0 | 0.0 | 0.0 | 0.0 | 0.0 |
| 技术2 | 0.0 | 0.0 | | 0.0 | 0.0 | | 0.0 | 0.0 | |
| 技术3 | | | | | | 0.0 | | | 0.0 |
| 技术4 | | | 0.0 | | | | | | |
| **亚洲** | | | | | | | | | |
| 技术1 | 31.0 | 16.0 | 31.0 | 0.0 | 31.0 | 31.0 | 9.7 | 16.2 | 20.5 |
| 技术2 | 18.4 | 0.0 | | 31.0 | 0.0 | | 31.0 | 30.3 | 19.4 |
| 技术3 | | | 0.0 | | | 27.0 | | | |
| 技术4 | | | | | | | | | |
| **欧洲** | | | | | | | | | |
| 技术1 | | 12.6 | | | | 12.6 | 12.6 | 12.6 | 12.6 |
| 技术2 | 12.6 | 10.4 | 8.3 | 12.6 | 8.3 | 12.6 | 12.6 | 12.6 | |
| 技术3 | 8.3 | | | | | | | | |
| 技术4 | | | 12.6 | 10.8 | 12.6 | | | | |

图 6-31 产品关税运费成本

### 5. 可持续发展报告

ESG管理是一把“双刃剑”，一方面，ESG的投入会增大公司的投入成本，例如员工薪酬与培训提升、作业流程改善、环境保护、劳动政策等方面都需要公司做相应的投入；另一方面，ESG的改善不仅可以增强公司内部的核心竞争力，还可以提升公司外部的社会公众形象从而带来品牌效应，有助于公司市场的开拓与地位的提升。因此，作为一家追求持续发展的大型跨国公司，应该把ESG的管理放到一个长期战略的地位来思考，通过科学的方法来统筹规划其发展。ESG报告如图6–32所示。

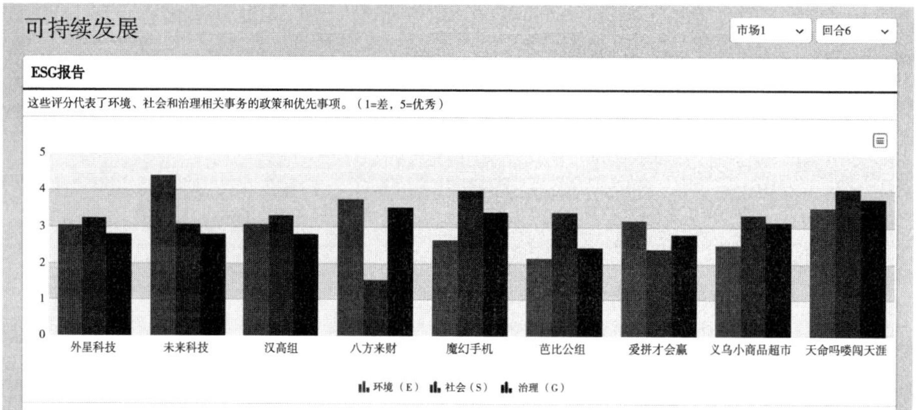

可持续发展

市场1　回合6

**ESG报告**

这些评分代表了环境、社会和治理相关事务的政策和优先事项。（1=差，5=优秀）



**需求影响**

这些百分比的意思是，相对于其他竞争团队，您的决策对需求的影响。

**环境（E）**

| | 外星科技 | 未来科技 | 汉高组 | 八方来财 | 魔幻手机 | 芭比公组 | 爱拼才会赢 | 义乌小商品超市 | 天命吗喽闯天涯 |
|---|---|---|---|---|---|---|---|---|---|
| 来自已售产品的环境影响 | +1.4% | +3.7% | −2.7% | +3.6% | −3.3% | −3% | +4.8% | +1.4% | +1.4% |
| 运营效率 | +0.5% | +4.9% | +0.3% | +1.5% | −1.8% | −6.3% | −2.2% | +0.5% | +0.5% |
| 可再生能源利用 | −6.3% | +5.9% | −10.8% | +5.9% | −3.7% | −2.7% | +5.9% | −6.3% | −6.3% |
| 产品可回收性 | +4.2% | +6.1% | +0.4% | −3.3% | +0.4% | +0.4% | +0.4% | +4.2% | +4.2% |
| 流程改进 | −0.4% | +8% | +8.8% | +5.7% | +0.3% | −9% | −9% | −0.4% | −0.4% |
| **最终得分** | **3.06** | **4.41** | **3.07** | **3.76** | **2.66** | **2.15** | **3.18** | **3.06** | **3.06** |

**社会（S）**

| | 外星科技 | 未来科技 | 汉高组 | 八方来财 | 魔幻手机 | 芭比公组 | 爱拼才会赢 | 义乌小商品超市 | 天命吗喽闯天涯 |
|---|---|---|---|---|---|---|---|---|---|
| 员工薪酬 | +0.3% | +0.3% | +0.3% | −1.2% | +0.3% | +0.1% | +0% | +0.1% | −0.2% |
| 员工流动率 | −0.5% | +2.4% | +1.4% | −7.3% | +2.6% | +1.9% | −0.1% | −2.1% | +1.8% |
| 培训优先级的公众形象 | +1.3% | −4.1% | −0.4% | −4.1% | +1.3% | −0.4% | −4.1% | +3.5% | +6.9% |
| **最终得分** | **3.25** | **3.08** | **3.32** | **1.55** | **4.01** | **3.42** | **2.41** | **3.34** | **4.05** |

**治理（G）**

| | 外星科技 | 未来科技 | 汉高组 | 八方来财 | 魔幻手机 | 芭比公组 | 爱拼才会赢 | 义乌小商品超市 | 天命吗喽闯天涯 |
|---|---|---|---|---|---|---|---|---|---|
| 劳动政策 | −1.8% | −1.8% | −1.8% | +2.8% | +1.8% | −1.8% | −1.8% | +0.5% | +4.2% |
| 数据采集 | +0.3% | +0.3% | +0.3% | +0.3% | +0.3% | +0.3% | +0.3% | +0.3% | +0.3% |
| **最终得分** | **2.80** | **2.80** | **2.80** | **3.55** | **3.41** | **2.80** | **2.80** | **3.13** | **3.78** |

图6–32　ESG报告内容

# 第 2 节　主要经营决策问题分析

## 一、战略管理决策问题与分析

### （一）战略管理决策解决的核心问题

战略管理作为公司经营中的核心决策，是最具挑战性的任务。在本模拟决策系统中，我们希望将战略决策作为贯穿模拟整个过程最重要的问题，引导学生逐步进入战略思考与实践，这个引导过程需要让学生在模拟的不同阶段逐步对战略管理的核心问题进行思考，并能体现在其实际的模拟决策中。

如图 6–33 所示，如果我们将公司看成一个等级型组织，那么需要解决三个层次的战略问题：第一个层次是发展战略（总公司战略），是总公司层面要决策做什么的问题，即公司将进入什么行业和市场，以及提供什么样的产品或服务？第二个层次是竞争战略，是在该行业和市场中我们如何做，即在该市场中如何获得竞争优势以获得更好的生存与发展机遇？第三个层次是职能战略，是解决如何实施策略与方法，即各个职能部门需要如何来配合发展战略和竞争战略？三个层面的问题在本模拟决策中有如下内容：

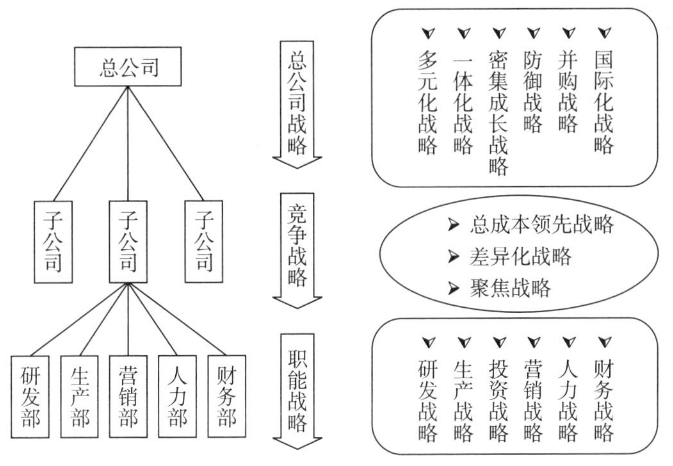


图 6–33　战略管理的三个层次与内容

**问题一：企业应该做什么？**

总公司决策者首先需要考虑的就是要进入哪些行业和市场，以及在该行业中提供什么样的产品和服务？这个问题将直接关系到公司未来的发展方向和资源配置决策。在本模拟中我们有四款技术产品，由于在模拟中四款技术产品不存在兼容性，即四款产品在技术和市场上的相互影响力可以相对忽视，因此可以近似看成四个细分行业。同时，每款产品都可以面对三个市场，分别是美国、欧洲和亚洲。因此，作为决策者，如何进行战略规划将会决定公司未来的发展前景以及资源的配置方式。

需要注意的是，公司的战略规划是一个动态过程，因为随着外部环境的变化，行业和市场环境也随之发生变化，公司的战略要具有一定的动态适应性，公司如何进行战略调整也将影响到公司经营的稳定性，从而影响到业绩和市值，战略规划的调整也是模拟决策中非常关键的战略决策问题。

总公司战略规划决定了公司未来的大方向，需要提前预判和布局，同时又能密切关注环境调整，做好了就能让公司的经营踏上正确的方向，步入良性循环，获得良好的经营业绩，否则可能让公司的经营举步维艰，无法实现预期的业绩。

**问题二：企业应该如何做？**

在总公司的发展战略规划之下，每个子公司就需要进一步考虑如何做的问题，即在子公司所在的市场应如何参与市场竞争，能够在市场中生存并获得竞争优势和市场地位。在第 2 章中我们介绍了迈克尔·波特的一般竞争战略，这个战略思维可以帮助我们初步确立各个子公司的竞争定位。同时我们要清楚，波特的一般竞争战略给了我们制定竞争战略的思路，但绝非生搬硬套，而是要用好其竞争战略思维的底层逻辑。因此，在经营模拟中，我们还需要不断思考在不同的市场如何才能将波特的一般竞争战略进行恰当的应用，或者说，在模拟中我们不是在做一道简单的选择题，而是在做一道应用思考题。

波特的一般竞争战略主要有总成本领先战略、差异化战略和聚焦战略。对于概念和内涵我们都可以从教材中获得一定程度的理解，在经营模拟中，如何通过体验式学习来深化这些战略认知与应用是本经营模拟学习的关键。为此，我们在评估每种竞争战略的可行性与成效时就需要尽量做到客观性、全面性和动态性，决策者在采取了相应的竞争战略后，需要深入分析公司如何实施该竞争战略以获取竞争优势，同时需要经常评估该战略从短期和长期来看，分别取得了什么样的成效，是否真实应对了市场的需求，获得了预期的竞争效果？

**问题三：企业战略的具体实施措施？**

细节决定成败，任何成功的战略都需要靠公司上下的具体措施实施到位，如果没有有力的战略执行，最终都会导致战略成为“水中月、镜中花”，仅仅是个美好的想法。战略的实施会涉及公司的大多数职能部门，各个职能部门要紧紧围绕公司制定战略。从本经营决策模拟的设计来看，基本涉及一般制造型企业的常规部门，包括研发、生产、营销、人力资源、库存与物流、投资、财务等诸多职能部门的决策。这些部门的决策是否能正确和有效的一个评估标准就是其是否在贯彻和强化公司的竞争战略和优势。

（二）战略决策的分析方法与工具

1. 行业发展与市场需求趋势分析

战略决策分析的第一个关键是要对行业发展与市场需求的未来发展趋势有一个较好的把握，决策者需要做的就是对公司发展的整体外部环境做出判断，理解和把握各个方面的环境因素对整个行业与市场需求会造成多大的影响。

科学的战略决策应避免模糊和凭感觉，需要运用相关数据来支撑和保障做出决策的正确性和有效性，但同时企业所面临的外部环境又是模糊和不确定的，为解决这一决策困境，我们就需要用到相关的分析方法和工具。相关战略分析工具就是帮助决策者在面对复杂动态的环境下，能够不遗漏掉重要的影响因素，并尽可能地通过量化的手段来帮助决策者克服模糊判断和凭直觉做决策。本书第 2 章中介绍的 PEST 和五力模型可以帮助决策者厘清思路，决策者应深入理解和学会应用好这些决策工具。

2. 把握公司发展的战略机遇

战略决策分析的第二个关键是要把握公司发展的战略机遇，外部环境充满着各种机会，也潜藏着各个挑战与威胁，决策者需要做出判断，哪些威胁是公司应尽力避开的；同时，决策者在机遇面前更需要做出慎重判断，即在各种战略机会面前应如何做出取舍，很多机会看似有前景且非常诱人，但在有限的资源面前，公司应该抓住最适合自己的战略机遇。本书第 2 章中介绍的 SWOT 和波士顿矩阵分析可以帮助决策者厘清思路，决策者应深入理解并应用好这些决策工具。

## 二、市场营销决策问题与分析

（一）市场营销决策解决的核心问题

经营模拟中市场营销的决策具有立竿见影的经营反馈效果，因为其面对市场和消费者，如果决策错误，就会立即得到市场的反馈。对市场营销决策的思考短期内将会直接反映到公司销售业绩与市场份额的增长上。

**问题一：如何预判市场需求的变化趋势？**

市场需求预测是市场研究中最重要的一部分，会对公司其他的许多决策造成影响。市场需求预测的问题可以进一步分解为：

（1）未来一段时间市场的潜在需求量是多少？每一个年度公司都需要对人、财、物等资源做出配置以应对市场需求的变化，如果公司对未来时期的需求不能做出准确判断，就很有可能在资源配置上做出错误决策，从而造成相应的损失。

（2）不同市场的潜在需求具有怎样的定性和定量特征？由于公司经营需要面对不同的消费市场，不同消费市场有可能具有不同的消费特征，公司只有准确地分析这些消费特征，才有可能优化资源推出适销对路的产品和服务，否则就可能带来资源的错配与浪费。

（3）总体市场的供需关系将呈现怎样的变化？除了考虑需求一端，还要考虑市场总体的供给情况，如果供给大于需求，也有可能带来激烈的市场竞争，从而出现产品过剩和滞销的状况。

（4）每个细分市场的供需关系将呈现怎样的变化？除了判断总体市场供求关系，营销决策还需要对每个细分市场的供需状况做出判断，然后针对每个细分市场的供需变化制定更有效的营销策略。

**问题二：影响市场需求变化的外部因素有哪些？**

市场需求的变化是复杂的，其会受到许多外部因素的影响，公司决策者需要对这些因素长久地进行关注与分析，并将这些因素之间的关系及其对市场需求影响的机制进行深入思考，从而为公司营销决策做出重要的参考依据。具体来说，可能有以下重要问题：

（1）经济因素会如何影响市场需求变化？一个市场或区域的整体经济状况的变化趋势将对市场需求产生持久影响，例如一个新兴的国家或区域如果处于经济增长的周期，其市场需求的增长将会获得持续增长。决策者需要对各个市场的一些重要经济因素进行关注，理解其对市场需求带来的潜在影响，如消费信贷政策、居民的可支配收入等因素的变化。

（2）技术因素会如何影响市场需求变化？技术创新也是一个影响市场需求的重要因素，重大的产品创新可以激发消费者的消费欲望，同时持续的工艺创新可以提高产品质量和降低产品成本，同样可以有效地带来整体市场需求的增长。

（3）基础设施建设会如何影响市场需求的变化？一些市场消费需要有配套的基础设施建设，例如，汽车的消费增长必须建设发达的城市道路和高速公路，手机的消费增长必须建设覆盖区域广泛的基础通信设施，等等。决策者必须考虑这些基础设施建设的进度将如何促进相关消费市场的增长。

（4）市场竞争者的数量如何影响市场需求的变化？竞争者的进入通常是因为大家看好整个市场的增长前景，同时，大量竞争者的进入本身也会对整体的市场需求带来促进效应，因为有更多的公司来开发各个细分市场，给不同的消费群体带来更多的宣传与教育，从而促进整体市场需求的不断增长。

（5）产品生命周期的变化如何影响市场需求的变化？产品本身往往会呈现一种生命周期，产品生命周期会受到前面的技术因素影响，但它不等同于技术生命周期，产品生命周期整体的特征是随着时间的变化，会经历萌芽、成长、成熟和衰退的一个周期性变化，当然，每个产品的生命周期变化曲线会呈现不同的形态。

**问题三：公司该如何制定自己的营销策略？**

在对市场需求及其变化趋势进行判断的基础上，最终公司需要做出相应的市场营销策略，营销策略的有效性将决定其最终是否能够更好地满足该市场需求。根据传统的 4Ps 营销策略，公司需要在产品、价格、渠道和促销四个方面做出相应的分析和判断。

（1）各个市场需要何种技术和功能的产品？不同市场对不同技术和功能的产品具有自己的偏好性，简单的决策思维是认为只需要提供最新技术和最强功能的产品就能赢得市场，但现实商业案例已经给我们展现了很多令人深思的失败案例。用简单的话来概括此类失败的经验就是，不需要最高端的产品，只需要适销对路的产品。决策者应该深入思考一个问题，即公司投入研发费用开发相应的技术和功能最终能带来怎样的消费需求增长，只有能真正带来有效市场增长的研发才是有效的产品研发，否则就是一种研发浪费。因此，产品研发者在思考技术研发决策的时候必须对消费者的需求特征进行深度的观察、分析和判断。

（2）各个市场的产品定价怎样才是合理的？产品定价需要考虑的核心因素有两个：一是产品成本，二是市场竞争。到底应该将哪个因素作为定价的锚？这可能是决策者首先所面对和纠结的一个决策问题。这个问题很难用一个明确的答案来回答，其首先需要决策者对公司的决策目标进行思考和规划。当决策者以产品成本作为定价的主要依据时，决策者主要在思考什么问题，其有怎样的目标？当以市场竞争作为定价的主要依据时，其又在思考什么问题和目标？无论以哪个作为定价的依据，我们都要思考这种定价模式的有效性，即其是否可以达成我们的经营目标，解决企业所面临的经营问题，以及我们如何对产品价格做出相应的调整。

（3）各个市场渠道的物流优先级如何决定？产品生产出来后需要销售到不同的市场，如果所生产的产品数量无法同时满足所有市场需求的情况，就需要思考一个重要决策问题：公司应该先满足哪些市场的需求，即各个市场的销售优先级（即物流优先级）该如何决策？该决策问题可能会存在不同的决策思考侧重点，如果思考侧重点是产品成本，则会倾向于有成本优势导向的“本地生产优先本地销售”的优先级决策；如果思考侧重点是销售利润，则会倾向于“高利润市场优先满足销售”的优先级决策；如果思考侧重于市场竞争，则会倾向于“关键竞争市场优先满足销售”的优先级决策。同时，如果决策者还需要考虑其他一些重要因素，如公司成长的可持续性，那么在销售优先级或物流优先级的决策上，决策者就需要进行更长远和动态的决策思考。

（4）各个市场该如何进行促销？对于大众消费品来说，广告促销是非常重要的营销策略，不但需要花费大量的广告投入，而且营销效果具有较大的不确定性。对于决策者来说，首先需要思考广告促销策略的制定需要衡量哪些因素。从广告的受众来看，决策者需要观察各个市场的消费者对广告会如何做出反应，换句话说，广告的销售促进作用越有效，决策者投入的意愿就会更大，否则对于对市场效果不佳的广告投入，决策者应该进行谨慎的评估。从市场的竞争需求看，决策者还需要考虑整个行业的广告投入水平，来决定自己的公司应该采取何种广告促销策略。决策还需要思考，广告带来的品牌效应不是一蹴而就的，而是需要有一个长期的规划，即不仅考虑广告的当期效应，同时需要考虑广告的累积效应。

（5）如何优化公司的营销组合策略？在拳击赛场上，优秀的拳击手善于运用组合拳，因为组合拳的进攻让对手最难以防范且能形成最有效的打击。在市场竞争上也是如此，决策者需要清楚，公司如果仅仅依靠单一的某个策略，往往容易被对手察觉和模仿，甚至遭到有针对性的阻击。如果公司采取一个有竞争力的营销组合策略，对手也许一时难以辨识出来，但如果该营销组合策略又能够根据市场的变化适时调整优化，则该营销策略将给公司带来满意的经营效果。

（二）市场营销决策的分析方法与工具

1. 广泛收集各种资料与数据

进行预测必须有充分的市场信息资料，因此，在选择、确定市场预测目标以后，首要工作就是广泛系统地收集各方面与本次预测对象有关的数据和资料。收集资料是市场预测工作的重要环节。按照市场预测的要求，凡是影响市场供求发展的资料都应尽可能地收集。资料收集得越广泛、越全面，预测的准确性程度就越能相应提高。

收集的市场资料可分为历史资料和现实资料两类。历史资料包括往年的市场信息数据、竞争对手的经营数据等。现实资料包括目前的经济和市场发展动态，以及生产、消费者需求，竞争者营销策略等。对于收集到的资料，要进行归纳、分类、整理，最好能用一些分析工具进行保存，如 Excel 表格。在这个过程中，要注意标明市场异常数据，并结合预测进程，不断补充新的资料。

2. 选择恰当的预测方法

收集完资料后，要对这些资料进行分析、判断。常用的方法是首先将资料列出表格，制成图形，以便直观地进行对比分析，观察市场活动规律。分析判断的内容还包括寻找影响因素与市场预测对象之间的相互关系，分析预测市场供求关系，分析判断当前的消费需求及其变化，以及消费心理的变化趋势等。

在分析判断的过程中，要考虑采用何种预测方法进行正式预测。市场预测有很多方法，选用哪种方法要根据预测的目的和掌握的资料来决定。各种预测方法有不同的特点，适用于不同的市场情况。一般而言，掌握的资料少、时间紧，预测的准确程度要求低，可选用定性预测方法；掌握的资料丰富、时间充裕，可选用定量预测方法。在预测过程中，应尽可能地选用几种不同的预测方法，以便互相比较，验证其结果。

3. 建立模型，进行计算

市场预测是运用定性分析和定量测算的方法进行的市场研究活动，在预测过程中，这两方面不可偏废。

一些定性预测方法，经过简单的运算，可以直接得到预测结果。定量预测方法要应用数学模型进行演算、预测。预测中要建立数学模型，即用数学方程式构成市场经济变量之间的函数关系，抽象地描述经济活动中各种经济过程、经济现象的相互联系，然后输入已掌握的信息资料，运用数学求解的方法，得出初步的预测结果。

## 三、生产运作决策问题与分析

### （一）生产运作决策解决的核心问题

生产运作阶段是最容易被轻视甚至被忽视的决策领域，但是生产运作对公司战略的执行非常重要。在现实中，一家制造企业的战略规划不论如何高瞻远瞩，如果没有富有效率的生产运作体系来做支撑和保障，其战略也只能成为空中楼阁。在模拟中，如何对生产运作管理问题进行深入思考和分析，并谨慎地做出决策和执行，在很大程度上决定了公司战略意图是否最终能实现。

**问题一：公司如何进行生产能力的布局？**

随着跨国公司全球业务的拓展，将需要基于全球不同市场需求与价值链优势来布局生产能力。生产能力的全球布局是非常重要的战略投资行为，其不仅投资大、回收期长，而且要面临多种不确定性因素。该跨国公司在不同国家的战略投资行为需要思考分析以下问题：

（1）东道国未来市场需求的增长潜力如何？东道国市场需求良好的增长前景是吸引跨国公司到海外投资建厂的重要原因之一，准确地判断该增长趋势将决定战略投资行为的成败。决策者要结合考虑影响市场需求的多种因素，来进行综合判断，这需要考验决策者的全球战略视野与规划能力。

（2）投资成本与运营成本是否具有经济性？市场需求具备增长前景并不能确保海外投资的经济效益，海外投资不仅投资成本高，同时还具有许多不确定性。因此，决策者要综合考虑各种投资与运营成本，能够定量地分析投资回报的经济性，如果仅仅依靠直觉来判断投资的经济可行性，不仅会蕴藏很大的经济损失风险，同时也是一种非理性的投资行为。

（3）生产能力扩张的节奏该如何把握？一些战略性市场往往是一个持续的增长过程，科学合理的生产投资规划应该能够配合该增长速度。决策者应该清楚市场需求的增长通常会呈现一种曲线形态，且具有难以预测性，但生产能力的扩建并不是一种非平滑曲线形态，如何面对不可预料的市场增长来合理地扩建生产能力，也将考验决策者的规划能力。

**问题二：公司如何合理运用外包策略？**

随着经济的全球化，生产外包越来越多地被跨国公司所采用，合理的生产外包可以让跨国公司利用全球价值链的成本优势，提升公司战略的灵活性。在具体运用生产外包策略时，决策者需要思考一些重要问题：

（1）如何权衡自主生产与生产外包的利弊？自主生产与生产外包各具利弊，特别是从不同的时间周期上来考察，两者会给公司带来不同的优势，公司如何明智地分析与权衡这些利弊，然后做出合理的取舍，这需要决策者站在公司整体的竞争战略层面来进行深度思考。

（2）自主生产与生产外包能否形成优势互补？如果两者具有各自的优势，那么公司该如何来合理利用两者的优势，它们在何种情况下能实现优势互补？在本模拟系统中，生产外包在总体的量上具有一定的限制，其满足公司市场需求的比例是有限的，看上去并不像现实商业世界中所具有的大量成本吸引力，但决策者应该思考如何有效地利用有限的外包生产量来实现公司生产成本的有效降低。

**问题三：如何合理分配产品物流优先级？**

在本模拟系统中，在美国、亚洲和欧洲三个市场中，初期只有美国市场拥有生产能力，亚洲和欧洲均需要从美国进口产品；之后亚洲可以投资建厂，但欧洲一直不能投资建厂，在亚洲投资建厂的情况下，决策者还需要考虑欧洲从美国和亚洲哪个市场优先进口产品。因为三个区域市场之间在市场需求、物流成本和关税成本上均存在差异性，所以产品物流优先级的决策在很大程度上将会影响公司的总销售量和总利润。决策者在何种情况下需要考虑物流优先级，以及该如何分析和决策物流优先级？

**问题四：公司的库存管理需要考虑哪些因素？**

对于制造业公司来说，库存管理具有多方面的影响作用。在本模拟系统中，一方面，库存可以及时地满足增长的市场需求，另一方面，库存成本又是公司总成本中不可忽视的一部分。因此，在库存管理中需要考虑以下问题：

（1）为何会出现库存，特别是出现大量库存的原因何在？库存的出现往往会超出决策者的预期，且该问题看上去并不能轻易解决，这些预期之外出现的库存在某种程度上会如何引起决策者的思考，令其反思在哪些地方出现了决策误判。如果决策者只是简单地将库存出现的后果归结到库存成本的增高，那么有可能会忽视该信息带来的经营决策价值。

（2）公司应如何合理管理库存？对于制造业公司来说，库存是一个非常正常的现象，库存对于公司的经营来说有利有弊，决策者需要全面地分析其存在的利弊，以便更合理地管理公司的库存。

（二）生产运作决策的分析方法与工具

科学地确定一个项目规模的方法有很多，这里主要介绍盈亏平衡分析法和平均年成本法。

1. 盈亏平衡分析法

盈亏平衡分析法是通过研究项目的产量、成本和收入的相互关系，寻找项目的盈亏平衡点，所以该方法又被称为量本利分析法。它是研究生产、经营一种产品达到不盈不亏时的产量或收入的决策问题。这个不盈不亏的平衡点称为盈亏平衡点。显然，当生产量（或销售量）低于这个产量时，则发生亏损；当超过这个产量（销量）时，则获得盈利。如图 6–34 所示，随着产量的增加，总成本与销售额随着增加，当到达平衡点 *A* 时，总成本等于销售额即成本等于收入，此时不盈利也不亏损，此点对应的产量 *Q* 即为平衡点产量，销售额 *R* 即为平衡点销售额。同时，以 *A* 点为界线点，形成亏损和盈利两个区域。此模型中的总成本是由固定成本和可变成本构成的。按照是以平衡点产量 *Q* 还是以平衡点销售额 *R* 作为分析依据，可将盈亏平衡分析法划分为盈亏平衡点产量（销量）法和盈亏平衡点销售额法。

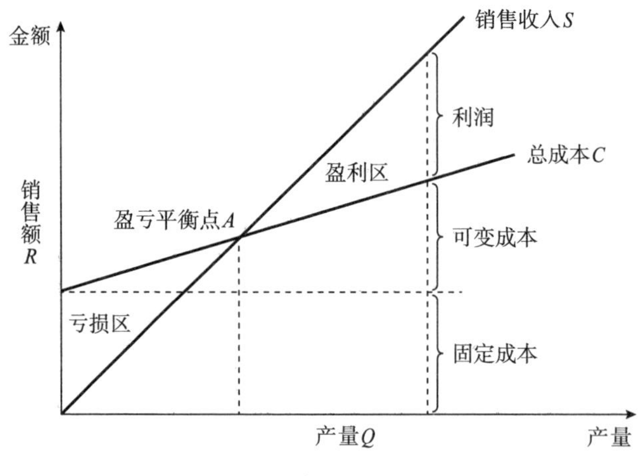


**图 6–34　盈亏平衡分析**

2. 平均年成本法

平均年成本法是进行固定资产更新决策时常用的一种方法。该方法是在所用的固定资产不会有独立的现金流入，即没有独立的产出时，并且新旧固定资产的使用年限不同时，比较继续使用旧固定资产和使用新固定资产的平均年成本，选择平均年成本较低者作为行动方案。其中平均年成本的计算公式为：

$$平均年成本=\frac{固定资产购价或变现价值-固定资产净残值\times(P/F, i, 可使用年限)}{(P/A,\ i,\ 可使用年限)}$$

其中：$i$ 为企业要求的收益率。

这里固定资产的平均年成本是指使用该项资产引起的现金流出的年平均值，它等于资产使用寿命期内的现金流出总现值与年金现值系数的比值。按照该方法，在所有备选方案中选择使年平均成本最低的方案，从而使企业的现金流出最小。

## 四、技术研发决策问题与分析

### （一）技术研发决策解决的核心问题

技术研发是企业开发新产品和增强现有产品竞争力的核心职能，因此对企业的可持续发展具有重要意义。同时，在科技领域技术研发的费用也是较为高昂的，如果投资决策发生失误，也将给企业带来不可估量的损失。在本模拟系统中，企业可以通过自主研发和技术外购来实现技术创新的目标，两种技术创新方式具有不同的特征，决策者需要权衡两者的利弊，综合运用两种方式来增强企业的市场竞争力。

**问题一：公司应采取何种技术创新战略？**

技术创新战略需要在多个方面做出正确的决策，包括技术创新目标、技术创新的模式、技术创新的节奏等问题。决策者需要对这些问题进行持续的思考，根据市场需求不断做出调整。

（1）企业应确定怎样的技术创新目标？决策者首先需要考虑和确定技术研发在企业的整体战略中的角色和地位，如果企业秉承“技术为本”的策略，即通过技术的领先来确立自身的竞争优势，那么就需要理解如何制定符合市场需求的技术研发目标，并在企业整体的发展过程中来贯彻这一战略目标。如果技术创新的战略目标不清晰或不稳定，都可能导致最终无法支持公司整体竞争战略的实现。决策者需要警醒自己的误区，就是认为做了大量的技术研发投入就是实施了技术领先战略。实际上，如果这些技术投入最终没有转换为竞争优势，就算不上是技术领先战略。为了研发而研发的技术创新目标本质上是损害自身竞争优势的一种伪创新。

（2）公司应采取何种技术创新模式？公司可以组建自己的研发部门或机构来进行自主研发，也可以采取研发联盟或技术外购的创新模式。两者在技术研发的速度与成本上存在一定差异，技术外购可以迅速地获得公司所需的技术，但在研发成本上不能实现自主控制，自主研发可以较好地自主控制成本，但研发新的技术需要时间周期。两种模式各有利弊，决策者需要在制定公司技术创新战略与目标的基础上，来组合运用这两种技术创新模式。

（3）公司如何保持一个合理的技术创新节奏？决策者需要考虑公司在什么时间研发推出何种技术？如果过早地推出新技术，可能由于市场需求不足，其投资的收益难以保障；如果推出技术的时间太晚，竞争对手可能已经建立了强大的市场优势，让自己处于不利的地位。同时技术创新本身具有外部的学习效应，随着时间的推移，研发经验和知识会不断扩散，从而带来研发效率提升和研发成本的降低。因此，决策者需要从机会成本、先发优势及学习效应等诸多方面来确定公司的研发节奏。

**问题二：如何有效实现技术创新的经济效益？**

技术创新对企业来说是一把“双刃剑”，在实施的时候一定要进行科学的论证，做对了可以给企业带来市场竞争力，做错了则可能会反噬自身的市场优势。对于企业的总体经营目标来说，技术创新需要能够带来真正的经济效益，若不考虑经营业绩的技术创新，对于企业来说都有可能演变为一种自娱自乐的研发游戏。为了有效实现技术创新的经济效益，决策者在研发投入的过程中需要持续思考一些重要的决策问题。

（1）公司技术创新能否促进公司业绩的增长？公司如果能够研发推出物美价廉的商品，通常能促进销售的增长，但是实际情况可能并不那么顺利。一方面，当公司在进行大量的研发投入后，其研发成本必然会推高产品的总成本，公司的产品就可能很难保持廉价，而更高的售价甚至有可能带来业绩的下滑；另一方面，公司所研发的技术并不一定就能获得消费者的偏爱，其结果可能在推高成本的同时，却不能带来满意的销售量增长，最终降低了公司的利润率。因此，对于决策者来说，技术创新考验的不仅是决策者对技术的理解，同时更是考验决策者对市场和消费者的理解。

（2）公司技术研发投入的盈亏平衡点是多少？如果想要确保技术创新的经济效应，就需要更细致地考察技术研发投入的盈亏平衡点。如果把技术研发作为一种投资行为，决策者显然要很清楚一项高昂的研发费用需要销售多少产品才可以达到盈亏平衡。对于不同资金投入和不同盈亏平衡水平的技术研发，决策者应该辨析这些不同的技术研发具有怎样的轻重缓急权重。

（二）技术研发决策的分析方法与工具

技术创新是企业发展的重要决策，我们经常听到的一个创新窘境是，“不创新等死，创新找死”。企业技术创新面临的风险非常大，因此在对待技术研发战略上一定要慎之又慎，较好的做法是要从多个角度来论证公司的技术研发是否有效和正确。这里主要介绍研发投入产出比的分析方法来帮助决策者进行决策思考。

研发投入产出比（Research and Development Return on Investment，R&D ROI）是衡量企业研发项目效益的一个重要指标。研发投入产出比计算公式是用来计算企业在研发活动上的投入与产出之间的关系的数学公式。分析研发投入产出比，企业可以评估研发项目的效益，为决策提供科学依据。

研发投入产出比计算公式可以用以下表达式表示：

研发投入产出比 = 研发产出 / 研发投入

其中，研发投入指的是企业在研发活动上的资金、人力和其他资源投入；研发产出指的是研发活动所带来的经济效益，如新产品销售收入增长、利润增长、产品改进、市场份额和市场竞争力提升等。研发投入产出比的计算公式可以根据具体的研发项目和企业需求进行适当调整，以更准确地反映研发活动的效益。通过对研发投入产出比的计算，企业可以了解到在研发活动中所投入的资源是否得到了有效利用。

研发投入产出比的计算公式为企业提供了一个客观的评估指标，可以帮助企业管理者更好地决策和分配资源。对不同研发项目的投入产出比进行比较，企业可以确定哪些项目具有较高的效益，进而调整研发战略，提高研发投资的回报率。研发投入产出比的计算公式还可以用于评估不同企业的研发绩效。通过比较不同企业的研发投入产出比，可以了解到各个企业在研发活动上的效率和效益，为企业间的竞争提供参考依据。

研发投入产出比计算公式是衡量企业研发项目效益的重要工具。对研发投入产出比的计算，企业可以评估研发项目的效益，为决策提供科学依据。在实际应用中，企业可以根据具体情况调整研发投入产出比的计算公式，以更准确地反映研发活动的效益。

## 五、财务管理决策问题与分析

### （一）财务管理决策解决的核心问题

**问题一：财务管理要思考哪些重要决策？**

（1）如何为公司的发展筹措相应的资金？公司的发展不能缺少资金的支持，并且随着公司的不断成长，资金量的需求也往往相应增长，如何筹措低成本的资金是财务管理的重要任务。从资金使用的时间周期来看，有长期资金和短期资金；从资金筹措的方式来看，有权益资金和债务资金。这些不同类型的资金对公司的发展发挥不同的影响，公司财务决策者需要持续地思考和权衡利用这些资金的利弊，并做好相应的长期和短期资金筹措规划。在本模拟系统中，融资方式主要有资本市场增发股份获得权益资本，以及向融资机构进行长期资金贷款。决策者需要持续地评估分析这两种融资方式对公司发展影响的利弊关系。

（2）公司应该如何有效地配置使用资金？基于公司的总体战略，财务决策者需要规划好这些资金的有效使用，特别是涉及一些重大投资项目，财务决策者应配合相关部门和负责人，来全面评估投资项目的经济可行性，同时为这些投资项目做好资金规划，以保障投资项目的顺利进行。

（3）公司如何做好现金流的管理？在本模拟系统中，公司只能进行长期资金的贷款，短期资金则是在公司现金流低于一定水平后，强迫公司借入，且其利率高于长期资金。因此，当公司出现短期贷款时，实际上现金流已经断裂，理论上公司处于破产状态，只是在强迫借入更高利率的资金后得以继续经营。为此，决策者的一个重要任务是持续关注公司现金流状况，以保障公司不因现金流断裂而破产。

**问题二：如何有效利用好公司的财务报表数据？**

本模拟系统中，财务报表是反映公司经营状况的主要数据资料，并成为决策者科学决策的主要依据之一，由此，决策者如何对待、处理和理解财务报表数据就成为有效决策的一个重要问题。

（1）决策者应如何关注财务报表？财务报表的数据是对企业年度经营业绩的一种价值衡量，是公司在经过一年的努力经营后获得的最终成果。这个结果的形成来自经营决策者在本年度甚至更早时间做出的各项经营决策，决策者的各项经营决策又来自对整个商业世界的预判和假设，因此，财务报表报道的数据实际上是对决策者的这些预判和假设做了一个有效性验证。因此，决策者在关注财务报表的数据时，更应该需要关注和回顾数据形成的各项决策，以及对做出这些决策的预判和假设进行反思、总结和校正。一些持续萦绕在决策者脑海中的问题就是，我当初为什么做出这一决策？我当初做出了哪些预判和假设？这些预判和假设存在多大偏差？我以后是否要进行调整？等等。

（2）决策者应该关注哪些财务指标？公司的财务报表主要包括损益表、资产负债表和现金流量表，三大报表从不同的层面反映了公司的经营现状。由三大报表的数据我们可以衍生出众多的财务指标，当我们选择不同的财务指标来关注时，同时也就反映了我们理解公司的方式。在财务指标的关注上，决策者可以不断深入地问自己一些问题：①对同一指标的数据我有什么更深的理解吗？②我在同一时间关注和理解的指标数量是否在增加？③我对这些指标之间的关系有了进一步的理解吗？④我是否能整合这些指标从而更综合更系统地来认知企业的经营？

（二）财务管理决策的分析方法与工具

在财务管理决策中，一项基本的工作就是分析财务指标与数据，不同的分析方法犹如给决策者戴了一副具有不同功能的透视镜，帮助决策者从不同的视角来透视公司的经营现状。结合本模拟系统的特点，这里提供两种分析方法，可以作为我们分析公司经营现状与问题的一种思路。当然，每个团队和个人都可以逐步摸索出自己的分析思路和方法，只要该方法能像一幅地图一样迅速帮助你理解公司为什么和如何形成了目前的经营现状，以及经营存在的主要问题是什么，那么该方法就是有效的知识。

1. 杜邦分析法

杜邦分析法（The Du Pont System）是一种财务分析方法，最早由美国杜邦公司使用，因此得名。这种方法的核心在于通过一系列财务指标的乘积来评估企业的财务状况和经营业绩，特别是盈利能力和股东权益的回报水平。

如图 6–35 所示，杜邦分析法的核心公式是：净资产收益率 = 销售利润率 × 总资产周转率 × 权益乘数。这个公式展示了企业的盈利能力取决于销售利润率、资产使用效率和财务杠杆三个因素。销售利润率反映了销售收入的能力，总资产周转率显示了资产的管理效率，而权益乘数则表示企业的负债程度。

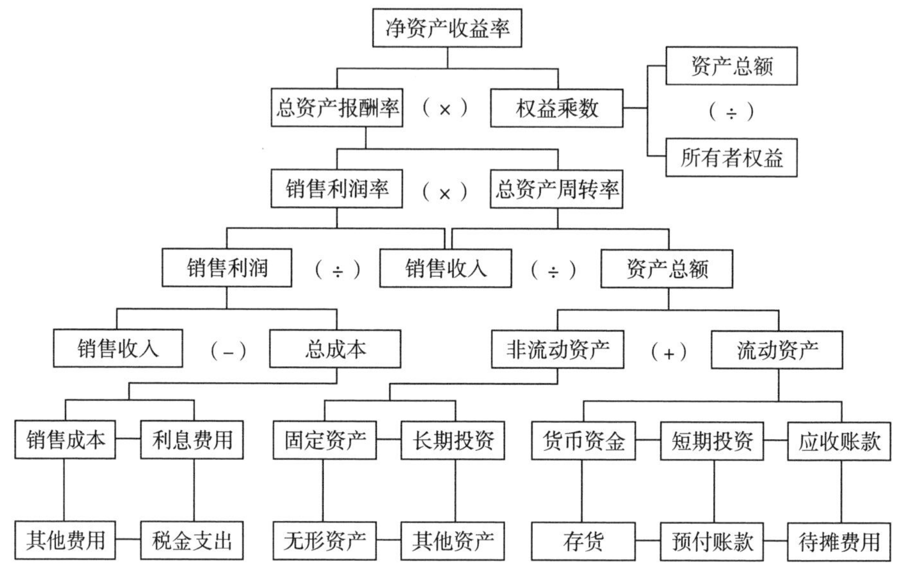


**图 6-35　杜邦分析法**

杜邦分析法的特点在于将多个财务比率有机结合，形成一个完整的指标体系，从而全面、清晰地展示企业的财务状况。这种方法不仅有助于报表分析者深入了解企业的经营和盈利情况，而且为企业管理层提供了关于企业资产管理效率和股东投资回报的清晰路线图。

2. 估值分析法

在本模拟系统中，企业估值主要提供了两类估值方法：绝对估值法和相对估值法。其中，绝对估值法采用了现金流折现法，相对估值法采用了市盈率（*PE*）和市销率（*PS*）等指标。以下我们分别介绍这两类方法，循着这些方法，决策者可以更好地理解经营状态好的公司需要具备什么条件或财务指标，哪些因素影响了公司的整体估值，这样能帮助决策者调整自己的经营决策思路，以更有效地带领公司获得良性成长。

（1）现金流折现估值法。现金流折现估值法（Discounted Cash Flow，DCF）是基于现金流量的概念，将未来的现金流量通过折现计算，以反映时间价值和风险。这种方法的核心在于预测公司未来的现金流量，并选择一个合理的折现率来计算公司的现值。折现率的选择取决于未来现金流量的风险水平，风险越大，要求的折现率就越高。在实际操作中，通常使用加权平均资本成本（*WACC*）来折

现。由此可见，该估值方法取决于两个重要的因素：未来的现金流和折现率。估值的步骤主要有三步：第一步：在有限的范围内即上述明确的预测期内（通常5~10年）预测自由现金流量；第二步：根据简化的模型假设计算预测之后的自由现金流量水平；第三步：按照加权平均资本成本法折现自由现金流量。折现率的计算公式为：$WACC = (E/V) \times Re + (D/V) \times Rd \times (1 - Tc)$。其中，$E$= 公司股本的市场价值；$D$= 公司债务的市场价值；$V = E + D$，是企业的市场价值；$E/V$= 股本占融资总额的百分比；$D/V$= 债务占融资总额的百分比；$Re$= 股本成本，是投资者的必要收益率；$Tc$= 企业所得税率。

（2）相对估值法。资本市场通常会采用市盈率和市销率对公司进行估值。其中市盈率是指股票价格除以每股盈利（*EPS*）的比率，市盈率是最常用来评估股价水平是否合理的指标之一。一般情况下，在同一行业中，一只股票市盈率越低，市价相对于股票的盈利能力越低，表明投资回收期越短，投资风险就越小，股票的投资价值就越大；反之则结论相反。市销率与市盈率具有相似的评估逻辑，市销率是总市值除以主营业务收入，在相同行业中，公司的市销率越低，说明该公司股票的投资价值越大。在本模拟系统中，除了用上述的利润和销售收入来进行比较外，系统还比较了税息折旧及摊销前利润（*EBITDA*）和息税前利润（*EBIT*）两个指标，估值比较的逻辑与市盈率和市销率相同。由此可见，相对估值法的核心逻辑是对同一行业中不同公司的“销售收入、税息折旧及摊销前利润、息税前利润、净利润”四个指标进行比较，指标表现好的公司则给予高的估值。

## 六、国际经营决策问题与分析

### （一）国际经营决策解决的核心问题

本经营模拟系统是以一家跨国公司作为案例，该跨国公司是在美国、亚洲和欧洲分别开设一家子公司。因此，作为一家在全球不同国家或地区拥有三家子公司的上市公司，其经营不可避免地会受到诸多国际经济与金融等方面政策因素的影响，因此决策者必须考虑这些因素如何影响公司的经营业绩，并做出相应的应对策略。

**问题一：如何考虑各个国家（地区）不同关税造成的影响？**

因为跨国公司存在国际贸易，所以决策者首先就要考虑各个国家不同关税对公司贸易造成的影响。在本模拟系统中，由于欧洲市场是不能投资建厂的，因此就需要决策其产品应从美国还是亚洲的子公司进行贸易进口。除此之外，由于美国和亚洲两个市场的工厂数量比重也是处于动态的调整之中，两个市场之间也同样可能产生产品的贸易，因此也就需要考虑关税将会带来何种影响，公司该如何应对。

**问题二：如何考虑各个国家（地区）不同税率的影响？**

不同国家（地区）会根据自身的情况来制定不同的公司所得税政策，不同基准的税率会给跨国公司带来不同的税收，从而影响跨国公司子公司的净利润。本模拟系统中的跨国公司由于内部子公司之间存在产品的贸易关系，并且，内部贸易的产品定价一定程度上就可以影响到三家子公司之间的利润分配，从而影响在各个国家（地区）缴纳的税收。因此，决策者需要考虑对不同子公司之间贸易的产品如何进行合理定价以优化税收。

**问题三：如何考虑各个国家（地区）之间汇率变化带来的影响？**

在国际金融市场上，各个国家（地区）之间的汇率也存在波动，当汇率波动较大时，其对公司的经营业绩也同样会带来重要影响。汇率的波动一方面会影响产品贸易的利润，另一方面也会对各个子公司所拥有的现金资产造成升值或贬值，从而影响到公司总体的价值。因此，决策者需要分析和预判汇率的变化，并及时对跨国公司内部之间的产品贸易策略做出调整，同时还可以通过公司内部换汇，即子公司之间内部贷款的方式，来充分利用汇率的变化来帮助公司的现金资产保值或增值。

**问题四：如何考虑不同国家（地区）之间不同的生产成本与物流成本带来的影响？**

当然，对于跨国公司来说，一项重要的决策是要对不同国家（地区）之间的生产成本与物流成本进行分析与衡量，结合关税、税率和汇率的影响，来制定综合合理的公司产品贸易策略，以实现公司经营业绩的最优化。这里的难点在于，这些影响公司经营业绩的因素会处于动态的变化当中，因此，决策方案的制定不但需要就当前的经营环境状况进行全面的分析与权衡，还需要基于对未来的动态变化趋势做出判断，公司应如何考虑这些重要因素的轻重缓急，并做出相应的应对策略。

**问题五：公司在不同国家或区域市场如何进行布局？**

对于跨国公司来说，最为重要的决策是对各个国家或地区的市场未来的增长趋势进行分析和判断，准确把握高增长市场未来带来的机遇与挑战。为了把握可能出现的市场机遇，公司必须提前做出预判和布局，这需要对不同国家或区域的市场需求进行调查和分析，有针对性地为市场推出适销对路的产品，并且在市场重要性不断提升和稳定之后，在战略上给予相应的重视和升级，考虑在当地市场进行投资建厂，通过当地化战略，来更好地满足当地市场的需求，并实现公司经营业绩的最优化。

（二）国际经营决策的分析方法与工具

基于以上决策，国际经营有两个层面的决策内容：一是对不同国家或地区的市场趋势做出分析和预判，并制定相应的公司成长战略；二是在市场需求的判断上，制定相应的市场策略，并结合利税、关税、生产、物流与汇率等综合成本的计算与判断，总体上来安排各个生产基地的生产，以及子公司之间的产品物流。公司成长的战略决策可以参考本节第一部分的相关内容，此处我们主要聚焦对跨国公司产品贸易的综合成本分析，成本分析可以采取多种方法，这里我们主要介绍因素分析法。

因素分析法是将某一综合性指标分解为各个相互关联的因素，通过测定这些因素对综合性指标差异额的影响程度的一种分析方法。在成本分析中采用因素分析法，就是将构成成本的各种因素进行分解，测定各个因素变动对综合成本的影响程度，并据此对公司的成本实施情况进行评价，并提出相应的决策与措施。

例如，在本模拟系统中，欧洲市场由于没有生产基地，需要从美国或亚洲的生产基地进口产品，如果我们将欧洲市场的进口产品成本进行分解，就可以分析和分解成几个核心成本因素，如生产成本、外包成本、物流成本、关税成本等多个成本因素，然后建立相应的成本计算模型，可以分别测算从美国或亚洲进口产品的综合成本。

## 第 3 节 经营决策能力的训练与提升

决策在管理中具有举足轻重的地位。赫伯特·西蒙认为“管理就是决策”，决策制定者需要在各个选择之间不断权衡，使他们所管理的个人或者组织的效用最大化。彼得·德鲁克认为决策是通过做出判断来对管理的整体过程施加影响，是以有限资源的利用为前提，通过对企业资源的合理运用，制定出合理方案来开展企业行为。因此，如果我们将本模拟系统作为一个企业经营决策的资源载体，那么决策能力将发挥重要的作用：首先，决策将影响到整个企业经营系统的效率与效益。决策是整个管理过程的基础，需要基于相关信息与知识，做出应对方案并动态调整，来应对外部环境的机会与挑战，正确的决策在企业经营与管理体系中发挥着重要的作用。其次，决策要在有限资源约束下追求最满意的解决方案。在有限的资源限定下，需要对方案进行筛选和优化，选择效率最高、效益最佳的方案是决策的主要目的，企业资源能否得到有效应用是衡量决策质量的一个重要标准。最后，决策需要取得一定的最终成果，实现投入产出比的不断优化提升，要能够实现企业经营的规划目标。

## 一、经营决策的认知能力

### （一）企业经营决策的全局性认知

全局性指的是在考虑问题时要从整体和全面的角度出发，而不能仅仅关注局部或个别因素。全局性的思考能够帮助我们更好地从整体上来理解问题和解决问题，从而制定更全面、有效的解决方案。全局性的思维是一种重要的思维方式，可以帮助我们摆脱“头痛医头，脚痛医脚”的问题解决模式。企业经营的全局性认知能帮助我们关注企业经营的不同方面和层面，以更好地理解和应对复杂的经营问题。在本模拟决策中，我们要求学生在以下方面进行持续的训练和提升。

#### 1. 对总体目标与分目标的认知提升

在实际企业经营中，由于各职能部门专业化，一些子公司或职能部门的决策人员会产生一种“隧道视野”，即更加关注本部门或本专业存在的问题，而忽视了企业的总体目标与问题。这种“隧道视野”有可能导致部门决策最优，但对企业整体决策来说却不是最优的。因此，在模拟决策时，需要学生在关注子公司或职能决策时，时时站在公司经营总体目标的角度来思考本部门的决策，提升职能部门的决策，从而更好地服务于企业总体目标。

#### 2. 对其他职能或部门的认知提升

职能部门专业化造成“隧道视野”，而以自我利益或效益为中心则会造成部门本位主义，这往往会让决策者忽视了其他部门或子公司的目标与问题。在企业经营决策中，成员之间不可避免地存在一定程度和一定方式的分工，如果不同决策者只以自身利益或效益为中心立场来思考和决策，而没有考虑其他部门或职能的问题与影响，这不仅会带来内部的各种矛盾冲突，其决策很可能也是片面和不足的，并会引起其他部门的一些连锁性决策问题。因此，模拟决策中要能用针对性的方式来训练和提升学生，使其能站在不同职能或部门的角度来思考整体最优决策问题。

3. 对企业外部环境影响因素的认知提升

从本质上来说，企业的经营决策最终是要有效地应对外部环境带来的挑战和机遇，因此，全局性的认知不仅关注企业内部，更需要决策者用更广阔的视野来关注整个外部环境，思考哪些重要的环境因素在决策中应给予关注和应对。对于学生的实战模拟来说，这是最重要的训练内容之一，因为没有经验的经营者往往对外部市场环境、行业竞争状态和经济周期起伏等外部重要因素没有足够的敏感度和深度思考。在企业的经营决策中，全局性要求决策者能够站在一定的高度来理解这些决策影响因素。

（二）企业经营决策的动态性认知

企业经营的动态性主要可以从三个层面来理解，首先是外部环境的动态性。企业和外部环境的关系就如鱼和水的关系，外部环境是企业生存的根基，对外部环境动态变化的预判是企业经营决策的重要训练内容之一。其次是企业内部的动态性。企业自身也是处于不断的变化之中，决策者需要对这些动态变化有足够的洞察力和理解力，并能引导和利用好这种动态变化趋势。最后是企业内部与外部环境进行动态的平衡，使企业能实现在变化中达到动态平衡，做出顺势而为的经营决策。

1. 洞察外部环境的动态性

企业经营的外部环境一直处于变化之中，我们经常听到的乌卡时代（VUCA），认为现代组织生存环境处于“不稳定”（volatile）、“不确定”（uncertain）、“复杂”（complex）和“模糊”（ambiguous）状态之中。乌卡时代让企业经营面临一个机遇与挑战并存的状态，正确的判断与决策可以让企业把握住市场机遇而迅速崛起，而错误的判断与决策则可能让企业陷入困境从而步步被动。因此，企业经营者需要重视外部环境的动态性，并找到合适的方式来训练自己有效地关注和洞察这种动态趋势。理解与运用本书前面介绍的一些理论、方法与工具是这种动态性认知与决策的基础，更为关键的是要在实战模拟中不断地进行反思和总结，能将这些理论、方法与工具综合起来灵活使用，来训练和提升对环境动态性的认知能力。

2. 洞察企业内部的动态性

相对于外部环境，决策者对自己企业的了解往往有更高的自信心，实际的情况却有可能是“不识庐山真面目，只缘身在此山中”。特别是作为一家规模较大、内部较复杂的企业来说，要真正觉察和把握公司的发展变化，并不是一件容易的事。在我们的经营模拟系统中，模拟的结果涉及经营指标和数据非常繁杂，任何人要在有限的时间里迅速对公司经营的动态变化做出全面准确的判断，都是一件非常不容易的事情。因此，这种能力的训练与提升同样需要在实践中不断摸索，构建出个人分析和理解企业的独特框架，通过实战模拟反复提炼和完善该框架，使之能帮助决策者有效地洞察企业内部发生的微妙变化。

3. 把握企业与环境的动态平衡性

面临不稳定、不确定、复杂和模糊的外部世界，企业需做出相应的调整，顺应规律，顺势而为。优秀的决策者不仅能在顺境中把握机会实现快速成长，更是体现在逆境中，能够实现他人不可思议的“逆势生长”。这实际上也是企业家洞察外部环境的动态变化规律，抓住合适的时机，整合企业内部资源，找到最合适的动态平衡点。在本模拟系统中，如果决策者能够洞察和预判到环境的变化，提前进行布局，顺应这些变化趋势，就能够促进企业持续地成长。应该说，对企业经营动态性的预判与把握是那些卓越企业家最为重要的决策能力，往往需要经历多个经济周期的历练才能获得。

（三）企业经营决策的系统性认知

企业在经营过程中，基于专业分工的要求进行了职能的划分，并将一些经营决策职能与要素进行人为的分割，“术业有专攻”，似乎每个人只需做好自己的决策，把自己的工作做好，企业自然就会运作良好并实现预期的目标。实际情况却是，每个人站在自己的位置上看所做的决策好像都没有犯错，但整个企业的经营就像一条破船一样艰难前行，甚至处于不断下沉的危机之中，却又很难找到漏洞在哪里。为此，我们要理解企业经营是一个系统，个体决策或子系统的最优不等于系统的最优，我们在做经营决策时，系统性思考的关键是要发现不同决策要素与系统之间的关联性，在深刻理解这些关联性的基础上来做出相关的经营决策，以实现系统最优。

1. 宏观系统与微观系统的关联性

我们观察任何一个宏观系统，都能发现其可能会由一些更小的子系统组成，这些子系统又可以划分为更小的微观系统。以经济系统为例，宏观经济可以由不同的产业构成，不同的产业又由不同的行业组成，大的行业又可进一步细分为不

同的细分行业，细分行业又由不同类型的企业组成，各个企业又是由一些子公司、分公司及其职能部门组成的。当我们站在任何一个层次的系统上做决策思考时，都应思考其与更大或更小层次系统之间的关系。以我们的经营模拟系统为例，多个团队经营的多家企业实际上构成了一个行业，同时每家企业又是由多个职能部门组成的，每个职能部门又可由更小的决策单位组成。因此，行业—企业—职能部门—决策单位就构成了一个多层次的系统，我们在做经营决策时就需要思考这些不同层次系统之间会存在怎样的关联性？在不同层次系统上做出的决策会对其他层次产生何种影响？甚至进一步去发现这些决策影响的强度、广度和时效性是怎样的？这些不同层面的决策因素是以怎样的机制进行关联和互动影响？

2. 企业经营各个子系统之间的关联性

随着企业规模越大，涉及的业务越广泛，其子系统的构成也越复杂，从而带来子系统之间的关联性也越复杂，就像一个网络的节点越多，则网络的连线就越复杂一样。这些连线或关联承载和运行了系统中的诸多重要要素（如信息、资源、知识、信任和实物等），这些要素之间关联运行的效率决定了企业经营系统整体效率，决策者在做各种经营决策时最关键的认知就是如何来理解和优化这些关联性，使之不断提升企业整体经营效率。在本模拟系统中，决策能力不仅体现在对各个子系统节点做出正确理解与判断，更重要的是，要深入理解和优化各个子系统之间的关联，促进子系统之间的协调与优化，从而提升整体系统的效率。

（四）企业经营决策的复杂性认知

以上企业经营决策所具有的全局性、动态性和系统性最终导致了企业经营决策的高度复杂性。同时，在真实的商业世界中，还有其他一些原因会提升经营决策的复杂性，这里主要介绍两个方面：

1. 变量因果关系的复杂性

企业经营决策变量之间的因果关系可能并不像计算机模拟系统那样具有确定性，实际的情况是各种决策变量之间的因果关系会非常复杂，甚至很难判断这些变量之间确定的因果关系，特别是这些决策变量数量增多的时候，它们之间可能会呈现交织互动影响，我们将很难准确地去判断我们的决策会带来何种实际结果。即使是在因果关系模型已经确定的模拟系统中，由于变量数量的增加，我们对这种因果关系的判断也非常具有难度，这就需要借助一些相关的理论知识与模型，通过不断地实践模拟来探索和理解这种复杂性。我们对这种复杂性的理解虽然无法直接复制应用到现实的商业世界，却是提升我们经营决策能力的关键，它能帮助我们更深入地理解商业世界的复杂性。

2. 决策变量影响的随机性

在现实商业世界中，决策带来的影响可能会具有随机性，这种随机性产生的原因就是决策变量发生作用可能需要各种外部环境条件，由于外部环境变量的随机性，从而最终带来决策变量实际影响的随机性。在本模拟系统中，所有企业经营者在基于已有历史数据和理论模型分析基础上做出的决策，同时还要受到其他企业的经营决策变量影响，实际上其他企业经营者未来将要做出何种决策，都是随机的且无法准确预测和判断的。

企业经营决策的这些复杂性看上去让人感觉到决策能力提升的难度和无力，但是正是这些复杂性可以促进我们大脑决策机制与能力的提升与进化。

## 二、决策能力训练的流程

相对于企业经营决策的复杂性，我们在训练决策能力的行动上却是可以依据一些步骤或流程，就犹如我们在进行高难度的竞技体育训练一样，只要我们遵循一套科学有效的训练方法或程序，就能更加有效率地提升我们的竞技水平。如图 6–36 所示，我们提出的决策能力训练流程主要有六个步骤，这六个步骤构成了一个闭环，让我们在对经营决策问题持续进行思考与实践的过程中，能够不断训练和提升我们的决策能力。

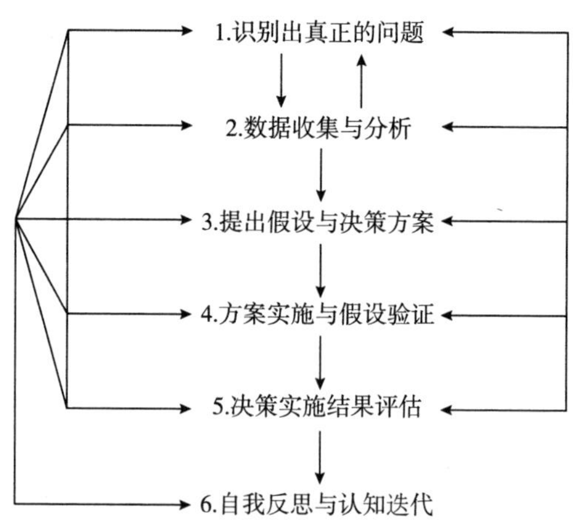


图 6–36　决策能力训练流程

1. 识别出真正的问题

决策的第一步是需要识别出真正的问题，只有识别出真正的问题，我们才有可能迈出解决问题的正确一步。本章的第 2 节初步探讨了我们在企业经营中可能面临的诸多决策问题，这些问题错综复杂地交织在一起，增加了我们对经营问题的分析与判断的难度。决策者需要不断地进行思考和质疑，我们目前的经营到底面临哪些核心的问题？这些问题之间存在怎样的关系？它们之间的主次关系以及解决的轻重缓急又是怎样一种状态？我们在接下来的经营决策中要锁定解决哪些核心问题？

问题识别的过程可能是一个反复的过程，要通过不断地追问和深挖识别出真正的核心问题，这个过程不能凭空想象，而是要与第二步的数据收集与分析同时进行，反复验证和深入分析。

2. 数据收集与分析

科学的决策一定要基于充分的数据与证据。每一次经营模拟之后我们都会获得大量的结果数据，这些数据可以部分揭示出我们遇到了哪些问题。但是需要注意的是，有些数据显示的可能只是表层次的问题，我们需要收集多方面的数据进行综合分析，来挖掘经营所面临的真正深层次问题。

数据的收集与分析非常耗费时间和精力，为此我们要记住的是，数据收集与分析主要是为了帮助我们来识别和判断真正的问题，其工作也具有问题导向性，即围绕识别问题的目标来决定我们该收集哪些数据，如何进行分析。因此，数据收集与分析工作一定要围绕问题识别来进行，用“问题”作为我们数据工作的指南针，千万不能仅仅满足于获得一大堆赏心悦目的数据。

3. 提出假设与决策方案

在我们通过数据的收集、分析与挖掘不断识别出真正问题的时候，就需要开始提出我们解决问题的决策方案。但在此之前，我们需要进一步形成对问题的经验或理论解释，这些解释是帮助我们接下来提出解决方案的基石，就像“对症下药”一样，只有对问题有了科学的解释和认知，才有可能做出正确有效的应对方案。我们提出理论解释或假设会比较倾向于依靠直觉，但是更值得鼓励的是，我们要运用所学的知识理论来帮助自己进行解释和提出假设，实际上这也是我们经营模拟的重要目标，因为模拟软件实际上已经嵌入了我们商业世界运行的各种理论模型，其目的就是让我们根据理论知识来更快更好地指导实践。

在我们对各种经营问题有了真正的深入理解和认知后，就有可能形成相应的解决方案。拟定解决方案需要有开阔的视野，“他山之石，可以攻玉”，如果我们对企业经营决策的系统性认知越深，就有可能跳出问题的固有情境来思考，找到更加多样化和更加有效的解决方案。

4. 方案实施与假设验证

在我们确定和选择了最优的解决方案后，就可以开始实施方案。在现实的企业经营中制定实施方案是一个耗时费力的过程，同时其充满各种变数和不确定。但是在经营模拟中，方案的实施只是通过在模拟平台上输入相应的变量来完成，相对较为简单。

因此我们更加要关注的内容是，决策方案的实施结果是否验证了我们对问题的识别、判断和解释，我们要详细考察方案实际结果与所选择实施方案的预期目标存在怎样的差异？哪些结果验证了我们方案制定时的判断？哪些结果超出了我们的预期判断？为什么会出现这样的差异？

5. 决策实施结果评估

在决策结果验证的基础上，需要进一步对整个决策方案实施结果进行全面评估，评估主要涉及三个方面：一是整个的决策方案目标制定存在哪些问题。由于决策目标的多样性，我们需要逐一考察和研判这些目标的科学性与合理性，更为重要的是，要对整个目标体系内在的关联性与系统性进行评估，评估可以从定性与定量两个维度进行思考。二是对整个决策过程与执行存在的问题进行评估。决策过程往往影响和决定了最终的决策结果，因此，同样要对整个决策过程与执行的科学性与合理性进行评估。三是对决策知识、方法与工具的应用进行评估。这是本模拟训练的重要目标之一，如果我们仅基于个人直觉与经验层面来提升决策能力，显然不利于我们决策能力的有效提升。

6. 自我反思与认知迭代

最后的自我反思是最为重要的一步，在每一轮模拟结束后，不要匆匆进入下一轮的模拟决策，一定要留出时间来进行反思，这种反思是全面且深入的，不仅对整个经营模拟过程及结果进行反思，还要对个人与整个团队在合作决策过程中的行为进行反思，反思当初整个决策过程是如何发生的，我们从中获得了哪些新的认知？在决策能力上获得了哪些提升？

如果要列出模拟学习最值得重视的步骤和内容，那么就是在这一轮轮的实践

模拟后，我们不断地深入反思和总结，提炼出新的认知，积累和提升决策能力。这就犹如我们在一生中经历了许许多多事情，这些事情可以淡忘，但最终领悟到的人生智慧可能会深刻留在我们的经验记忆中，它们是我们成长的真正精华。

## 三、决策能力提升的评估

决策能力是一个综合的能力概念，很难直接用某个指标进行评估，为此，其评估可以有两种思路：一是进一步细分决策能力的维度，将其分解成可评估的子能力维度，然后分别对各个子能力进行评估；二是从决策能力应用所能达成的一些成效来进行评估，这些成效可以是针对决策事件，也可以是决策主体。这里我们主要介绍第二种思路。

标准一：决策能否有效解决问题

如前所述，决策是首先要识别真正的问题，然后提出有效的解决方案，并高效地实施该方案进而取得成效。因此，我们的决策能力将首先体现在我们能否有效地识别出真正的问题。优秀的决策者的一个重要体现就是，在有限的信息资源和时间资源条件下，能快速地抓住关键问题，一针见血地发现问题的本质所在。其次，能够提出一些创新的解决方案，问题的发现往往就迈出了解决的重要一步，但是当面对一些全新的问题，在没有成熟的经验或先导的案例进行借鉴时，往往需要决策者发挥创新精神，提出一些具有开拓性的解决方案。最后，在方案的实施过程中，要有能力整合各种资源，把决策方案有效地执行下去。因此，决策能力就体现在这整个决策过程中，个人或团队能否越来越有效地推动问题解决进程，并最终解决问题。当我们所识别和解决问题的难度越来越大，解决问题的效率越来越高时，说明我们的决策能力获得了有效提升。反之，如果我们只能纠结或停留在一些低层次的问题上，则说明决策能力没有得到提升。

标准二：决策能否实现企业经营目标

对于企业经营来说，决策能力的最佳体现就是能最终实现企业的经营目标。就如赫伯特·西蒙所言：管理就是决策，企业经营管理的核心就是不断地去解决企业面临的各种问题，面对不断涌现的各类问题，决策者如果能够做出正确的决策，就能帮助企业的经营走上良性的发展轨道。当我们设定了一个周期内的发展目标时，经营者就需要持续地去面对和解决实现这些目标的各类问题。从另外一个角度来看，企业经营发展的目标越多越大，决策者所要面对的问题往往也越多越大，因此，当决策管理层能够实现越来越多和越来越大的目标时，说明其解决问题的决策能力得到了提升。反之，决策者如果无法实现企业经营目标，或者只能承担或完成一些较小的经营目标，说明其决策能力没有得到很好的提升。

标准三：决策能否践行“知行合一”

能够解决问题和实现经营目标说明我们的决策能力发挥了应有的成效。如果要让这种决策能力发挥具有稳定性和持久性，就需要不断完善和统一我们经营决策中的认知与行为，即持续地践行“知行合一”，让我们在假设验证过程中提炼的理论认知和实际行动方案中的决策行为实现统一，或者说构建起个人有效实践的自主知识。我们在课本上或他人（如教师）那里学来的知识往往还不是一种真正“知行合一”的知识，通常需要自己反复地实践来修正或重构这些知识，使之能够更好地在实践过程中内化于心、运用自如，并有效地解决实践问题。当然，这种“知行合一”的知识本身并不像一些自然科学知识那样稳定可靠，其本身就是一种持续修正和进化的知识。特别是对于经营决策这样的实践，当你对同一决策问题在不同场景或条件下重复做了很多遍，个人的认知及自主构建出来的知识一定与最初所构建的存在差异。因此，当你在经营决策过程中，越来越能践行“知行合一”的时候，说明个人整体的决策能力获得了显著提升。

标准四：决策能力的元认知是否提升

在不断自我反思的过程中，能够对自我的决策能力有正确的认识和评估，清楚自己在经营决策中具有哪些优势和劣势，并且知道要提升自己的决策能力需要采取什么措施或策略。只有当我们对自己的决策能力有了清晰客观的认识，才有可能在未来的经营决策中采取有效的提升措施。首先，对自己决策能力的优势和劣势有清醒的认知，知道自己的优势和劣势是如何形成的，并能主动去探索形成的根本原因或条件，理解哪些原因或条件是可以改善和克服的，哪些是难以改变的。其次，对提升自己的决策能力获得方向感，知道如何继续强化和发挥自己的决策能力优势，同时了解如何通过一些措施来弥补自身的决策能力劣势，更重要的是，当我们对决策能力的元认知越深入，更有可能激发我们提升自己决策能力的期望与动力。最后，在清醒地评估自我决策能力的基础上，我们可以采取一些合适的策略来扬长避短，例如通过团队决策能力的组合来弥补个人的决策能力短板。

## 本章小结

本章主要对企业经营模拟决策的相关问题进行阐述，以便帮助学生更有效地开展决策模拟。首先，对模拟决策系统的操作界面进行说明，包括对主要的决策操作界面进行了较为详细的介绍，同时对决策结果的分析报表与报告进行了说明，这将更有效率地帮助学生了解整个模拟决策系统，从而更快地进入决策状态。其次，我们对经营模拟涉及的一些主要决策问题进行了探讨，主要基于决策模块来分类并逐一分析，主要包括战略管理决策问题、市场营销决策问题、生产运作决策问题、技术研发决策问题、财务管理决策问题和国际经营决策问题，在讨论问题的基础上，我们还给出了相应的问题分析方法与工具，可以帮助学生更好地分析问题和解决问题。最后，我们对经营决策能力的训练与提升进行说明，先是说明经营决策的认知能力涉及哪些层面的内容，然后介绍了决策能力训练的流程，以及提升评估决策能力的方法。

## 思考与练习

1. 请谈谈你对经营决策系统的整体认知与理解？
2. 你是如何对经营决策结果进行有效分析的？
3. 你主要关注哪些经营数据或报告指标？
4. 你最为关注的经营决策问题有哪些？它们为什么重要？
5. 你如何评估你的经营决策能力是否获得了提升？

# 第7章　经营团队决策能力训练

◎本章学习目标

1. 了解团队决策的一些相关重要理论
2. 理解影响团队决策的相关重要因素
3. 理解评估团队有效性的关键要素
4. 理解促进团队有效性的关键过程
5. 理解提升团队有效性的六个条件
6. 掌握促进团队高效协作的一些重要方法

第6章主要基于决策模拟系统来训练和提升我们的决策思维与认知能力，本章则基于整个团队层面来观察我们的团队决策能力。我们亦可以将这种团队的合作决策行为看成一种方式的模拟，即整个团队基于角色扮演来模拟一个经营决策团队，他们需要在一门课程或培训的时间周期内进行合作，做出一系列与模拟经营有关的决策行为，例如组建团队、确定目标、明确问题、收集数据、分析问题、小组讨论、做出决策、制定方案、实施方案、获得反馈与决策调整，等等。学生应将这些实践作为一次宝贵的学习机会，对这些行为与实践进行细致刻意的观察与反思，并通过不断地尝试与调整来训练和提升自己的团队决策能力，因为提升这些团队层次的综合能力与素质，不仅能帮助我们在模拟决策中更好地发挥和提升决策思维与认知能力，更是我们未来职业生涯发展中不可或缺的能力。

# 第 1 节　团队决策概述

决策是管理者应对外部环境信息刺激的反应策略，外部环境信息包括行业与市场发展、竞争者动态变化、资源与能力的变动都会对管理人员的决策产生重要影响。不同的管理人员受多种因素的限制，只能接收到外部环境客观信息的有限部分，并基于自身拥有的信息数据和知识能力，来对相关决策信息进行分析，并形成自身的初步决策判断。如果要突破个人信息、知识与决策能力的限制，就需要依靠团队的力量，一个高层管理团队可以进行更有广度和深度的思考和讨论，进而整合出更有质量和价值的团队决策方案。但是，这个过程并不是自然发生的，而是需要我们深入理解团队决策的相关影响因素与内在机制，以帮助我们进行科学有效的团队决策。

## 一、高阶梯队理论

学者 Hambrick 和 Mason（1984）在其提出的“高阶梯队理论”中，对于高层管理团队做了一个界定，认为企业高层管理者就是负责制定与执行企业战略决策，组织与协调企业运作，并对企业的经营与管理拥有很大控制权的最高层经理。一般来说，许多人都趋向于从职位高低或业务的重要程度来定义高层管理者团队范围，但 Smith 等（1994）认为高层管理团队还应该具备良性互动、具有共同认同的目标、能够进行资源整合优化以及高效能等重要特征。

“高阶梯队理论”对团队决策有一个重要的观点，即企业高层管理团队成员的背景和特征直接决定了组织的决策和绩效。例如，该理论认为高层管理者教育背景和工作背景的不同造成了其知识水平、思维方式以及技术能力的差异，这些客观存在的差异必然会使其在实际工作中形成自己的决策风格、领导风格以及管理风格，并对组织绩效产生影响。相关的研究主要从人口统计学的角度来考察高层管理团队成员的性别、年龄、任期、教育背景、工作背景等因素对企业战略选择的影响。Hambrick 和 Mason（1984）梳理了高层管理团队的五个核心要素：构成、过程、结构、激励和团队领导。构成是指高层管理团队的人口统计学特征；过程是指信息沟通、决策过程、人际关系以及标准化行为；结构是指管理者的角色以及角色之间的相互关系；激励是有效地激发团队成员实现组织目标；团队领导是指企业设定目标、发展文化的能力，它反映了高层管理团队核心领导者的重要性。

“高阶梯队理论”指出，一个良好整合的高层管理团队在进行若干相互独立又相互联系的行为过程中，个体效能的简单叠加并不能等同于团队效能。在对企业高层管理团队运作过程方面的研究包括一系列重要因素，主要包括团队信任、团队沟通、团队冲突、团队领导、一致性行为与行动、社会化整合等（Amazon and Sapienza，1997）。这些因素对企业战略决策以及组织绩效具有深远影响，但同时还发现这些影响因素之间存在的相互关联，以及它们之间的整合力对战略决策及组织绩效所产生的影响效果，这可能是一个更加复杂的管理问题。

## 二、团队决策心智模式

1. 团队心智模式的内涵

Rouse 和 Morris（1986）最早将心智模式定义为一种心理机制，人们利用这个心理机制可以描述系统目标和形式、解释系统功能、观察系统状态以及预测系统的未来状态。彼得·圣吉认为心智模式是根深蒂固于我们心中的一些假设、成见或印象，影响我们如何了解这个世界，以及如何采取行动。个人心智模型作为一种较为稳定的思维认识模式和行为习惯，其形成过程较为复杂，可能受到个人教育、工作经历、生活经验与价值观念等诸多因素的影响。

在心智模式的基础上，Cannon-Bowers 等（1993）又提出了共享心智模式这一概念，也被称为团队心智模式，顾名思义是指团队成员共同拥有的心智模式。基于团队心智模式，团队成员在执行团队任务的过程中可以形成共享的解释和预期，从而能更好地协调自己的行为，以适应团队任务和其他团队成员的需求。由于团队任务复杂多变，团队心智模型也更具复杂和多层次。例如，在团队任务执行过程中，团队心智模式表现在以下层次：①团队成员需要掌握相关工具、设备或系统的技术原理及其操作，同时要理解自己和团队其他成员之间的操作存在怎样的相互作用；②团队成员需要理解任务属性，如任务流程、任务相关信息和策略，以及工作环境中存在哪些因素可能会影响任务的完成；③团队成员要明确在任务完成过程中自己所担当的角色和发挥的作用，以及成员之间如何相互配合与协作；④团队成员必须相互了解熟悉他人的知识、能力、优缺点及相关的个人特质。团队成员必须深刻理解以上团队心智模式将会对团队合作的成效产生重要影响。

2. 团队心智模式的类型

在 Cannon-Bowers 等（1993）所提出的团队心智模式基础上，Mathieu 等（2000）进一步将团队心智模式分为团队作业模型和团队互动模型：

（1）团队作业模型。主要指团队成员对团队作业相关因素形成的一致性认识，包括如何理解设备和技术的使用，对团队作业流程、策略、作业情境等的认识是否达成一致。团队作业模型与具体的团队作业通常存在高度的关联性和特异性，因此在面临一项新的团队作业时，团队成员往往需要通过共同培训和团队学习来达成一致性的认识。

（2）团队互动模型。主要指团队成员对彼此之间的互动关系形成的一致性认识，包括对团队互动模式、成员之间互依性的共同理解，以及对团队成员知识、能力、爱好、习惯等方面的共识。相对于团队作业模型而言，团队互动模型更具有可迁移性，即已形成的互动模型可有效迁移到其他团队作业中。

3. 团队心智模式的决策效率

在团队决策领域中，团队心智模式越来越得到广泛应用，经验表明，有效的团队心智模式能提高团队决策的效率，其是否有效可以用两个标准衡量：一是共享的准确性，二是共享的广度。

首先，共享的准确性。共享的准确性在高管团队共享心智模式与决策效率的关系中非常重要，共享的准确性越高，两者的关系就越紧密。反之，如果团队成员对环境的分析与解读不准确，那么团队心智模式往往会误导团队成员，从而给团队的任务完成与合作成效带来不良的后果。

其次，共享的广度。因为高管团队所面对的问题与任务往往具有复杂、多样和模糊等特征，在应对不同的复杂的问题与任务时，高管团队的知识广度将会直接影响解决问题的效率。一定程度上，心智模式共享的广度完全可以影响和决定高管团队知识的广度，所以共享的广度就会发挥重要作用，深刻影响着团队心智模式与决策效率之间的关系，并且，共享的广度越高，两者的关系就越紧密。

除了以上两个有效性标准，我们还必须了解有效地运用团队心智模式的一些重要经验：①成员之间沟通越好的团队，越有利于形成团队心智模式；②如果团队合作中“搭便车”的现象与行为越严重，就越不利于形成团队心智模型；③团队心智模式通常有利于团队有效运作，并取得更好的团队绩效；④有团队心智模式的团队，成员的满意度比较高，群体效能感较高，并且团队成员之间的密切关系还会延续到工作之外的场景中。

## 三、团队决策的影响因素

一个团队的决策质量会影响到组织绩效表现，因此如何提高团队的决策质量或效率以促进组织绩效表现，是一个非常值得关注的研究主题。决策质量可以定义为：决策在执行中体现出的解决实际问题的能力，以及根据实际情况及时调整策略的应变能力，即决策反映出来的效果（Korsgard et al.，1995）。决策质量往往会受到决策信息、决策环境、决策过程等多种因素的影响。高层管理团队的战略决策过程是一个团队改善结构、提高认知、创新思维、持续学习的过程，在这个过程中团队化的管理和运作模式对拓展管理者个人能力、提升团队整体实力有着至关重要的作用。

1. 团队特征对决策效果的影响

一般认为，团队特征多样化可以提升决策效果。因为团队特征多样化可以带来多元化视角，其对决策信息可以产生多层次多角度的理解，由此可以更全面地评估决策方案，从而提升决策质量与效果。例如，教育水平与专业的差异化会表现在团队成员在知识与能力上的不同，这更有可能带来多元化的信息渠道和信息来源，提升团队成员对复杂决策问题的适应能力，从而提高决策效果。再如，团队成员工作背景的差异化易引发决策的认知冲突，但工作经验的多元化更有利于促进多角度分析问题，从而可以提高决策效果。此外，具有不同风险偏好的团队成员在决策中也会发生不同的作用，成员之间风险偏好差异化程度越高，决策时间越长，决策速度越慢；成员之间风险偏好差异程度对决策过程与决策结果的满意度会呈现出负相关关系；风险偏好的差异与决策一致性具有“U”形相关关系。

2. 决策行为对决策效果的影响

（1）交流密度。交流密度是指在某一段时间期间，团队成员之间的普遍接触程度。交流密度可以分为正式沟通和非正式沟通，正式沟通主要是在工作时间与工作场所围绕工作相关内容发生的正式交流，而非正式沟通多发生在非工作时间与非工作场所的私下交流。决策效果不仅取决于正式沟通，非正式沟通也是非常重要的，因为非正式沟通会增强团队成员之间的情感联络，促进团队成员之间的相互认同和信任建立，有利于形成更强的团队凝聚力。

（2）信息共享广度。信息在决策中发挥着关键性因素，信息的准确性与及时性会影响决策方案的质量、决策反映的速度以及决策制定的成本等诸多方面。高层管理团队信息的差异化和专业化有利于产生认知冲突，从而对决策质量与效率产生影响。除与决策事件相关的信息外，团队成员的态度、关系及互动方式等信息，也属于信息共享的内容之一，其共享广度能够促进整个团队的知识共享广度，从而促进决策效果。

（3）分权与集权。团队内部权利配置的方式决定了成员之间的利益、责任以及决策风险承担的方式。任何高层管理人员都需要在团队目标和个人目标之间进行权衡，在所能拥有的决策权利的限制下，选择自身分配利益与所承担的责任和风险相匹配的决策方案，或者是更有利于自身利益分配的决策方案。因此，权利的集中与分散都会影响决策的效果。

3. 决策流程对决策效果的影响

决策流程可以划分为确定目标、寻找方案、评价方案、选择方案、实施方案等多个阶段。在此过程中团队表现出来的差异性也会对决策质量和效果产生重要影响：

（1）决策程序公正性。团队决策程序不够公正容易引发团队成员之间的猜疑和不合作，不信任与不合作又进一步造成信息的共享与处理产生问题，从而影响到决策质量。相反，决策程序的公正性可以增强团队成员之间的归属感，提升相互之间的信任与决策承诺。团队成员间的不信任还会造成大量的时间和精力投入在沟通成本上，导致很难达成共识而降低决策质量。相反，高信任度的团队能更加聚焦于目标和任务相关的工作过程与内容，相互之间的目标协调与信息交流变得更为流畅，从而获得更好的决策效果。

（2）决策方式合理性。核心决策人在决策中发挥着重要作用，其在团队决策中通常有三种发挥决策的方式：第一种方式是决策完全由集体讨论决定，团队没有核心决策人或不做最终决策；第二种方式是在众多备选方案中核心决策人先表达个人的决策偏好，再由团队集体做出最终决策；第三种方式是由团队集体先行讨论，形成多个备选方案，然后再交由核心决策者做出最终决策。如何采取一种适合自身团队的决策顺序以确保其更加具有合理性，需要团队在实践中进行探索和磨合。

（3）团队决策的速度。决策讨论的轮数越多，决策时间也就越长，决策成本也就越高，但是多轮决策有利于在决策过程中的充分沟通，提高决策的理解一致性，高层管理团队是果断型还是稳健型，决定了团队的决策风格。此外，外部环境的变化有时会改变决策风格，比如竞争对手的突发事件和行动，可能会对已产生决策结果的情况下，又追加一轮决策，从而影响决策效果。

# 第 2 节　团队有效性提升的关键要素

## 一、团队有效性的 IPO 模型

哈佛大学团队管理研究学者理查德·哈克曼（Richard Hackman）提出了一个团队有效性（I–P–O）模型（见图 7–1）。该模型从“输入—流程—输出”（Input–Process–Output）三个维度分析了团队的有效性问题。

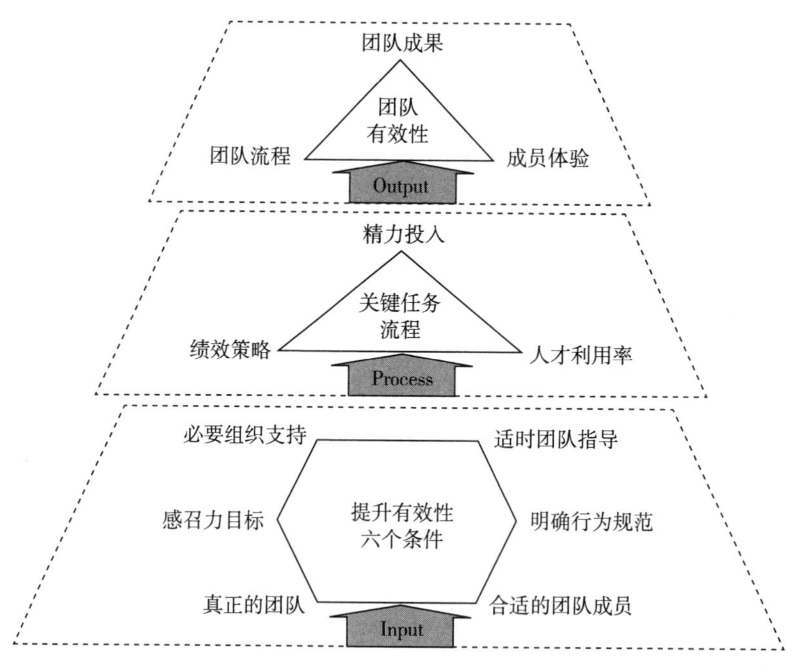


图 7–1　团队有效性（I–P–O）模型

首先，该模型从输出端的角度分析了什么样的团队才是有效的，其主要有三个方面：①团队成果。团队成果不是简单地指团队达成的业绩，而是从客户的角度来看，团队所提供的产品或服务在质量、数量和时效上是否达到了要求。②团队流程。团队流程主要从团队内部合作与互动的角度来看，是否增强了团队成员相互依存、共同工作的能力。③成员体验。成员体验是要求团队的经验对成员的学习和职业发展有积极贡献。

其次，该模型从关键任务流程的角度分析了达成团队有效性的重要基础，其包括三个方面：①精力投入。精力投入是团队成员在团队任务执行上的努力程度，其强调成员所投入的有效时间和精力，同时要避免“过程损失”。②绩效策略。绩效策略是指团队成员就如何完成工作所做的一系列选择。③人才利用率。人才利用率是要准确评估团队成员的贡献，有效地利用成员的天赋和经验。

最后，该模型从输入端的角度分析了团队有效需要创造哪些条件。主要包括六个条件：①创建真正的团队，为攻克难题做好准备。②制定富有感召力的团队目标，为解决难题指明方向。③挑选合适的团队成员，使团队能力更全面。④建立明确的行为规范，促进团队高效协作。⑤提供必要的组织支持，激发团队执行力。⑥提供适时的团队指导，最大限度地减少过程损失。

## 二、评估团队有效性的三个要素

团队的建立主要是为了完成一些任务并实现某些预定的目标，我们通常在评估一个团队时会聚焦于关注该团队的任务目标是否完成，并以此作为评估团队有效性的核心要素。理查德·哈克曼认为团队的有效性应该从多个层面来看，包括团队成果、团队流程和成员体验三个方面，其可以大大地拓展我们对有效团队的理解。

1. 团队成果

团队成果不是简单地指团队完成或实现的业绩，其主要指能满足或超过客户的要求，主要可以体现在数量、质量和时效等方面。只有客户的标准和评估才是决定团队有效性的重要因素。例如，学生企业实践报告可能需要得到企业导师和学校导师的双重评估。当然，不同客户如何评估团队可以有自己的标准，如企业导师可以注重报告质量，而学校导师可以注重学习过程质量。

2. 团队流程

团队流程主要反映在有效团队能够相互合作与依存，彼此增强能力，他们以建立共同承诺、培养集体技能和采取适合任务的协调策略的方式来运作。他们应定期检查和反思团队的运作模式是否合理，并不断吸取经验和教训，提升团队的协助能力。

3. 成员体验

从团队成员的体验来看，有效团队能给团队成员建立一个优良的成长平台，大家彼此信任，相互学习知识和经验，不会有疏远和对抗等不良情绪滋生，其带给成员的积极因素远远多于消极因素。

## 三、促进团队有效的关键过程

团队是否有效只在输出端进行事后评估是不够的，关键是要在团队任务执行的过程中进行有效监控和调整，以能为有效的输出做好一些基础保障，没有一个好的过程就很难保证有一个好的结果，团队应将注意力放在团队合作的关键过程上。这里主要包括三个方面：精力投入、绩效策略和人才利用率。

1. 精力投入

精力投入主要指完成集体工作时，团队成员的努力程度。团队的协调是一件耗费精力的事情，其中最有损害的是产生“社会惰怠效应”，团队成员的消极怠工或“搭便车”会成为击垮团队的毒药。只有团队成员高度认可团队，且愿意为团队的目标和理想荣辱与共，并愿为之努力奋斗，团队才有战斗力。

2. 绩效策略

绩效策略是团队为完成任务或工作需要做一系列的决策和选择，这些将构成团队的绩效策略。如果绩效策略能够不断探索、创新和优化，从而让任务的完成出现良性正向循环，则能保证工作的有效性。最应该防备的是不要在团队中形成一种习惯性的例行公事心态，这种心态一旦形成，不但无法发挥团队的创造性和整合效应，还可能让团队处在一种低层次认知和简单的重复工作状态中，甚至导致低级错误。

3. 人才利用率

对于团队有效性损害最大的就是没有准确地评估团队成员的贡献。“有人的地方就有江湖”，在一个团队中如果我们基于个人职位、性别和履历做出各种团队决策，而不是看重团队成员的贡献和技能，就会损害团队的有效性。当团队成员之间可以形成一种相互学习的互动模式，彼此不断相互促进提升，则个人的潜能和效能将能最大限度地发挥出来。

## 四、提升团队有效性的六个条件

团队有效性的六个条件是理查德·哈克曼最为强调的内容，他认为只要将这些条件做好了，团队有效性的提升将会水到渠成。因此，我们与其不厌其烦地在任务执行过程中等指导或结果出来后再进行评估，还不如在输入端全力创造好这些条件。

1. 创建真正的团队

真正的团队应该具备三个特征：

（1）清晰的边界。有些团队的成员组成如果太松散，结果是很难进行有效管理与合作的，因此，需要权衡团队边界的松与紧，以恰当地实现团队凝聚力。当然，团队边界的约束也不要走向极端，而要艺术性地进行平衡，以实现外部机会发掘与内部创造力发挥的良好状态。

（2）成员相互依赖。如果成员之间的任务相互依赖越多，相互学习任务越多，则有效性越高。因此在工作任务与目标的设计和分配上，应该让成员之间相互依赖与支持。

（3）团队构成稳定性。团队的稳定性可以让成员更好地了解对方，减少相互沟通成本，提升合作的效率，同时更少地犯错。

2. 制定富有感召力的团队目标

有感召力的目标有三个特征：

（1）目标清晰。目标不能太模糊，也不能太具体。太模糊会让团队成员不知道方向和目的地，无所适从；太具体则会让团队成员无法发挥自主认知，仅成为一个执行者，从而削弱其创造力。

（2）富有挑战性。富有挑战性的目标本身就能激发团队成员的内在驱动力，过于简单的目标反倒难以激发团队成员的潜力。

（3）具有重要意义。目标要让团队成员感到有意义、有价值，并愿意为之努力奋斗。

3. 挑选合适的团队成员

应从三个方面来挑选合适的团队：

（1）任务能力。选择那些具有完成任务能力的成员，并让团队成员之间的能力具有互补性，进而提升团队的有效性。

（2）合作技能。并不是每个人都具有团队合作技能，因此需要采取一些方法甄选那些具有合作技能的人，尽管这不容易做到，但还是能从其过去的团队合作经历中进行判断。

（3）过往的培训和经验。通过成员周围的朋友或同事可以了解其过去的工作经验与能力如何。

4. 建立明确的行为规范

团队的规范可以帮助团队更好地执行任务和完成目标，主要有两种类型的团队规范：

（1）第一种团队规范可以帮助团队识别并充分利用成员的知识、经验和技能；

（2）第二种团队规范可以帮助团队设计和实施可行的任务绩效策略，使任务顺利进行。

5. 提供必要的组织支持

在必要的时候需要为团队提供一些必要的组织支持，主要包括：

（1）要为团队提供完成其工作所需的各种信息；

（2）要为团队成员提供教育和技术资源，扩充成员自身的知识和技能储备；

（3）要为团队提供充足的物质资源，以便完成团队工作；

（4）要对团队的优秀表现给予充分的认可和赞扬；

（5）领导者需要尽其所能改善组织环境。

6. 提供适时的团队指导

团队指导帮助团队避免过程损失，提升协同效应。在具体进行团队指导的时候需要注意以下几个方面：

（1）提升团队整体而非个体。可以关注两点：一是帮助个体成员增加他们的个人贡献；二是探索团队作为一个整体如何最大限度地利用成员资源。

（2）以任务为导向。指导最好是直接关注团队的实际工作，而非人际关系，这样效果会更好。

（3）指导干预宜迟不宜早。过早的干预可能会让团队依赖教练，同时还剥夺了成员从失败中学习的机会，指导干预之前需要多观察和多思考。

（4）在团队不同的生命周期给予不同的指导。在起始阶段应多给予动机类的指导，培养团队良好的集体工作动机；在中间阶段应多给予咨询类指导，帮助团队建立更好的绩效策略；在结束阶段应多给予教育类指导，帮助团队总结经验，提升认知和能力。

（5）当发现团队要出现重大问题或正常的工作秩序将被打破时，可以进行一些特别的指导。

理查德·哈克曼强调了团队管理的一个“60-30-10”法则。即团队的最终表现有 60% 取决于团队领导所做的前期工作的质量，30% 取决于团队的初始启动情况，10% 取决于团队开始工作后的领导所作的直接指导，尤其强调了在准备阶段的工作。例如，建议在准备阶段一定要思考清楚一些重要问题：①组建团队是否真的是实现这个目标的最有效或最合适的方式？②如果是，那么需要什么样的团队？③团队可能会遇到哪些阻碍？需要做哪些准备工作来消除这些阻碍？④如何更好地组建并支持团队？⑤一旦开始工作，将如何向团队提供有效指导？⑥即将加入团队的人准备好一起工作了吗？⑦团队合作中是否存在可以提前预测的困难？⑧团队合作中是否存在一些小群体？这些小群体之间是否有既存的历史问题使他们很难合作？

## 第 3 节　促进团队高效协作的重要方法

### 一、构建团队成员信任关系

1. 团队信任关系存在的问题

当团队成员之间没有建立必要的信息时，成员之间良好的互动就很难建立，成员之间真正的沟通和交流会很难产生，大家可能只会把注意力放在自己的事情上。团队成员之间因此也很难产生尊重，甚至有被冷落和疏远的感觉。带来的结果是成员之间的信息和经验很难进行分享，这样的团队就谈不上有良好的合作与解决问题的能力，面对稍有难度的团队任务就有可能寸步难行。更重要的是，当团队信任关系没有建立时，团队协作的效率降低，成本却增加，团队成员的忠诚度会受到损害，其带来的成员高流动会给团队和企业的工作带来巨大的挑战。

2. 团队信任关系产生的原因

团队没有建立信任关系的原因比较复杂，特别是对于人数规模较大的团队，其信任关系建立更是一个较为困难的过程。客观上可能是因为团队刚刚建立，成员之间不熟悉，还没有激发建立信任关系的动力或兴趣，或者是因为成员之间见面和交流在时间与空间上受到限制，很难建立信任关系。主观上可能是因为团队成员对信任关系存在认知差异，有些成员可能因为个性上喜欢独来独往，或者对相关成员有成见或刻板印象，不愿意进一步建立信任关系。特别是对于人数规模较大的团队，信任关系不能形成的原因可能更为复杂。

3. 团队信任关系建立的解决方法

团队信任关系的建立需要团队成员共同的努力，在团队合作实践过程中可以注意以下几个方面：

（1）要培养团队意识。我们要意识到团队合作对于个人生活和工作的重要性，即使你在生活中是一位“独行侠”，不愿与人交往，一旦因为某种原因加入了一个团队，就必须开始思考团队对个人的影响。实际上，即使对一个主观上不喜社交个性的人来说，只要思维和注意力开始从社交恐惧转移到团队的优势与益处，就有可能慢慢改变自己的团队认知和意识。

（2）团队领导者的行为。团队领导者在团队信任建立过程中发挥着非常重要的作用。首先，领导者自身要有表率作用，即自己的言行要能够主动去促进成员之间信任关系的建立，如果自己的行为都是在阻碍这种信任关系建立，那么团队信任关系气氛就更难以形成。其次，领导者需要知道采取一些必要的措施和策略来促进团队成员之间信任关系的建立。

（3）为团队成员建立信任关系创造条件。信任关系的建立需要在互动中建立，为此，团队需要考虑建立相应的沟通与交流机制，来保证团队成员有相应的时间和空间进行互动交流。当然，这些沟通与交流可以采用正式或非正式的方式，例如一起参加运动或非正式的聚餐，都可以为团队成员之间信任关系的建立创造条件。

（4）团队要在关系的建立上进行投资。在关系上投资主要是愿意为信任关系的建立投入时间和精力。关系作为一种社会资本，和人力资本与金融资本一样，需要进行投资和维护，以使其不断积累和增值。这甚至需要我们在心理上进行自我建设，即更加愿意与人分享，更加开放，更深刻地认识到团队信任关系对团队和自我的成长息息相关。

## 二、化解团队的冲突和紧张

1. 团队冲突存在的问题

团队之间的冲突和矛盾在所难免，冲突和矛盾是一把“双刃剑”，用得好可以激发创造力，用得不好则可能给团队工作带来破坏性。冲突首先会引起团队目标的不一致，团队内部可能会出现争夺资源的多个目标，这会严重地分散团队的资源和力量，从而损害团队的战斗力。其次，团队冲突会加剧团队内部关系的紧张，使一些负面的信息滋生，吸引团队成员的注意力和精力来处理一些与目标无关的事情。第三，团队冲突会降低团队的工作效率，成员之间的紧张关系让任务的执行与问题解决变得更加艰难，成员互动沟通效率下降，误解可能增多，甚至出现一些故意的曲解或不配合，使团队完成目标与任务的成本大大增加。最后，如果冲突和紧张没有得到有效化解，加剧到一定程度还会导致整个团队的分崩离析，直至瓦解。

2. 团队冲突产生的原因分析

团队冲突的产生往往起源于对一些问题的意见不一致，意见不一致是任何一个团队在完成任务过程中都无法避免的，因此需要正确地去理解为什么会产生不一样的观点和意见。第一，最普遍的原因是缺乏沟通，沟通并不是一件容易的事情，特别是当团队的任务较为复杂时，沟通的双方都可能因为方法的不恰当导致误解。第二，由于个体差异带来的冲突，这些差异包括性别差异、性格差异、文化差异或工作方式差异。个性差异有时候会带来创造力，如果处理不好很容易引发冲突，有些是显性冲突，容易被发现，但有些是隐性冲突，不容易被发现，很难获得及时处理，以至于成为团队综合能力提升的绊脚石。第三，目标上的冲突，各个成员加入团队会有自己的目标，特别是像一些矩阵式组织，人员来自不同的部门或机构，原有部门的目标就存在差异；或者是专业领域或业务领域的不同，成员分别着重聚焦自身领域的目标，导致目标冲突。第四，一些竞争性行为带来的冲突。组建团队主要是为了合作带来的协调效应，但是团队内部的竞争行为也是相伴而生，目标的竞争、资源的竞争、地位的竞争、话语的竞争乃至小团体派系的竞争，都有可能发生，甚至形成一种交织复合的竞争关系。

3. 团队冲突的解决方案

团队的冲突在实践中不可避免，但是对于外部相关利益者来说，往往对冲突的出现感到不舒服或不顺眼，这些外部相关利益者包括客户、供应商、教练、管理者和投资者。团队领导者和成员不能对冲突放任发展或不闻不问，而应用积极的态度来处理，管控好冲突，让其成为促进团队协同性与有效性的一种手段，来促进团队目标的实现。解决的方法可以包括：

（1）改善沟通。首先是要增加沟通的频率，对一件事情沟通三次总比沟通一次可以获得更多的信息和更深层的理解，因此要创造机会多沟通，沟通多了就会增加彼此的默契程度。其次是提高沟通的技能，沟通是一门艺术，需要不断地实践和完善，当我们发现一种沟通方法不奏效时，就要想着如何来改善沟通方法以提升沟通效果。实际上，现在有很多开发好的沟通方法和技能可以分别有效解决不同问题和场景的沟通，可以鼓励成员多进行学习。最后是构建多种沟通方式。随着移动互联网的发展，我们目前有许多沟通工具，使用一对一、一对多、多对多，线上与线下、在线与脱线，文字、音频和视频等方式，鼓励团队根据团队任务的需求来使用更加恰当和丰富的沟通方式。

（2）换位思考。化解冲突和达成共识的一个重要方法是换位思考。我们之所以不理解对方是因为我们没有站在对方的角度去思考问题。一位能站在下属角度思考的领导可以更好地激励下属，同样地，一位能站在领导角度思考问题的下属可以更好地管理公司。阻碍换位思考的原因可能有很多，可能是利益和立场不同，专业和领域不同，信息和认知不同，等等。不论是什么原因，只要努力去换位思考，我们就能更好地理解冲突产生的逻辑，从而为我们化解冲突找到解决方法和方案。

（3）学会提问。在改善沟通和换位思考的过程中，正确地提问是一个非常有效的方法。在沟通的过程中，人们总希望表达和输出自己的观点和想法，并希望对方能够理解，这种心理状态有时候强烈到没有耐心和注意力去听取对方的观点和想法。这会使沟通陷入一种“欲速则不达”的状态，甚至引发更激烈的冲突。更好的方法是转变心态，多尝试理解对方的思维与逻辑，通过提问来帮助对方思考和发现自己观点的可取与不可取之处。提问的层次可以包括：多获取信息，填补信息缺口；梳理思维的逻辑性，完善逻辑的不完善；挖掘观点逻辑的背后假设，质疑假设是否成立；一起思考观点和想法形成的元认知，观察元认知是否能够提升。学会提问是一件让个人和团队受益良多的技能，这个可以在团队教练或指导的帮助下得到训练和提升。

（4）强化共同目标。一个团队发生内部冲突不可避免，但要避免由于冲突使团队的凝聚力下降，最终导致团队形式上的解散或实质上的瓦解，一个好的方法是不断强化团队的共同目标。就好比《西游记》中四人取经团队，各个成员的价值观、性格、能力和观点都差异极大，几乎难以相容，但是唐僧作为领导者做了一件非常重要的事情，就是一直强化团队的目标：西天取经。最终不但维持了团队的稳定，还成功实现了目标。因此，强化共同目标需要团队不断梳理和确立有共识的目标，能够不断将目标分解与匹配成员目标，定期进行调整与强化，避免团队成员对团队目标产生疏离或不认同，只要团队目标能够占据和主导团队成员的认知心智，团队的冲突就不会造成致命的破坏。

## 三、营造团队的分享与共享氛围

1. 团队分享与共享存在的问题

如果团队成员没有分享和共享信息与知识的意愿，那么给团队合作带来的损失是多方面的。第一，团队完成任务的成本增加，成员可能会为了同一信息或任务投入重复的劳动，增加了团队成本。更重要的是，团队的协同效应无法产生，甚至出现 1+1<2 的状况。第二，团队成员之间的学习效应很难产生，团队的竞争力很大程度上来自成员之间信息、知识与经验的互动学习与提升，如果缺乏分享与共享行为，就很难提升成员和整体的竞争力。第三，给团队造成消极的情绪氛围。没有分享和共享有可能带来内部一些负面的谣言滋生，团队成员处于一种消极的情绪氛围中，严重影响团队任务的执行，成员为了自我保护而做出损害他人和团队的行为。第四，团队实现目标的成功概率会降低。团队目标的实现需要大家共同的努力，特别需要“力往一处使”，以保证团队的资源与力量用到重要目标上，如果团队内部没有分享与共享的行为措施，很可能会分散和浪费团队的资源与力量，导致目标无法实现。

2. 团队分享与共享不佳的原因分析

团队内部分享与共享的行为与氛围并不是件容易的事，因为有很多原因会阻碍这些行为，例如：第一，成员分享与共享的意识太差。不是每个人都有分享与共享的意识，有些人拥有的可能是一种孤岛思维，即单打独斗，独来独往，他们不认为分享与共享能带来益处，相反，可能认为是一种没有效率的行为策略，这种行为在一些学习优秀者身上都可能存在，因为从小学到大学他们就是依靠自己个人的努力与奋斗获得了好成绩，所以没有分享与共享的意识。第二，出于个人的竞争力考虑。当个人将信息与知识当成一种维护个人优势或地位的资源时，他们就不愿意主动去分享和共享，因为他们害怕失去这种优势或地位，从而在信息和知识分享与共享上有意背道而驰。第三，自我保护的意识太强。因为在分享与共享的过程中，可能会暴露自身的缺点与问题，让领导者或同事知道后，会给自己带来不必要的麻烦甚至惩罚，从而避免出现“言多必失”的情况。此外，也有一些客观上的原因，例如团队成员的变化、没有分享与共享渠道、文化的差异，等等。

3. 营造团队分享与共享的解决方法

营造团队的分享与共享氛围需要一个过程，团队应针对自身的具体问题采取相应有效的措施，这里我们提出一些在普遍情况下可以见效的措施。

（1）团队领导者的带头作用。团队领导者要能勇敢地起到示范作用，虽然在分享与共享的过程中一定会带来多种挑战和风险，但是你会发现这些挑战和风险与团队合作的收益比起来，可能是一个更好的决策。

（2）建立一些强制性的分享与共享措施。分享与共享氛围的建立当然需要每个团队成员的共同努力，因此可以采取一些必要措施，例如在讨论过程中要求每个人必须都发言，收集的信息要进行共享，任务执行应及时反馈结果，等等。

（3）展示分享与共享带来的积极效应。没有比积极成果或益处更有说服力，一旦团队成员看到分享与共享带来的良好收益，就会形成一种良性循环，成员将更有动力进行分享与共享。

（4）采取直接的激励措施。团队可以就一些重要的分享与共享行为进行奖励，当然，这种奖励可以是多个层面的，例如为精彩的发言鼓掌就是一种能产生效果的即时激励。如果分享与共享带来了看得见的团队收益，则可以直接让团队成员分享这份收益，如链家的销售团队分成策略就采取这种激励措施来有效打造高度分享与合作的销售团队，取得了比传统销售分成策略更好的团队绩效。

## 四、提升团队的凝聚力与投入度

1. 团队凝聚力和投入度存在的问题

凝聚力不足和团队投入度下降是许多团队领导者担忧的问题。一个松散的团队最大的问题是缺乏战斗力，如果团队不具有良好的凝聚力，成员对团队的承诺与投入度也将大打折扣，他们可能对团队的工作不愿担负责任，甚至消极怠工。在凝聚力差的团队中，本来有工作动力的人也会受到传染，不再愿意全身心投入，在这样一种消极感染和恶性循环中，团队陷入一种僵而不死的状况，大家只是在应付团队的任务与工作，工作起来也是草草了事，没有人考虑结果，团队领导者也只是感到束手无策，没人愿意真正对团队承担起任何责任。

2. 团队凝聚力和投入度不足的原因分析

导致凝聚力不足的原因有很多，第一，工作本身属性会带来问题，例如工作过大的压力和难度也有可能导致团队产生厌倦情绪，甚至一些重复或单调的工作也有可能引起倦怠。即使一项工作开始不是那么让人厌烦，但简单地重复久了也难免让人疲倦。第二，团队内部的冲突或矛盾也会引起凝聚力下降。特别是这些冲突和矛盾可能一开始并没有引起大家的关注，如果积累久了没有及时正确地处理，则有可能带来团队的慢性“失血”，逐步让员工失去热情和动力，然后采取消极应对的态度。第三，团队缺乏激励措施。特别是对于一些工作内容本身激励效应较差的工作任务，如果没有设计一些激励措施，就有可能引起凝聚力的问题，当然，更好的方式是重新设计工作内容，让其更具激励效应。第四，如果团队成员缺乏团队责任人心态，把自己仅当作临时参与人或边缘人，就不会真正关心团队的工作并负起自己相应的责任，更有可能成为一名冷眼旁观者。

3. 团队凝聚力和投入度提升的解决方法

提升团队的凝聚力和投入度是一项持久的工作，任何原因导致凝聚力和投入度不足的现象都应引起重视，及时进行预防和处理。

（1）团队领导者需要对团队的凝聚力和投入度发挥重要作用。首先是领导者自身的表率作用，其所表现出来的热情和责任心会感染到团队成员，如果团队领导者在言行上对团队的目标和任务付出努力，并且会去关注每个团队成员的兴趣与目标，则会起到较好的影响作用。其次是领导者需要在团队管理上进行改善，例如，从团队组建的时候就需要正确地甄别团队人选，在团队目标与使命的制定上可以广泛地考虑成员的意见，在团队目标与任务实施的过程中，应有效地与成员沟通和及时地反馈，等等。

（2）真正地激发团队的兴趣和热情。团队应该在工作内容与工作方式上进行策划和设计，目的是让成员对团队工作有更大的兴趣，并且能够创新地进行工作，如果在工作的过程中可以产生一些令人鼓舞的成果，那么就能够有效地激发团队成员的兴趣与热情，从而提高他们的投入度。

（3）建立恰当的团队激励政策。一是团队内部自主形成的激励规则或惯例，这些规则可以用明文进行约定，即为团队做出贡献的行为应该受到什么样的奖励和激励，或者约定俗成地自发激励一些积极的团队行为。二是从团队外部引入相应的激励约束机制，这可以是外部的竞争对手强大的竞争压力带来的，也可以是投资者或上级管理者对团队设置的激励约束制度。

## 本章小结

本章主要指导在实战模拟中如何更有效地提升团队决策能力。首先，我们引入了一些重要的团队决策理论知识，包括高阶梯队理论、团队决策心智模式和影响团队决策的因素。这些理论知识有助于我们理解团队决策的有效性。其次，我们从操作层面上来探讨提升团队有效性的关键要素，这里主要引入了一个团队有效性的 I-P-O 模型，希望通过该模型的应用来帮助团队提升决策的有效性。最后，我们探讨了促进团队有效性的一些重要方法，包括构建团队成员信任关系，化解团队的冲突和紧张，营造团队的分享与共享氛围，提升团队的凝聚力与投入度四个方面。

## 思考与练习

1. 你如何理解团结决策的心智模式？如何才能有效地形成团队心智模式？

2. 根据自己的团队合作经验，分析哪些因素会影响到团队合作的成效？

3. 在提升团队有效性上，哪些因素会产生重要影响？应该如何来改善？

4. 结合本经营模拟实践，探讨如何来促进团队高效协作并取得成效？

5. 在本经营模拟中，你们在团队合作中产生了哪些冲突与矛盾？又采取了何种措施来解决？

# 第8章　模拟教学案例示范

◎**本章学习目标**

1. 了解一个完整的模拟课程教学周期应如何规划
2. 熟悉模拟课课前的规划与安排
3. 熟悉模拟课课堂的教学实施与管理
4. 熟悉模拟课课后的作业与练习安排
5. 掌握模拟课课程的考评内容与方法
6. 掌握提升模拟课教学效果的一些策略

本章以较完整的方式做出了一个模拟课程教学的案例示范，阐述每次课程在课前、课中和课后需要完成的任务。本案例示范的目的有两个：一是可以给使用本教材的教学者做一个示范，前面几章内容虽然涵盖了我们在模拟教学中会遇到的诸多问题，但是如果是一位模拟教学的新手，可能还是会感到无从下手。因此，本章给出在一个完整的模拟教学周期中，我们可以采取哪些教学方法和措施来推进一门模拟课程，这样可以减轻教学新手的紧张与焦虑，勇敢地迈出第一步。二是可以给使用本教材的学生做一个自学指导。出于某些原因，一些学生可能无法完整地在现场获得模拟教学的指导，那么，学生完全可以通过阅读本章的内容来了解在模拟学习的每一步自己该做些什么，实际上学生只要能够结合前面几章的详细内容，本章可以作为一个模拟决策的实施指导手册。

为此，本章将以一门实际的企业经营实战模拟课程为例，将整个课程周期教师和学生在课堂与课外需要完成的学习任务进行分解，完整地展示如何将本书的教学内容与教学方法应用到课程教学中。

# 第 1 节　模拟课程教学的一个示范

本节我们将基于一个完整的教学周期来设置如何进行模拟课程教学。对于不同的学校或专业，其模拟课程的学习时间周期长短不一样，本示范课的课堂教学共计安排 32 个课时（每个课时 40 分钟或 45 分钟），每次课如果安排 4 个课时，那么共上 8 次课。以下我们就分别对这 8 次课的课前、课中和课后的模拟学习任务与目标如何进行规划，详细地做一个示范。

如果你是一位模拟教学新手，你可以直接在这个示范课的基础上，根据自身课程的内容要求进行相应的改造，就可以较快地开展模拟教学。如果你是一位已经有模拟教学经验的教师，也可以尝试看看本课程示范对你现有的课程有哪些启发和参考。

## 一、第一次课：练习回合一

### （一）课前规划与安排

新学期开启，在正式开始上课前，教师和学生一般还没有见面，为了模拟课程能够顺利地启动和推进，我们建议可以通过各种网络沟通的方式来给学生做些课程预先安排，让学生在心理上预先进入课程学习状态，这样可以为第一次正式课程的教学打好基础。

1. 说明本课程的学习要求

如前面的章节所述，模拟课程的学习与一些传统课程的学习存在较大差异。在正式课程开始前，最好能够让学生了解这些差异，并在心理和思想上有所准备。我们建议简单地强调说明以下三个方面：

（1）课程学习目标。简单说明本课程学习的目标是知识的应用，需要通过“干中学”来完成，因此要求学生的课堂参与非常重要，让学生在心理和态度上杜绝“自学”知识的想法。

（2）课程学习模式。在课前可以简单说明团队学习将是本课程的主要模式，同时可以强调一下本课程与传统的课程不同，授课不是传统的讲座形式，团队成员的合作、讨论与交流将是主要形式。

（3）课程考核模式。简单说明课程考核模式也很重要，考核不再仅是知识的记忆，还包括知识的应用与能力的提升，实战模拟的平时参与程度与质量非常重要。

2. 课程的模拟小组分组

模拟课程是以团队的形式进行学习，对学生进行分组是课程最为重要的一个环节。分组可以在课前完成，也可以在课堂上完成，我们的建议是让学生在课前预先进行分组，这样有几个好处：一是让学生有充分的时间进行组队沟通，让他们尽量找到合适的团队成员；二是可以应对一些突发情况，如一些学生在组队过程中碰到困难，自己又无法解决，需要教师的介入；三是组队相当于一个热身，学生在心理和课程的内容上可以提前做些准备。

在组队的过程中，我们建议向学生强调本次课程团队合作与学习的重要性，让他们了解团队学习是本次课程学习的主要方式，务必慎重选择自己的团队成员，特别是在性格、特长和能力上进行合理组合。例如，本模拟课程需要进行大量数据的收集和分析，特别是财务报表的阅读与分析，因此可以建议学生在组建团队时最好能在团队里配备有相应特长的队员。当然，根据第 7 章的团队决策相关理论，我们还可以为学生提供更详细的组建建议。

3. 课前安排相关的阅读资料

在正式上课前，可以将一些相关资料的电子版发给学生，如“模拟案例说明”“模拟决策操作指南”，这些资料可以发简略版的内容，以便让学生可以迅速预习了解整个模拟课程的大概内容，阅读资料布置得太多反倒会阻碍学生的预习。

（二）课堂教学与管理

1. 正式组队与管理要求

根据班级人数的规模，一般建议组队 5~10 支，每支团队 4~6 人。学生组建好团队后，可以让团队成员进行交流，选出一名队长，队长的主要职责包括：

（1）组织团队成员之间的讨论交流。模拟课程需要学生在课堂上和课后做大量的讨论与交流，队长需要用热情和能力来组织大家进行讨论，以确保团队的合作与学习效率。

（2）代表团队与教师进行联络。队长还需要在模拟学习过程中代表团队负责与教师之间的联络，如团队作业的提交、团队任务的布置等工作。

（3）配合教师处理一些意外问题。由于某些特殊原因导致团队内部出现合作与学习方面的问题，或者是个别成员在团队中出现某些意外问题，导致该成员面临巨大的学习阻力或困难，队长应及时反映情况，配合教师妥善处理问题。

2. 讲解模拟课程学习的目标、内容与方法

（1）讲解模拟课程学习的目标与内容。可以基于图 1–1，讲解本模拟课程学

习的目标与内容。在讲解的过程中要强调与传统讲座性质课程的主要区别。

（2）讲解模拟学习的主要方法。对第 1 章中的学习方法进行讲解，让学生充分了解本课程与传统课程教学的不同点，其学习逻辑与方式发生了变化，如图 8-1 所示，主要包括：①以学生为核心的学习，即本课程不是以教师的内容讲授为中心，而是以学生为中心自主进行模拟学习。②相应地，也不再是以传统的知识讲授为核心内容，而是以问题解决为核心的学习主导。让学生理解模拟课程潜在的学习逻辑发生了变化，不能再采取传统的听课模式，以记忆和理解知识为主，而是要采取以解决问题为主的模式。

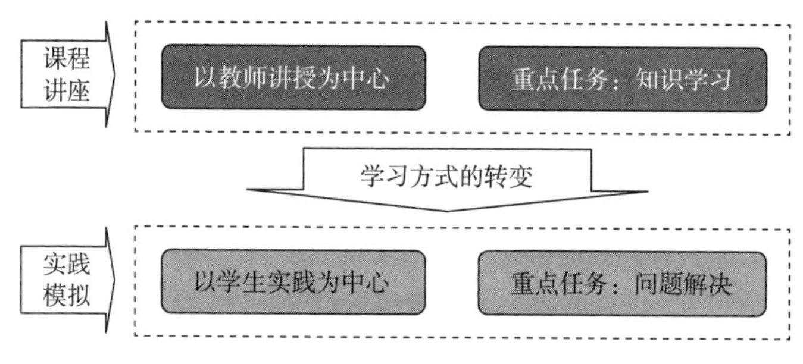


**图 8-1　模拟课程学习方式的转变**

（3）讲解模拟课程的考核方法。在本模拟课程学习目标、内容与方法说明的基础上，详细说明与之对应的评估与考核方法，要特别强调学生平时的主动参与及表现。同时，可以强调除了考察个人的表现，还要考核团队的绩效。具体考核方式如图 8-2 所示。

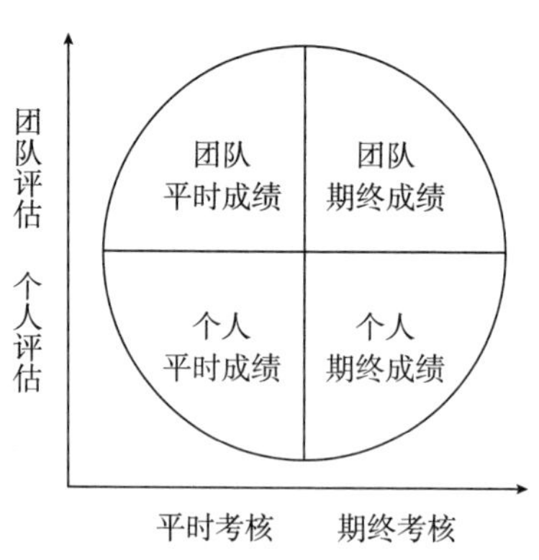


**图 8-2　实践模拟学习的考核方式**

3. 引导学生熟悉模拟系统

（1）引导学生正式登录模拟软件系统。登录之后，可以让学生用 10 分钟时间熟悉模拟平台的操作界面，同时引导学生了解和学会账号的基本操作与维护。在这个过程中个别学生可能会遇到登录和基本信息操作上的问题，教师可以进行个别指导解决。

（2）初步讲解模拟系统。首先，讲解模拟案例背景、各个团队要实现的经营目标，以及最终经营业绩的评估方法。其次，讲解模拟课程的总体安排，如图 8–3 所示，在简要的课程介绍之后就是进入两个练习回合，在练习回合我们会充分解答学生碰到的一些有关模拟系统界面与操作方面的基本问题。接下来就是 6~8 个正式回合，每个回合都会安排模拟的互动分享。

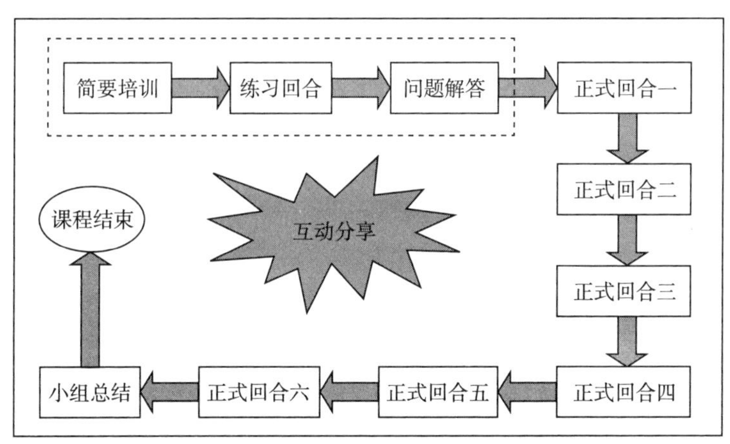


**图 8–3　模拟课程总体安排**

（3）讲解每个模拟回合的四个基本步骤。如图 8–4 所示，这四个步骤将贯彻每一个回合的模拟训练过程，要强调说明每个步骤的目的与要求。

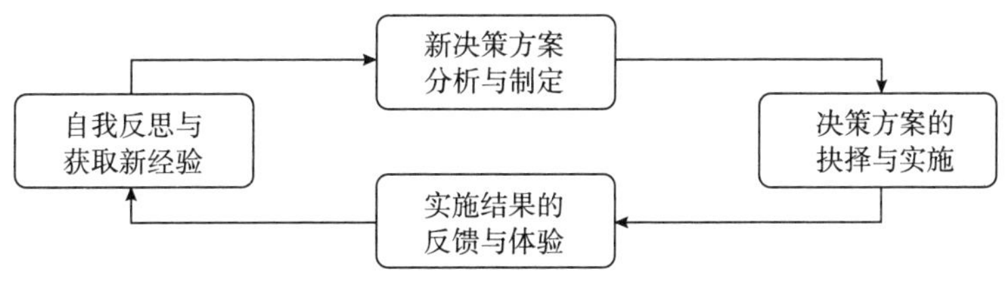


**图 8–4　决策模拟训练步骤**

（4）讲解“决策”栏的各个操作。为了让学生能够尽快进入模拟实践的状态，大致讲解一下第6章第1节的“模拟决策系统操作说明”。本内容是一个可选项，也可以让学生自己学习和熟悉。

4. 让学生开始“练习回合一”的决策模拟

在对模拟系统与课程学习做了基本讲解之后，可以让学生开始第一个练习回合的模拟训练。为了训练学生对决策时间的控制意识，要和学生商量好第一个练习回合结束的具体截止时间，并提醒该时间具有一定的硬约束性，大家最好不要超过该截止时间（由于是第一次尝试模式，练习回合一如果确实遇到一些团队无法在规定的时间内完成的问题，可以适当延时）。

5. 带领学生一起看结果

当练习回合一的结果出来后，可以带领学生一起看一下“结果”栏目中的结果，对一些关键的报告和报表做些提示，以帮助学生更快地进入结果分析状态。本内容是一个可选项，同样可以让学生自己去熟悉和分析。

6. 布置练习回合一结束后的作业

可以先布置好练习回合一将要讨论的问题。练习回合主要是为了让学生尽快熟悉模拟系统，解决一些基本的操作问题，以避免在正式回合时犯一些较为低级的错误而影响后续的模拟经营业绩。因此，我们通常会要求学生提出自己对本模拟系统存在哪些问题或疑惑。

（三）模拟学习作业安排

课后的主要任务就是拟定出下次课程将要讨论的一些问题或疑惑。具体的操作是首先让每位学生在练习回合结束后自己先单独在纸上写出三个最关切的问题或疑惑，然后通过团队讨论和相互学习，尽量在团队内部解决其中的一些问题，最后经过团队讨论筛选出相对重要的3~5个问题，并要求在下次课程开始之前，每个团队的队长将问题发送到教师的邮箱里。

## 二、第二次课：练习回合二

（一）课前规划与安排

第二次课程将要就学生提交的问题进行课堂讨论，因此，课前应要求各团队队长将第一次课程安排的作业提前发送到教师邮箱，教师将问题进行汇总。

为了能够提高课堂讨论的效率，可以事先对学生提交的问题进行梳理和重新排版，通常可以采用的一个方式是，将相同板块或类型的问题汇总在一起，这样在讨论的时候可以集中讨论某个板块或类型的问题，特别是重复或类似的问题放在一起就可以提升讨论的效率。

问题梳理好之后，可以再将问题清单发回给学生，建议他们事先浏览和思考一下，并安排学生做好两件功课：

（1）将自己知道答案的问题标注出来，并简要地写出答案要点。

（2）将其他团队提出来自己也同样关注，但不知道答案的问题标注出来。

在把问题发回给学生的时候，告诉学生下次课堂讨论的参与情况将会进行记录，且作为平时成绩考核的重要内容。

### （二）课堂教学与管理

#### 1. 组织学生进行课堂讨论

学生课堂讨论是相互学习的最佳方式，教师的作用主要是引导讨论的进行，最好让学生自己能通过思考和相互启发找到问题的答案。由于问题的类型和难度会千差万别，以下根据不同的问题说明应如何来引导整个课堂讨论。

（1）学生可以解答的问题。有些团队提出的问题可能其他团队已经讨论过了，因此可能有了答案，这种问题应该鼓励学生主动来解答，在解答完之后应该给予回答问题的学生积极的肯定，以鼓励更多的学生产生分享的意愿。

（2）学生可以部分解答的问题。有些问题有一定难度，学生如果解答不是很完整，教师也不要急于进行补充，而是鼓励其他学生进行补充完善，如果能引导学生一起讨论，学习效果将会更好，激发讨论的过程实际上比获得问题答案更重要，学生有了思考的过程，就能理解得更深刻，并能更好地在后续的决策模拟中进行应用。

（3）难度太高的问题。有些问题难度太高，学生可能是难以回答的。这类问题也不要直接告诉学生答案，教师首先通过引导的方式，让学生进行思考，即使这种引导回答的效果可能不佳，也不用担忧，甚至可以先放一放，先保存在学生的脑子里。

（4）意思表达不清晰的问题。有些问题学生可能表达得不清晰不准确，让人有误解或难以理解，这个时候可以直接与提问题的学生或团队进行对话，帮助其厘清思路，更加准确地阐述自己的问题。

学生提出的问题千差万别，针对不同的问题，我们需要找到不同的讨论方式。需要说明的是，在开始模拟阶段，学生的问题通常会很多，但课堂时间有限，第一次课堂讨论只能消除一些模拟遇到的基本障碍或疑惑，目的就是要激发起学生思考问题和讨论问题的氛围，并要有意将这种氛围培养并传递到团队内部的讨论中。

2. 进行第二个练习回合的决策模拟

经过对决策模拟中遇到问题的初步讨论，教师就可以趁着学生讨论的兴致进入第二个练习回合。有了第一练习回合的经验，各个团队对自己完成一个回合模拟的时间有了一定估计，在第二个练习回合就要正式地与学生约定一个模拟结束的时间，并告诉学生这个时间一旦约定好，就可能不会轻易更改，以培养学生管理决策时间的意识。

因为依旧还是练习回合，可以鼓励学生大胆进行尝试，不要怕犯错，因为在练习回合犯错获得的经验往往能避免正式回合的犯错。

3. 一对一的模拟指导

从第二个练习回合开始，各个团队及成员的表现将会逐步呈现出较大的差异，这些差异不仅表现在对经营模拟的理解上，还表现在对模拟学习的兴趣和态度上。在学生进行模拟练习的时候，教师可以对各个团队进行观察，必要的时候进行引导和指导，指导的内容包括：

（1）鼓励学生克服对模拟学习的不安与恐惧。不是每个学生都可以在短时间内熟悉和适应模拟学习，特别是对一些习惯了传统“听课—记笔记—背知识”学习模式的学生，可能会一时很难适应，甚至无所适从。如果没有很好引导，等到整个模拟课程结束，学生的状态都可能没有被调整过来。对于这类学生要多注意观察，一旦发现就要一对一地与其交流，了解其心理状态，然后有针对性地加以开导，必要时可以施加一些压力，迫使其尽快改变固有的学习认知模式，理解模拟学习的潜在逻辑与方式。

（2）鼓励团队尝试一些决策模式的创新。教师还需要对各个团队的模拟决策状态进行观察与记录。不同的团队会表现出完全不同的模拟学习方式和氛围，一定程度上，团队的模拟学习状态会决定他们的学习效果和最终模拟成绩表现。对于那些学习氛围不佳，特别是没有分工与合作，团队成员之间明显存在交流障碍，甚至彼此之间根本不讨论不交流的团队，应主动询问他们对模拟学习的感受或认知，他们会采取怎样的决策模式？他们如何思考和评价自己采取的决策模

式？是否需要进行调整？总之，对这样的团队要及早进行一对一的干预，否则会陷入一种恶性的学习循环模式中。

4. 对整体课堂的模拟学习表现进行总结和指导

在第二个练习回合模拟结束后，应该对学生整体课堂的模拟学习表现进行总结和指导，要达到以下几个目的：

（1）重申模拟学习方式的特点与要求。尽管我们在之前已经对模拟学习方式说明了两次，但学生不一定会真正理解，或者尽管理解了但是没能落实到行动上，因此，需要结合两个回合的表现再次说明和重申模拟学习方式在行动上鼓励哪些行为，或者哪些行为不是模拟学习的有效方式。通过结合学生具体的行为来说明模拟学习方式的要求，将能引导学生更好地理解模拟学习的逻辑。

（2）对学生或团队的一些突出表现进行点评。在观察学生模拟学习的过程中，可以注意记录那些非常突出的行为，这些行为一般是两个极端表现：特别好或特别差。点评的时候建议对好的行为表现可以实名表扬，这样对个人和团队都可以起到很好的激励作用；但是对于差的行为表现可以隐名提醒，以免打击他们的积极性，如果后续得不到改善，则可以考虑实名批评。

总之，与传统课程讲授知识相比，在模拟教学中教师要将更多的精力放在引导学生如何正确地进行实践模拟上，去帮助他们自我主导学习。

（三）模拟学习作业安排

在第二个练习回合结束后，可以给学生布置一些思考题，作为下一次课程的分享：

（1）通过两个练习回合，谈谈你们团队对本次经营决策模拟的理解和认知。

（2）为在本次模拟经营中获得领先的经营绩效，你们团队决策合作将计划采取哪些措施？

就上述两个问题的作业可以做出具体的要求，例如：①需团队讨论和交流；②需总结出要点并准备做好演示稿在课堂上分享；③各团队将总结好的演示稿在下一次课前发送到教师邮箱。

## 三、第三次课：正式回合一

（一）课前规划与安排

在收到各团队第二个练习回合的总结演示稿后，教师需要提前进行阅读，从各团队总结的内容评估各团队目前处于怎样的状态。特别是对于那些总结非常简单且缺乏任何亮点的团队，一定要在接下来的模拟中加以关注。

同时，要将那些总结内容丰富且有亮点的团队选出来，作为课堂分享的代表。此外，对于有些总结的内容并不是那么出色的团队，如果总结的模拟经验的某些要点值得引起大家注意，那么也可以考虑拿出来作为课堂分享的代表。

（二）课堂教学与管理

1. 课堂模拟总结与分享

虽然课前已经将各团队的总结内容进行了评估，并且事先安排了哪几个团队分享，按什么顺序分享，但是我们依旧建议不要直接公布这个安排，因为这样一来，学生只是被动接受教师的学习安排。更好的方式还是鼓励团队自告奋勇地站出来与大家分享，因为整个模拟学习想要达到一个好的学习效果，需要学生自主地积极参与，教师需要抓住各种机会采取各种方式来激发学生真正的学习主动性。

在模拟总结分享过程中，教师基于课前的准备工作，要记住将要引导学生分享的一些重要经营主题，这些主题都是由学生的总结所引发的，教师不要直接给出自己的观点，而是通过互动提问来引导学生分析和分享这些主题。这些主题是否分析得完整和完善并不是最为关键的，最为关键的是学生能够结合实践模拟本身来分享自己的经验，且经验如果能够引起其他学生或团队的共鸣，形成一种互动讨论的氛围，那么课堂讨论的效果往往是最佳的。要记住：是否能给学生一个正确的或标准的答案并不是最重要的，学生能不断反思从实践模拟中获得的经验才是最有价值的。

2. 进行正式回合一的模拟训练

在两个练习回合的模拟学习经验分享完之后，就可以进入正式回合的模拟训练了，在此之前，教师可以与学生做以下沟通或指导：

（1）重申本模拟课程的考核方式。经过两个练习回合的训练，学生对整个模拟学习有了一定的了解，同时学生对模拟学习将如何有效地达成最终学习目标并不一定会很清楚。因此，我们重新将“图 8-2　实践模拟学习的考核方式”的内容进行重申一下是有必要的，其中说明两个练习回合的经营业绩不计入考核，但从正式回合开始，各个团队的经营业绩将成为团队评估很重要的一部分，因此请学生务必郑重对待接下来的决策。

（2）约定正式回合一需要的决策时间。经过两个练习回合，各团队对自己的决策速度有了较为充分的评估，因此每个团队都可以给出一个回合需要多少决策时间，如果决策时间的长短存在一定差别，就要协商最终的截止时间。一旦协商确定，需要严肃地告诉学生这个时间不会再更改，各个团队需要严格按这个时间来提交决策方案。为了避免提交时出现一些意外事件，可以提醒各团队必须在截止时间前 5~10 分钟提交决策方案，这个可以交给各团队队长来执行。

3. 一对一的指导

有了两个练习回合的训练，学生已经更为熟悉模拟系统，对经营决策也有了一定理解，但依旧要防备在第一个正式回合犯一些低级的重大决策失误，因为一开始的重大失误可能会打击学生的积极性，甚至影响后续的模拟参与度。因此，除了要再三强调正式回合的业绩将作为期末考评的一部分外，教师应该多观察学生的决策，注意是否在一些重大决策上有偏激的思维，并用间接的方式进行提醒。

（三）模拟学习作业安排

在正式回合一结束后，可以安排学生完成以下两个作业：

（1）每人先单独在纸上写出 3~5 个最重要的经营决策问题；

（2）每个团队讨论并提炼出 5~10 个相对重要的经营决策问题。

具体的操作是首先让每个学生在练习回合结束后自己先单独在纸上写出 3~5 个相对重要的经营决策问题，然后经过团队讨论筛选出 5~10 个相对重要的经营决策问题，并要求在下一次课开始之前，每个团队的队长将这些问题发到教师的邮箱。

## 四、第四次课：正式回合二

（一）课前规划与安排

在课程开始之前，将学生发来的各种经营决策问题进行汇总，根据问题的属性进行梳理和归类，以便在课堂中能够将某一类的问题进行集中思考和讨论，这样可以提升讨论的质量和效率。

例如，根据经营模拟课程所要训练的主要知识应用和能力，我们可以按决策的板块或专业知识的归属进行分类。以本书第 6 章第 2 节的“主要经营决策问题分析”为例，我们就可以大致分为以下几类：战略管理决策类、市场营销决策类、生产运作决策类、技术研发决策类、财务管理决策类、国际经营决策类，以及其他无法归类的问题。然后，进一步将每一类的决策问题再分析一下，分出先后顺序，以便讨论的顺序能够由浅入深、由易到难逐步展开。

在归类的过程中要对学生提出的问题进行一个整体评估，对于那些高质量的问题要做好标记，以便能在课堂讨论的时候对提出这些问题的学生或团队进行表扬和激励。

### （二）课堂教学与管理

#### 1. 经营决策问题讨论

本次经营决策问题讨论的一个主要目的是要让学生尽量对整个经营模拟问题有较为全面的思考并形成构架。学生独自思考或学习能够触及的问题是有限的，一个团队进行了讨论交流，就能大大拓宽其经营决策问题思考的视野，最后所有团队在课堂一起讨论交流又能更加进一步拓展思考的维度与深度。在讨论的过程中要注意以下事项：

（1）鼓励学生相互解答与提问。之所以鼓励学生相互解答与提问，是因为学生对本模拟决策的了解程度大致相当，所学的专业知识也较相近，因此可以在同一个思维层次上一起思考和对话，其对话的效果也往往最好，甚至有些问题由学生来解答比由教师来解答更容易让学生领会，因为学生有一些“共同的语言”。

（2）教师主要起到引导作用。教师要控制给答案或急于纠偏的心理，这样往往会直接从教师的知识和思维角度来进行灌输，这种灌输就像课堂讲授知识点一样，学生看似理解了，却很难融合到自己的决策行动中去，一定要促进学生自己进行思考，因为学生的思考会结合自己已有的经验，这个过程就是在修正和完善自己经验的过程，而从耳朵灌输进去的知识点则很难催化这个过程。教师如何来引导可以参考第 6 章第 2 节的“主要经营决策问题分析”。

（3）让学生做进一步的反思。当我们将所有问题都讨论完之后，不要急于结束讨论，而是要给些时间让学生思考一下这次讨论有了什么收获和心得。这个环节可以在课堂上直接进行，也可以安排学生课后去完成。这种反思不仅是让学生进一步梳理和巩固课堂讨论的内容与成果，还可以让学生进一步思考通过这次讨论自己对经营模拟有什么认知。

2. 进行正式回合二的模拟训练

（1）提醒学生带着问题进行经营决策。有了上个回合经营决策问题的讨论，在进入正式回合二时教师就需要提醒学生团队在本回合能思考哪些问题，能够解决哪些问题。一个人能够关注思考的问题有限，但一个团队如果分工合理，能够思考问题的范围与深度将能够大大拓展。

（2）约定正式回合二需要的决策时间。与各团队约定本回合的最终截止时间，一旦协商确定，这个时间便不会再更改，各个团队需要严格按这个时间来提交决策方案。同时提醒各团队队长应在截止时间前 5~10 分钟提交决策方案，以防提交时出现各种意外。

3. 一对一的指导

模拟团队的表现会不一样，需要对不同表现的团队进行相应的一些指导：

（1）讨论激烈或存在冲突矛盾的团队。如果学生能够带着问题开始进行模拟训练，其参与程度和活跃程度往往会增加，但同时脑子中出现的大量问题也会让团队的争论和矛盾增加，如果团队内部处理不好可能会起到负面作用。在争论比较激烈的团队，教师可以进行观察关注，这一方面可以无形消解一些团队的矛盾，因为学生在教师的关注之下一般都愿意表现出团结与合作的一面；另一方面，在团队冲突确实加剧的时候，他们也往往希望有一个“第三方裁判”来“仲裁”一下。但是需要提醒一下，教师即使可以介入，也不能只简单评估对错或给出答案，而是要根据他们争论的问题引导团队朝正确的方向思考。

（2）缺乏交流、没有活力的团队。团队表现的另外一个极端是缺乏交流和讨论，团队内部的合作氛围没有一点活力，学生的表现看上去对模拟学习没有一点兴趣。这种类型的团队比较少见，一旦碰到就需多加观察和干预，因为造成这种状态的原因很多，如果是团队成员个人的性格特点造成的，那么可能要采取一些更加深入的干预措施，例如协助建立一种适合他们特点的决策交流模式。如果发现了个别性格较为孤僻或不善交流的学生，可能还需要考虑采取另外一种学习和考察模式，例如建议该学生写“实践模拟日志”，并以模拟日志作为考核其平时表现的重要依据。

（三）模拟学习作业安排

本回合结束后，可以布置学生总结和分享以下几个问题，问题的分享需要结合前几个回合的经营数据和经验：

（1）你们团队如何来分析公司的经营现状与绩效？

（2）你们主要关注和分析哪些经营数据或财务指标？

我们在“图 6-36　决策能力训练流程”中做了阐释，在模拟学习中通过经营数据的收集与分析，是识别真正的经营问题和找到解决方案中很重要的一个环节，经过前几个回合的模拟学习，学生已经有了相关的一些经验，基于这些经验本回合重点讨论这一重要的环节，看如何才能更好地做好经营数据的分析。

就上述两个问题的作业可以做出具体的要求，例如：①必须团队讨论和交流；②需总结出要点并准备做好演示稿在课堂上分享；③各团队将总结好的演示稿在下次课前发送到教师邮箱。

## 五、第五次课：正式回合三

### （一）课前规划与安排

在第五次课开始前，应将学生上回合完成的作业提前进行梳理分析，目的有以下几个：一是了解学生经过前几个回合的模拟学习，对企业经营决策的理解与认知目前处于一个什么状态，有哪些进步和不足。二是在已有整体平均水平上，思考该如何整体提升学生在企业经营决策上的数据收集与分析能力。三是初步决定本次课堂讨论该如何进行规划和推进。

对学生作业的分析主要应梳理清楚以下几个方面：一是学生如何来理解企业的经营状况，其主要基于哪些专业知识和理论逻辑；二是学生会如何来收集相关的经营数据和财务指标，是否有相关的理论、方法或工具做指导；三是各个团队之间在这一能力上存在怎样的差异，以及存在这种差异性的原因。

### （二）课堂教学与管理

#### 1. 课堂正式讨论

（1）正确选择分享团队。我们在课前应该对安排哪几个团队分享有一个初步的规划和安排，目标是要在有限的课堂时间内将学生分析中存在的主要问题展现出来，并能做一个良好的互动，让学生能迅速认识到存在的问题。但是，同样是为了鼓励学生的积极性与自主性，还是可以邀请学生团队自告奋勇地站出来分享。如果自愿分享的团队不是事先规划的团队，也没有关系，可以通过交流对话进一步了解他们作业中未展示的一些内容，看是否可以融合到后续的规划内容中。如果没有自愿分享的团队，就按照事先规划的顺序邀请学生团队上来分享，然后按照事先规划的讲解内容框架来引导学生进行讨论交流。

（2）引导学生的讨论交流内容。教师挑选的分享团队的内容框架基本初步构建了本课程讨论的内容框架，讨论的策略就是分别将每个团队的分享内容进行完善，几个团队分享的内容就能拼凑出一个更加完善的分析框架。记住：这个讨论过程不是为了获得一个完美的分析框架，因为对于每个人的经验来说，没有一个标准完美的框架，即使教师脑中的框架，从实践上来看也不是最优的。这个过程目的是展现一个完善的过程，让学生获得一个经验，即自己形成的分析内容与框架需要不断地完善和优化。

2. 经营业绩分析的示范

当然，教师还是可以做一个经营业绩分析的示范，示范的目的是展示我们如何基于已有的理论、方法与工具，来深入剖析一家企业的经营业绩，如何来提升我们的认知能力。以下做一个案例示范，案例示范依旧可以采用互动提问引导的方式，这样比直接讲授知识点的方式更加有效。由于现场互动提问的引导方式充满各种随机性，需要教师灵活把握，但只要大方向正确就可以，所以对于下面的案例示范我们只讲解应如何引导大方向。

第一步：从基本的“利润”指标开始，引导到如何理解“净资产收益率”指标。如图 8–5 所示，当我们理解企业的经济效益时，首先会想到“利润”这个指标，即反映企业的盈利能力。那么，我们可以问学生一个问题：如果两家企业每年赚得的利润一样多，是否可以认为两家企业盈利能力一样？在与学生互动讨论后，学生会逐步发现要评估企业的盈利能力不能只看利润指标，还要看企业的规模，即企业的总资产。由此学生会意识到如果两家企业利润一样，显然总资产规模小的企业在盈利能力上更胜一筹。然后，可以继续追问：两家企业的总资产一样，每年的利润也一样，两家企业的盈利能力一样吗？这个时候学生可能开始纠结，然后我们可以追问：假如你是投资者，你会选择成为哪家公司的股东？这个时候学生可能觉得应该选股东较少（股权较小）的公司，因为同样的利润，股东少意味着每位股东赚得的利润更多。这时就可以引出“负债率”的概念，即同样规模的总资产，负债率越高，净资产就越少，就相当于股东的回报率越高。通过这样的讨论，我们最终就能引出“净资产收益率”这个指标概念。这样的讨论过程实际上就是对公司经营效益进行深入理解的过程。

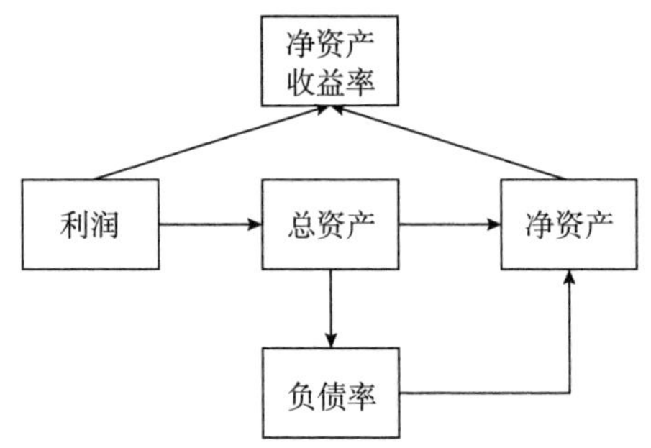


**图 8-5　经济效益讨论示范**

第二步：对“净资产收益率”指标进行分解。相比于“利润”，“净资产收益率”可以让我们对企业的经营有更深入的理解。同时，我们可以进一步分解“净资产收益率”这个指标，如图 8-6 所示，当我们和学生一起将净资产收益率指标经过一番分解之后，可以发现净资产收益率变成了“销售净利率”“资产周转率”“杠杆比率”三个指标的乘积。然后我们可以追问学生一个问题：这三个指标分别怎样反映出公司的经营能力与现状？在学生进行一番讨论和分享之后，教师可以继续追问一个更进一步的问题：如果我们通过改善这些指标来提升企业经营效益和能力，应该如何做呢？

$$\text{净资产收益率} = \frac{\text{净利润}}{\text{净资产}}$$

$$\text{净资产收益率} = \frac{\text{净利润}}{\text{总资产}} \times \frac{\text{总资产}}{\text{净资产}}$$

$$\text{净资产收益率} = \frac{\text{净利润}}{\text{销售收入}} \times \frac{\text{销售收入}}{\text{净资产}} \times \frac{\text{总资产}}{\text{净资产}}$$

$$\text{净资产收益率} = \text{销售净利润} \times \text{资产周转率} \times \text{杠杆比率}$$

**图 8-6　净资产收益率分解**

第三步：利用“杜邦分析法”进一步分析“净资产收益率”。在前两步分析的基础上，我们可以运用杜邦分析法进一步对净资产收益率进行分解，分解的结果如图 8-7 所示，基于这张杜邦分析图，我们可以逐步与学生讨论在模拟经营中，这些经营效益与能力的指标主要与我们经营中的哪些因素有关，如果要提升，该如何改善？

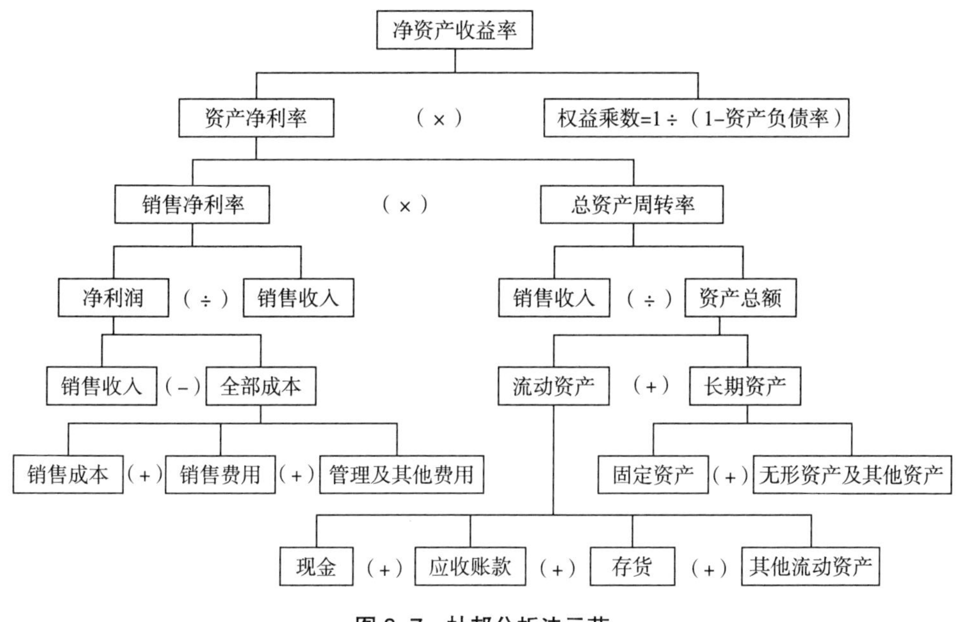


图 8–7　杜邦分析法示范

以上是以“净资产收益率”这个指标为基础与学生进行互动讨论，在不同的模拟课程中，我们可以选用相关的指标或分析工具，仿照这种分析讨论逻辑，逐步让学生对经营模拟有更深入的理解和认知。

3. 进行正式回合三的模拟训练

讨论完之后就可以进入正式回合三的训练，在开始正式训练时，可以提醒学生在对各种经营指标分析和关注的同时，还需要理解这些指标之间的关系，能够从整体上分析和思考企业的经营状况和能力。

然后，与各团队约定本回合的最终截止时间，一旦协商确定，这个时间便不会再更改，各个团队需要严格按照这个时间来提交决策方案。同时提醒各团队队长应在截止时间前 5~10 分钟提交决策方案，以防提交时出现各种意外。

4. 一对一的指导

随着学生对数据分析的能力增强，他们投入的意愿也会增加，但因此带来的问题也会增多，本回合的现场指导可以对学生的一些问题进行回应，回应不是以讲授知识的方式告诉他们结果或答案，而应该引导他们如何来思考和认知企业经营，以及该如何来调整我们的经营决策。就好像是一个人的体检指标，体检最重要的是通过这些指标来理解个人身体整体处于一个什么状况，为什么会出现这些状况，与我们的生活方式或习惯有怎样的关系，为了拥有一个更健康的身体，我们该如何来进行调整和改善。因此，当学生来请教和讨论各种数据和指标的时候，我们需注意引导到对企业经营的理解方面。

（三）模拟学习作业安排

本回合结束后，可以让学生分析的问题是：请分析你们公司经营的优势和劣势？其形成的原因何在？

为了让学生分析得更深入，可以做出一些提示或明确要求，例如：①基于多维度指标的经营绩效数据进行分析；②基于不同的经营决策职能（如战略/营销/研发/生产等）进行分析；③基于团队的决策行为与能力进行分析，例如团队决策行为与能力（如沟通/合作/决策流程等）或个人决策行为与能力（如知识结构/数据分析/参与程度等）。总体上就是从企业经营决策和团队决策行为两个方面来促使学生进行反思与总结。

就两个问题的作业可以做出具体的要求，例如：①必须团队讨论和交流；②需总结出要点并准备做好演示稿在课堂上分享；③各团队将总结好的演示稿在下次课前发送到教师邮箱。

## 六、第六次课：正式回合四

（一）课前规划与安排

在第六次课开始前，应将学生上回合完成的作业提前进行梳理分析，通过梳理我们可以选择那些分析有广度和深度的团队来进行分享。由于是分析自己公司的优势和劣势，其暗含了与竞争对手的比较，因此，那些在总结中能够有意识与竞争对手进行比较和分析的，一般来说在分享的时候会取得更好的效果，因为当他们提及或评价竞争对手的时候，会更容易引起其他团队的关注，因此安排这样的团队来分享往往有较好的互动讨论效果。

（二）课堂教学与管理

1. 课堂分享与讨论

课堂讨论依旧可以先鼓励团队自告奋勇地上来分享，然后再按照事先梳理的名单顺序让学生团队分享。分享讨论的过程中可以有以下建议：

（1）帮助学生真正认识到什么是优势。学生会偏向于列举自己的优势，并且在优势的认识上可能会出现偏差，即不是优势却误认为是优势，甚至将劣势当作优势。如果直接指出其认知错误，效果并不会很好，更好的是通过一些提问挖掘出其判断为优势的逻辑或标准。这个提问的过程也是帮助学生理解企业经营逻辑与本质的过程，而不是为了给其一个标准或知识点。这个探讨的过程可以邀请其他团队的参与，特别是在相关优势分析有类似关联的团队，如果能够引发学生之间的讨论和争论是最好的，教师千万不要直接给出答案或自己的观点，因为这很容易终止学生的深入思考，然后只是简单地记住教师的答案或观点。

（2）帮助学生挖掘对劣势的分析。劣势的分析往往是接下来改善经营的重要起点，如果没有对公司经营劣势的正确分析，往往在决策中也很难有针对性地去改善。学生可能会很容易看到表面的劣势，不容易挖掘劣势形成的原因，即更根本的劣势。因此，教师要能够用一系列提问来帮助学生挖掘这些劣势，并帮助学生发现诸多劣势之间存在的关联性，而要改善这些劣势也必须考虑到这些关联性，从更系统的角度来思考。

（3）对团队决策行为与能力的分析。在分析讨论的过程中，我们很快会发觉，诸多问题最后慢慢会汇集到对团队决策行为与能力的分析上，分析到这里也是最具价值的，要引导学生开始对自身和团队的决策行为进行反思。

2. 优劣势分析的示范

这部分示范不是必须的，因为在上面的讨论与引导中实际上已经间接地表达了许多自己的判断与观点。如果想要给学生一个示范，可以有两个选择方法，一是选择一家没有分享的团队公司，以这家公司为例，来对其优劣势进行分析。二是从一个规范的角度来思考什么样的公司是有竞争力的公司，采用的方法可以从资本市场投资者对公司估值的视角来分析，因为公司的市值代表市场投资者对公司竞争力与价值的综合判断。只是从估值的角度来分析与判断，最终要与公司经营状况联系起来，让学生理解正是因为公司的经营策略和成效决定了公司的估值水平。如何用估值的方法来分析公司优势和劣势可以参考本书第 2 章第 3 节的“企业估值”内容。

3. 进行正式回合四的模拟训练

讨论完之后就可以进入正式回合四的训练，由于在讨论时我们已经开始涉及对竞争对手的分析，这时可以提醒学生团队对竞争对手的经营策略多加关注。

然后，与各团队约定本回合的最终截止时间，一旦经协商确定，这个时间便不会再更改，各个团队需要严格按这个时间来提交决策方案。同时提醒各团队队长应在截止时间前 5~10 分钟提交决策方案，以防提交时出现各种意外。

4. 一对一的指导

随着学生对模拟学习的熟悉，他们会更加熟练决策流程，决策的速度也会加快，这个时候对于那些决策速度较快的团队可以给予关注，询问他们本轮决策将解决什么问题，是否给自己提出了更高的要求，而不是急于完成决策。

（三）模拟学习作业安排

本回合结束后，可以布置学生分析和分享以下几个问题：

（1）对市场的整体竞争状况做一个判断和描述。

（2）每家公司选择两家重要的竞争对手，并对竞争对手的经营策略做深入分析。

（3）预测自己的竞争对手未来可能会采取哪些经营策略？你们公司将采取何种有效的应对策略？

前两个问题可以作为必选，且要基于竞争对手的经营数据进行分析。第三个问题可以作为选答项，各团队根据自己的意愿来分析和分享。

## 七、第七次课：正式回合五

（一）课前规划与安排

在第七次课开始前，应将学生上一回合完成的作业提前进行梳理分析，通过梳理我们可以选择那些分析有广度和深度的团队来进行分享。此外，还可以根据各个团队所选的具体竞争对手，如果能够配对，则将他们的分享做一个互相点评的安排，这样讨论分享能够更加深入，也更容易引起团队之间的讨论互动。

（二）课堂教学与管理

1. 课堂分享与讨论

课堂讨论依旧可以先鼓励团队自告奋勇地上来分享，然后再按照事先梳理的名单顺序让学生团队分享。分享讨论的过程中可以有以下建议：

（1）要求被分析点评到的团队公司做好回应的准备。这对学生来说是很好的一次相互学习的机会，从竞争对手的视角来看自己，可以给自己带来很多启发。“不识庐山真面目，只缘身在此山中”，通过其他团队的分析及互动，可以带给自己一些新的认识。

（2）表扬和激励那些具有代表性的精彩分析与分享。在课堂分享与讨论中，教师尽量不要对学生的实际观点做太多打断和点评，但是对于那些精彩的分析与分享，要表现出表扬和激励。

2. 总结一下为什么和如何来分析市场竞争

在学生分享与讨论阶段，教师对实际的观点没有做太多的点评，因此可以在学生分享完之后稍微总结一下为什么和如何来进行市场竞争的分析。

3. 进行正式回合五和回合六的模拟训练

讨论完之后就可以进入正式回合五的训练，如果课程规划在最后第八次安排一次课程总结，那么也可以将正式回合六安排在本次课一次完成。

然后，与各团队约定本回合的最终截止时间，一旦协商确定，这个时间便不会再更改，各个团队需要严格按这个时间来提交决策方案。同时提醒各团队队长应在截止时间前 5~10 分钟提交决策方案，以防提交时出现各种意外。

4. 一对一的指导

随着模拟接近尾声，不同的团队由于处于不同的经营状况和排名情况，可能会出现各种各样的想法，甚至会产生一些孤注一掷和投机取巧的想法，学生可能还会主动找教师来商量这样的策略是否可行。这是一个很好的契机，教师可以就这种经营决策心态与经营策略是否可行与学生进行互动讨论。

（三）模拟学习作业安排

对于模拟学习作业可以分两种情况来做安排：

1. 模拟正式回合全部完成后的课程大总结

本次课如果完成了最后一个回合，那么模拟的作业就可以安排课程大总结，总结的题目要求各个团队的成员一起分工合作，分析、总结和分享如下问题：

（1）对本公司的经营决策过程及结果进行整体分析与总结。本题目可以建议围绕团队思考了哪些决策问题、做出了哪些主要决策方案、决策获得了怎样的经营绩效等主要问题展开。

（2）从本次经营决策模拟中你们获得了何种经验或认知？本题目建议可以围绕三个层次的认知进行分析：企业经营系统、团队决策行为和个人自我反思等。

为了保证总结汇报的质量，需要提醒学生的汇报不要在细节上面做过多的描述和说明，更不要用流水账的方式将每个回合的决策方案及成效述说一遍，这些内容我们在每个回合的讨论中多少都涉及了，我们需要总结的是通过这些行为和行动获得的经验与认知。

由于汇报的时间有限，为了保证所有的团队都能汇报，要对报告的时间进行约定和约束。一般来说，如果是 5~6 个人的团队，建议平均每个成员汇报的时间大约 3 分钟。为了控制好时间，建议各个团队在最后正式汇报前做个排练。

2. 模拟正式回合未全部完成的作业安排

如果本次课还未完成全部正式回合，那么就可以根据课程的内容继续布置一些思考问题，以让学生更加深入地进行探讨和交流。例如，分析和总结影响公司持续成长的重要因素，你们经营的公司有何应对之策。

以下我们主要以第一种情况为例来进行说明。

## 八、第八次课：课程大总结

### （一）课前规划与安排

课前可以要求学生将课程总结报告提前发送到教师邮箱，教师可以提前初步浏览一下，对于内容和格式需要做出调整或完善的报告，可以请学生在课程汇报开始前进行修改。

为了保证课堂汇报的时间够用，最好可以在课前就排好团队汇报的顺序。最后的课程总结汇报在团队的先后顺序上没有太多要求，可以听取学生的建议和想法，如果有团队要求排在前面或后面汇报分享，都可以尽量满足。

为了更好地对学生的总结汇报进行评估记录，建议课前将设计好的评估表格打印出来，便于课堂上对每个学生和团队的表现做记录，以作为考核评分的依据。

### （二）课堂教学与管理

1. 课程总结汇报的评估要求

课程总结汇报是课程考核的重要内容，可以作为团队平时成绩组成部分。因此，在正式汇报前，可以提前告知学生整个总结汇报如何评估，让他们知道大致的要求和标准：

（1）要求团队成员出勤和参与汇报。在没有特殊原因的情况下，要求所有团队成员都参与汇报，且会分别对每个学生的表现进行评估。

（2）总结汇报要体现团队的合作程度。团队合作的程度会体现在汇报的内容上，各个成员汇报的内容整合在一起是否浑然一体。

（3）汇报的时间需控制在要求范围内。作业布置时已经做了时间要求，提醒各团队成员要注意。

（4）团队之间的相互评估。根据课程考评的设计，总结汇报的评估也可以让学生参与进来，即学生的评估也可以作为最终考核评分的依据。这个是可选项，建议比较简单易行的方法是采取网上匿名评分，即在总结汇报结束后，将网络评分链接转发到学生微信群，让学生当场在手机上用 1 分钟的时间对其他团队的总结汇报打分。

（5）教师的评估。教师在听取汇报时，要对每个人的表现做好记录和评估。

2. 课程汇报的交流分享

最后一次课程是否要进行互动交流，可以根据课程的需要与课堂时间条件来进行安排。如果时间紧张无法进行互动交流，建议在所有汇报都结束后，对所有团队的表现进行一个总的评估和总结。主要表扬表现好的学生和团队，特别是那些精彩的总结与展示，也用细节点评来进行反馈和鼓励。

3. 课程总结

最后，对整个课程进行总结，如简单地回顾我们做了什么，重点总结我们的主要收获，以及我们应该如何从模拟中进行反思。

（三）模拟课程报告

模拟课程最后要求每个学生写一份报告，报告的内容可以根据课程需要自行设计，这里我们就不再列举范例。

模拟课程还可以考虑要求每个团队写一份总结报告，团队报告可以站在整个模拟公司的层面来进行总结。

# 第 2 节　模拟实践学习的考评

## 一、课程总体考评规划

每一门课程都有一个考评的具体要求，会规定每个考评部分的分数比例。如表 8–1 所示，模拟课程同样需要进行这样的安排，这里给出一个简单的框架，不同课程可以在此基础上进行丰富。

表 8–1　总体考核安排

| 序号 | 考评内容 | 比例（%） |
| --- | --- | --- |
| 1 | 课堂出勤 | 10~20 |
| 2 | 平时成绩 | 30~50 |
| 3 | 期末考核 | 30~50 |

（1）课堂出勤。教师要约束好学生，令其尽量能够出勤，如果缺勤太多，学习效果将大打折扣。

（2）平时成绩。平时成绩不能太低，要鼓励提高实践模拟的参与度与学习质量，让学生足够重视平时的学习参与。

（3）期末考核。期末考核要求无须设置太高，在一定程度上，期末考核的内容也应对学习过程与质量进行考核。

## 二、课程考核内容规划

如表 8–2 所示，我们从“个人与团队”“平时与期末”两个维度对考评进行了四象限归类，下面就这四个归类如何考核给出建议。

表 8–2　考核内容归类

| 考评类型 | 个人考评 | 团队考评 |
| --- | --- | --- |
| 平时考评 | 个人出勤<br>课堂讨论与分享<br>个人模拟日志<br>团队贡献 | 团队合作与学习氛围<br>团队决策能力与质量<br>团队汇报分享质量<br>团队模拟日志 |
| 期末考评 | 个人总结报告 | 模拟公司最终业绩<br>团队总结报告 |

1. 个人平时考评

（1）个人出勤。如前所述，实践模拟学习需要在模拟练习的体验过程中持续反思以获得个人提升。因此，参与模拟练习是不可缺少的环节，必须将出勤参与作为考评的基本要求。

（2）课堂讨论与分享。学生课堂讨论与分享是训练和提升学生能力的重要方式，学生从改变自己的认知到能够表达和分享出来，是一个极大的飞跃。平时考评要突出鼓励学生的讨论与分享。

（3）个人模拟日志。与讨论和分享相比，用笔将模拟的心得与收获记录下来也是一种重要的能力，也是将短期模拟学习记忆转化成长期记忆的重要方法。特别是对那些不善发言和课堂分享的学生来说，个人模拟日志可以作为重要的考评依据，同时对于某些特殊原因不能线下参与课堂的学生，也是一个重要的训练与考评方法。

（4）团队贡献。团队贡献可以采取多种方式来评估，除了教师可以设计一些方法外，本模拟系统也设置了相应的考评方法，如团队内部可以匿名互评贡献，以及学生模拟在线学习时间记录等。

2. 团队平时考评

（1）团队合作与学习氛围。主要通过平时对团队模拟学习的表现进行观察和记录。

（2）团队决策能力与质量。主要可以通过每个回合团队模拟决策的速度与成效，以及取得的进步来进行判断。

（3）团队汇报分享质量。主要通过团队每个回合完成的作业和每次课堂分享的质量来进行评估。

（4）团队模拟日志。可以安排团队每个回合内部讨论和交流做个记录，然后作为考评团队的依据。

3. 个人期末考评

个人期末考评一般需要存档，因此考评方式可以用一份规范的个人期末报告来作为考评依据。

4. 团队期末考评

（1）模拟公司最终业绩。系统将会给出各个公司的整体业绩水平及各项排名，课程可以根据自身需要约定评价公司业绩的指标。

（2）团队总结报告。如果安排了团队总结报告，也可以作为期末考核的重要内容。

## 第3节 模拟课程教学提升策略

作为一门实战模拟课程，我们提倡在教学模式与方法上进行大胆的创新与突破。我们在实践模拟中学习，无须再拘泥于传统课程强调的概念严谨与应用规范，实际上，只要能让学生在模拟学习体验中积累新的经验与能力，能有助于应对未来现实世界的机遇与挑战，我们都应该去做一些新的尝试。为此，本章最后一部分我们将抛砖引玉地介绍一些能对模拟学习有所助益的方法或工具，引导大家在自己的模拟教学中做更多的探索与创新，以更好地提升模拟教学效果。

## 一、尝试角色扮演法

### （一）角色扮演法的学习优势

角色扮演法是指在教学中设计现实世界中的一些真实问题场景，将该问题场景中出现的各种矛盾冲突呈现在学生面前，然后让学生扮演其中的不同人物角色，从不同的角色立场来分析和处理这些矛盾冲突，尝试不同的问题解决方法，以逐步培养学生解决问题的能力。

角色扮演法的理论认为每个人在社会中都要扮演一定的角色，该角色会表现出特定的个人情感、行为和思想，体现了个体在社会中存在的独特性。角色的形成与个人所受教育、家庭与文化背景、社会制度规范等诸多因素密切相关。正确的角色认知可以帮助一个人更好地融入社会，并对社会创造出更大的价值；如果缺乏恰当的角色认知和定位，就会在现实世界与他人互动交往中产生冲突矛盾，甚至遭受挫折和失败。

我们在用角色扮演进行模拟学习时，可以秉持一些基本的理念或前提假设，主要包括：①学生去切实体验各种真实的问题情境，以体验这种模拟现实世界中不同角色的行为方式与特点；②当学生能够在情感和思维都全身心地投入所扮演的角色中，就可能有效地激发其分析、判断、想象和创造等高层次的思维活动；③学生通过角色扮演的自我分析、反省和反思，就能较好地去检视个人的态度和行为及调整已有的价值和信念；④角色扮演者之间频繁的互动与协作，还能激发内心深处的真实情感与激情；⑤在角色扮演过程中做进一步的分析、讨论和评价，还能有效升华整个班级群体的互动学习高度，有利于共同建构知识体系和价值观念体系，提升整体能力体系。

一般来说，由于角色扮演的大多数情境都是基于人际互动技能需要而设计的，所以当主要的教学目标涉及这些技能时，角色扮演法在实现这些教学目标上就具有优势，主要包括：①提高学生的社会认知水平。在角色扮演中，学生获得接触和思考真实社会问题的机会，可以充分地体验不同角色与身份在社会生活场景中的态度与行为，以增强学生对社会现象的敏锐感和责任感，这是角色扮演法提升社会现象认知所具有的明显优势。②增强决策判断能力。在真实问题的模拟情境中，学生会遇到各种复杂的观点和意见，并面对形形色色的冲突与矛盾，在这个过程中学生必须运用情感和理智进行分析和判断，寻找解决方案和做出决策，从而增强自己的决策和判断能力。③促进人格自我完善。学生在角色的扮演过程中会体验到所演角色的需求、情感和意识，同时还可以与自己个人的情感、意识和行为进行比较和审视，这一定程度上会促进学生本人和所演角色之间的心灵碰撞，这种比较与体验可以冲击原来的思想与价值体系，给学生带来深刻反思，是一个促进人格自我完善与发展的契机。这个过程实际上也是学生在进行社会化的一个过程。④有助于教师了解学生。学生在扮演角色过程中将充分展示其对角色的理解和解决问题的态度与方法，教师可以借此探视学生的内心世界，帮助教师了解学生在情感、态度和价值观等方面的表现，以及可能存在的一些潜在社会行为问题。

（二）角色扮演法的运用策略

每个人都对自己在现实世界中的角色有一个自我认知，有些人认为自己天生就是一个领导者，有些人则希望自己追随一个优秀的领袖；有些人在人际技能的认知与运用上娴熟且自我认同感强，有些人则更具理性且偏爱与数字对话。基于角色扮演法以上的理念与优势，我们在运用角色扮演法时可以采用一些相应的策略，例如在角色的选择上可以采取以下两个策略：

1. 根据角色的认知程度来扮演角色

（1）扮演自我认知程度高的角色。优秀的演员如果选择适合自身内在气质的剧本和角色，近乎本色的出演可以把演技发挥得淋漓尽致。在商业模拟教学中，教师要能创造一种情境，让学生在该情境中自我寻找希望扮演的角色。教师可以从不同的情境中鼓励学生进行角色的适配，例如可以从团队中的角色来选择，如在一个合作团队中，不同成员会担任不同的角色，学生可以根据自己的个性特征和人际偏好逐步摸索自己的角色定位，当每个人都找到自己适合的团队角色时，不仅有助于团队的合作学习，更能有助于挖掘自己的优势和潜能。再如教师还可以鼓励学生根据自我职业规划来选配职能角色，不同的职位对学生的专业知识、职业技能与心理素养都有相应的角色要求，如果学生能代入该角色认知去进行体验学习，对模拟学习成效将大有裨益。

（2）扮演自我认知程度低的角色。角色扮演也可以采取一种完全相反的适配策略，就是鼓励学生敢于挑战自己认知程度低的角色，不擅长甚至内心恐惧的角色，例如当学生发现自己缺乏沟通和领导能力时，教师可以鼓励其担任团队领头的角色，通过角色来体验学习所需的知识和能力；当学生发现自己对数字和数据不敏感和不喜欢，甚至有排斥心理时，教师可以鼓励其尝试担任财务和报表分析师的角色，迫使自己去适应该角色及训练所需的知识和能力。

以上两种角色扮演的教学策略各有优势，可以配合使用。

2. 基于团队任务需求来扮演角色

（1）根据团队的愿景与使命来扮演。愿景与使命是组织或团队激发成员热情和激励个人付出努力的重要机制。每个人对组织与团队的愿景与使命都有自己的理解，同时，当个人能够深刻理解每个团队角色在愿景与使命实现过程中的意义或价值时，他们就能更好地认知和选择自己的角色，并自主为角色赋予意义和价值。因此，在团队角色的选择与匹配上，可以结合每个成员对团队愿景与使命理解来选择自己期望扮演的角色与贡献的力量，一旦个人选择的角色与团队愿景与使命实现最佳匹配，将极大地激发个人的热情与动力，同时也更加有效地激发个人的学习潜能。

（2）根据团队任务的能力需求来扮演。每个人在专业知识和能力素质上都具有一些比较优势，从团队整体的任务效能上来看，如果每个人都能发挥自己的比较优势，对于团队任务的完成来说，就是最优的选择。如果在基于比较优势选择的基础上，个人对该角色又有很好的自我认同感，其学习潜能的激发效果将大大提升。

总之，我们在运用角色扮演法来激发学生学习潜能时，要仔细去分辨其内在的角色机理与机制，并在相应的教学技术和技巧上加以匹配，就能取得更好的教学效果。

## 二、设计游戏化场景

基于模拟系统的学习有时候也被称为“教育游戏”（education game）和“严肃游戏”（serious game），其学习机理一定程度上是想借鉴娱乐电子游戏中的许多重要属性，例如游戏背景与故事情节、游戏机制与规则、沉浸式的交互体验、挑战和风险、竞争和结果，等等。为此，我们在模拟教学中，可以充分利用模拟学习的游戏化机制，通过进一步地营造一些游戏化场景或氛围来激发学生的学习成效。这里我们介绍两种游戏化场景设计，不同的课程可以根据课程属性特点来进行设计。

**游戏一：谁能成为投资高手?**

1. 游戏概述

在本课程教学中，我们一直强调经营者要对竞争对手有深入的了解，要在对竞争对手经营状况及策略了解的基础上，来制定自己公司的相关经营策略。为激发各个团队分析研究竞争对手的动力，我们可以给每个团队一笔相同金额的投资基金，允许他们分别去投资自己看好的公司，最后根据投资的盈利或亏损状况作为评价团队的一个依据。

通过这样的投资分析，可以促进学生在经营决策思考时更加冷静和理智，即能训练学生“像投资者一样经营，像经营者一样投资”。同时，经过这样的投资游戏，可以增强实战模拟课堂的竞争氛围。

2. 游戏策划与实施

第一，说明策划投资游戏的目的。虽然是游戏策划，但为了激发学生参与的投入度，依旧要将游戏与整个课程教学的目标联系起来，即激励学生团队能对竞争对手公司进行深入研究，通过研究竞争对手来更好地理解企业的经营决策。

第二，说明投资游戏的操作方式。首先，赋予每个团队一笔投资基金。为了能够将投资的收益更具有吸引力，可以将投资基金的金额规定得大一些，其投资收益甚至可以影响到模拟系统的经营成果效益。其次，要求整个班级的学生自愿成立一个投资市场管理委员会，主要目的是记录每个团队的每一笔投资，最终计算各个团队的投资收益。最后，将整个投资游戏的过程实时公布反馈，让学生关注整个投资过程的进展与成果。

第三，说明投资游戏的竞技评估。说明投资游戏最终如何进行评估，如何决定竞技排名。

3. 游戏最终评价与排名

当本模拟课程结束后，需要将参与投资游戏的各个团队最终的投资结果进行评价，并公布排名。同时，也可以让学生团队分享投资分析的经验与收获。

**游戏二：如何从竞争走向联盟?**

本课程使用的模拟决策系统有一个特点，就是市场竞争极为激烈，有时候会出现白热化的竞争局面，导致各个团队的经营业绩极度恶化。当然，这种竞争状况与我们现实中的许多行业也颇为相似。为了避免这种恶性竞争的发展引发学生的消极情绪，我们可以策划这样一个促进学生团队之间进行合作的游戏。

1. 游戏概述

在本课程模拟系统中，模拟公司之间的关系主要是竞争关系，较少有经营上的合作关系。为了训练学生的合作思维与能力。可以鼓励模拟公司之间的合作，即鼓励学生团队之间私下进行“合谋”，或者说是企业联盟，以获取市场效益的最大化。这种“合谋”的难度很大，一旦成功，便可以给公司带来良好的经济收益。

2. 游戏策划与实施

第一，说明策划投资游戏的目的。为了激发学生参与的投入度，依旧要将游戏与整个课程教学的目标联系起来。同时，可以适当地讲解一些现实商业世界中公司如何通过合作来实现彼此收益最大化的案例。

第二，说明投资游戏的操作方式。首先，最简单的一种方式是鼓励学生团队与市场上的直接竞争对手进行谈判，看在某个市场上能否达成某种协定，即在该市场的竞争策略下双方进行私下调和，避免进行恶性竞争，以促进双方整体经营效益的改善。这种方式由学生私下进行，教师可以不干涉游戏的发起和进展。其次是教师参与和干涉游戏的一种方式，即将存在潜在合作关系的模拟公司进行撮合，这种潜在合作关系不仅限于前面所说的市场竞争中的“合谋”，还有就是能力上的互补合作，即发现团队之间在经营公司的策略和能力上可以进行互补合作时，就能撮合他们之间的合作，同时教师的参与主要对这种撮合的收益如何合理分配进行协调并给出相应的合作建议。

3. 游戏最终评价与排名

当本模拟课程结束后，需要将参与联盟游戏的各个团队取得的成效进行评价和公开。因为各个团队经营公司经营效益的改善本身就体现在模拟经营绩效中，所以无须另外再排名。但是同时也可以让学生团队分享在该游戏中的心得与收获。

## 三、强化互动式学习

与传统讲座型课程相比，模拟课程强调互动式学习，这种互动式学习不仅可以为学生创造更多的学习源泉，而且能创造更好的学习体验。这种学习方式不是每个学生一开始就能有所认知和行动的，特别是对于那些习惯了传统知识学习模式的学生，需要有一个转变和适应的过程。因此，建议在课程一开始就强调和强化互动式学习模式，让学生逐渐转变自己的学习模式。

### （一）加强互动式学习模式

（1）从互动的形式来看，可以有人机互动、师生互动、团队互动、线上线下互动等多种形式。首先在人机互动中，要选择那些有良好互动界面的模拟软件平台，学生能够直观地感受到自己决策行为的反馈，且反馈的形式与内容能有效地引导学生进入反思和总结，就如游戏中的人机互动，好的游戏能够让玩家沉浸其中流连忘返。其次是师生互动与团队互动，与人机互动相比，人与人的互动还能给学生带来更好的学习体验，就如前文所探讨的，学习不仅是关于智力的活动，学习过程中还有丰富的情感与情绪，如欣赏、意志、好胜、羡慕、羞耻、好奇、比较与超越等人类情感因素，这些因素可以更好地促进学习成效。

（2）从互动的内容来看，传统教育中的知识与经验互动学习是重要内容，在教学设计中我们可以较为科学有序地进行规划和实施，在商业模拟的体验式教学中依旧可以借鉴使用。但是当学生作为主角或编剧与导演的角色参与进来时，商业模拟的体验式教学可以采取更加灵活的设计策略，可以在传统正式规划的教学设计中，加入更多的即兴演绎，这些应情境需要而插入的互动看似节外生枝，偏离了原有的知识框架内容，但这些互动就如知识高墙中砖块之间的水泥砂浆，能更好地将不同领域和学科之间的知识黏合。此外，以知识与经验为主体的分享互动就好比能力冰山模型的水上部分，较为容易展现、分享和互动；但是，我们在互动中更要注重冰山模型下的水下部分，即学生内心的体验，有些体验可以表达，但更多的体验是无法清晰表达的，需要在互动过程中用恰当的方式去体会和意会。教师在这个互动过程中将发挥积极和重要的作用，与知识和经验的互动不同，内心体验的互动需要教师有更多的倾听和非言语技巧，去触及学生的内心真实体验，让那些好的体验不断强化，差的体验及时发觉和调整。

（3）从互动的效果来看，不仅要关注互动结果，更要注重互动的过程。在传统教学中，正确的答案和好的评价结果是教师和学生共同的目标，互动的过程往往会被相对忽视。但在商业模拟的体验式教学中，最需要关注的是互动过程，而非结果。从我们的教学实践来看，有些商业模拟绩效结果并不理想的团队，却由于模拟学习过程的丰富、投入与精彩，而获得了富有成效的学习体验。从知识的学习来看，强调结果的学习往往更多地引导学生关注陈述性知识，而强调过程的学习则会引导学生关注程序性知识的学习。后者对于学生的认知能力与行为态度可以产生更大的影响。教师如果将关注重点从结果转移到过程后，也能更好地引导学生进入体验式学习。但在重结果轻过程的传统教学规范中，教师要转向重过程轻结果的模式并不容易，这需要商业模拟的教学能切实关注教学过程的设计，或者说，商业模拟的学习变革主要就蕴藏在教学过程中。

（二）提升问题意识与提问技巧

在第 1 章中我们探讨了基于问题的教学方法，在实际教学中则还需要通过实践来探索与尝试，其中最关键的一步是需要转变教师的角色。实际上，从小学到大学，教师在课堂中的角色已经非常固化，仅从角色的行为来看，教师的主要行为或任务是“教”，学生的主要行为或任务是“学”；从角色的从属地位看，教师是课堂教学的主动一方，学生是课堂学习的被动一方。但是，在模拟课堂中，教师与学生的角色与行为首先都要进行彻底的改变，这里我们可以借鉴一些教练或引导师的理念与方法，可以用“问题或提问”作为模拟课程最主要的互动方式或教学方法。

（1）把问题作为评估学习行为的主要指标。首先，对于学生来说，问题就是学习的中心或支点，学习过程就是不断找问题、分析问题和解决问题的过程，要鼓励学生发现更多的问题，问题越多则可以认为学生的行为也主动积极，没有问题或问题少反倒要作为学生学习行为不积极的一种反应或指标。其次，对于教师来说，讲解知识不能作为主要的任务或行为，而要将提问作为最重要的教学技巧，通过不断的提问来促进学生的积极学习行为，以更好地挖掘学生内在的学习潜力。

（2）把提问作为师生互动的主要模式。首先，模拟课程既然采取基于问题的学习，那么，教师的任务就是不断地给学生提出各种问题，对于这些问题本书在前文中已经做了大量的讨论，当然，问题不是作为一种作业或考核的模式出现，而是为了促进学生的反思与深入学习。其次，教师的角色要像教练一样，在学生学习的过程中，要不断地去观察和聆听他们，然后通过提问来引导学生去思考和反省自己在各个知识与能力层面的现状与问题，从而找到解决问题与自我提升的方向。

（3）像教练一样进行提问与互动。提问技巧是最后一个需要通过实践来提升的教学能力，这可以借鉴专业教练或引导师的一些理念、方法和工具。首先是要深刻理解提问的重要性，以及教师为什么要提问？教师通过有力的提问，可以帮助学生产生新的觉察、看到自己的盲点，从而从内在生发出力量去解决问题。其次，要逐步探索出有效的提问技巧，例如跟进式问题就是教师经常用到的技巧，其可以让问题不断地触及核心和根本，跟进提问就像"剥洋葱"，层层递进，能够启发学生深入地去探究问题的根源。

## 四、应用人工智能技术

随着近年来人工智能技术的不断进步，特别是机器学习、深度学习和自然语言处理等领域的突破，AI 技术已经具备在教育领域广泛应用的能力。这些技术使 AI 能够更准确地理解学生的学习需求，提供更个性化的学习模式。本课程使用的 GC 模拟平台目前已嵌入了大模型 ChatGPT，基于该大模型，可以尝试一些创新的教学应用。

### （一）教师如何应用人工智能技术

#### 1. 分析学生的决策数据

可以利用 AI 技术对学生的实际决策数据进行深入分析，从而发现学生在经营决策上存在的问题，并进一步挖掘其在知识与能力上的短板，这样可以根据每个学生的特点和需求进行定制，从而更好地满足学生的个性化学习需求。这种个性化的学习方式大大提高了学生的学习效率和满意度。

#### 2. 分析学生的学习行为

人工智能能够收集和分析学生的学习行为数据，包括登录学习时间、决策的进度、决策的效果等。通过这些数据，教师可以更好地了解学生的学习行为，进而有针对性地优化教学内容和方法。借助 AI 技术，系统能实时调整课程难度和节奏，以适应不同学生的学习需求。

#### 3. 探索教学问题与教学方式

在学生决策数据与学习行为数据分析的基础上，可以与人工智能进一步探讨需要与学生探讨哪些重要的学习问题，以及采取怎样的教学方式来探讨。在教学问题与教学方式的探讨上，人工智能能够帮助教师产生更多的问题与方案，为教师在教学模式的创新上提供许多有益的思路。

4. 提供学生模拟的评估与反馈

人工智能可以用于自动评分和提供即时反馈，还可以对学生的决策数据与学习行为进行数据分析，为教师提供学生的学习情况报告，辅助教师进行更精准的评估与反馈。

（二）学生如何应用人工智能技术

1. 获取更多的教学资源

在模拟过程中，学生除了在专业课程中学到的知识资源外，其实还需要大量自学补充一些跨学科性的知识资源，人工智能的推荐系统可以根据学生的学习情况和兴趣，推荐相关的学习资源、书籍和课程，丰富学生的学习体验，这有助于学生发现更多适合自己的学习资源，拓宽学习视野。

2. 利用智能助手与辅导

人工智能辅导系统可以提供实时的学习帮助和答疑。聊天机器人可以解答学生的问题，在线辅导系统可以为学生提供个性化的指导和建议，甚至进行一对一的辅导。人工智能辅导系统使学生在遇到问题时能够及时得到解答，从而提高学习效果。

## 本章小结

本章是模拟课程教学的一个案例示范，可以同时为教与学两方面提供有益的参考。首先，我们以一门实际的企业经营实战模拟课程为例，较完整地将整个课程的教学内容与教学方法进行拆解和说明，使教师与学生逐步掌握课前、课中与课后应如何来实施模拟学习。其次，我们对模拟实践学习如何考评进行示范说明，以作为具有不同学习目标的模拟课程考评的一个参考。最后，我们对如何提升模拟课程教学效果进行了探讨，示范性地给出四个经过实践验证的有效策略，分别是：①尝试角色扮演法；②设计游戏化场景；③强化互动式学习；④应用人工智能技术。这些策略既可独立使用，也可以相互结合起来使用。

## 思考与练习

1. 为什么要深入理解模拟课程的学习目标与学习方法？
2. 如何随着模拟回合的推进不断拓展模拟学习的深度？
3. 行动学习法与基于问题的学习如何在模拟课程中体现？
4. 实践模拟课程的考评应该体现哪些方面的差异性？
5. 思考和尝试如何运用一些有效的模拟学习提升策略？

# 参考文献


［1］Spencer L M Jr, Spencer S M. 才能评鉴法：建立卓越的绩效模式［M］. 魏梅金，译 . 汕头：汕头大学出版社，2005.

［2］彼得 · 圣吉 . 第五项修炼：学习型组织的艺术与实践［M］. 张成林，译 . 北京：中信出版社，2009.

［3］陈荣秋，马士华 . 生产与运作管理［M］. 北京：机械工业出版社，2017.

［4］陈勇 . 大学生就业能力及其开发路径研究［D］. 杭州：浙江大学博士学位论文，2012.

［5］弗雷德 · R. 戴维 . 战略管理：概念与案例［M］. 北京：清华大学出版社，2013.

［6］胡永青 . 大学生就业能力结构与社会需求的差异研究［J］. 国家教育行政学院学报，2014（2）：84–87.

［7］耿冬梅，潘月杰 . 以就业能力为导向的《战略管理》教学新模式［J］. 高教论坛，2014（5）：56–58.

［8］李玲玲，许洋 . 靠个人还是靠学校——我国大学生就业能力结构及其培育机制再思考［J］. 教育发展研究，2022，42（23）：20–27.

［9］理查德 · 哈克曼 . 真团队：如何高效协作破解难题［M］. 关苏哲，高北，译 . 杭州：浙江教育出版社，2024.

［10］李维安，张耀伟，郑敏娜，等 . 中国上市公司绿色治理及其评价研究［J］. 管理世界，2019，35（5）：126–133+160.

［11］迈克尔 · 马奎特 . 行动学习实务操作——设计、实施与评估［M］. 郝君帅，唐长军，曹慧青，译 . 北京：中国人民大学出版社，2013.

［12］史秋衡，文静 . 中国大学生的就业能力——基于学情调查的自我评价

分析［J］. 北京大学教育评论，2012，10（1）：48-60+188.

［13］宋国学 . 基于可雇佣性视角的大学生职业能力结构及其维度研究［J］. 中国软科学，2008（12）：129-138.

［14］王洪才，郑雅倩 . 大学生创新创业能力测量及发展特征研究［J］. 华中师范大学学报（人文社会科学版），2022，61（3）：155-165.

［15］王辉，张辉华 . 大学生创业能力的内涵与结构——案例与实证研究［J］. 国家教育行政学院学报，2012（2）：81-86.

［16］王辉 . 创业管理：战略成长视角［M］. 北京：北京大学出版社，2017.

［17］王辉 . 创业管理：战略成长视角［M］. 北京：清华大学出版社，2022.

［18］王辉 . 商业模拟：理论与实践［M］. 北京：经济管理出版社，2024.

［19］王辉 . 创业能力与关系网络：新创企业成长绩效机制［M］. 北京：北京大学出版社，2015.

［20］王峰 . 基于供需耦合的大学生就业能力结构优化及实证研究［D］. 徐州：中国矿业大学博士学位论文，2018.

［21］武永霞，劉霏 . ESG 责任履行、绿色创新与企业价值［J］. 统计与决策，2024，40（7）：178-182.

［22］俞雪华，王雪珍，滕青 . 财务管理学［M］. 上海：复旦大学出版社，2022.

［23］郑晓明 ."就业能力"论［J］. 中国青年政治学院学报，2002（3）：91-92.

［24］Anderson L W, Krathwohl D R, Airasian P W, et al. A Taxonomy for Learning, Teaching, and Assessing: A Revision of Bloom's Taxonomy of Educational Objectives［M］. New York: Longman, 2001.

［25］Avramenko A. Enhancing Students' Employability through Business Simulation［J］. Education+Training, 2012, 54（5）: 355-367.

［26］Amazon A C, Sapienza H J. The Effects of Top Management Team Size and Interaction Norms on Cognitive and Affective Conflict［J］. Journal of Management, 1997 23（4）: 495-516.

［27］Barker B. Employability Skills: Maintaining Relevance in Marketing Education［J］. The Marketing Review, 2014, 14（1）: 29-48.

[ 28 ] Berntson E, Marklund S. The Relationship between Perceived Employability and Subsequent Health [ J ]. Work & Stress, 2007, 21 ( 3 ) : 279–292.

[ 29 ] Bonnard C. What Employability for Higher Education Students? [ J ]. Journal of Education and Work, 2020, 33 ( 5–6 ) : 425–445.

[ 30 ] Cannon–Bowers J A, Salas E, Converse S. Shared Mental Models in Expert Team Decision Making [ M ] // In Castellan Jr ( ed. ) . Individual and Group Decision Making: Current Issues. Hillsdale, N. J.: Lawrence Erlbaurm Associates, Inc., 1993: 221–246.

[ 31 ] Chandler G N, Jansen E. The Founder's Self–assessed Competence and Venture Performance [ J ]. Journal of Business Venturing, 1992, 7 ( 3 ) : 223–236.

[ 32 ] Chandler G N, Hanks S H. Founder Competence, the Environment and Venture Performance [ J ]. Entrepreneurship: Theory and Practice, 1994, 18 ( 3 ) : 77–89.

[ 33 ] Flavell J H. Cognitive Development: Children's Knowledge about the Mind [ J ]. Annual Review of Psychology, 1999, 50: 21–45.

[ 34 ] Giannarakis G, Konteos G, Zafeiriou E, et al. The Impact of Corporate Social Responsibility on Financial Performance [ J ]. Investment Management & Financial Innovations, 2016, 13 ( 3 ) : 171–182.

[ 35 ] Hambrick D C, Mason P A. Upper Echelons: The Organization as a Reflection of Its Top Managers [ J ]. The Academy of Management Review, 1984, 9 ( 2 ) : 193–206.

[ 36 ] Hmelo–Silver C E. Problem–Based Learning: What and How Do Students Learn? [ J ]. Educational Psychology Review, 2004, 16 ( 3 ) : 235–266.

[ 37 ] Jonassen D H, Hung W. All Problems are Not Equal: Implications for Problem–based Learning [ J ]. The Interdisciplinary Journal of Problem–based Learning, 2008, 2 ( 2 ) : 6–28.

[ 38 ] Jonassen D H. Toward a Design Theory of Problem Solving [ J ]. Educational Technology Research & Development, 2000, 48 ( 4 ) : 63–85.

[ 39 ] Jonassen D H. Instructional Design Models for Well–structured and Ill–structured Problem–solving Learning Outcomes [ J ]. Educational Technology Research & Development, 1997, 45 ( 1 ) : 65–94.

[ 40 ] Komine A. The Making of Beveridge's Unemployment: Three Concepts

Blended [ J ]. The European Journal of the History of Economic Thought, 2004, 11 ( 2 ): 255–280.

[ 41 ] Korsgard M A, Schweiger D M, Sapienza H J. Building Commitment, Attachment and Trust in Strategic Decision Making: The Role of Procedural Justice [ J ]. Academy of Management Journal, 1995, 38 ( 1 ): 60–84.

[ 42 ] Law B. Career–learning Space: New–dots Thinking for Careers Education [ J ]. British Journal of Guidance & Counselling, 1999, 27 ( 1 ): 35–54.

[ 43 ] Man T W Y, Lau T, Chan K F. The Competitiveness of Small and Medium Enterprises: A Conceptualization with Focus on Entrepreneurial Competencies [ J ]. Journal of Business Venturing, 2002, 17 ( 2 ): 123–142.

[ 44 ] Man T W Y, Lau T. The Context of Entrepreneurship in Hong Kong: An Investigation through the Patterns of Entrepreneurial Competencies in Contrasting Industrial Environments [ J ]. Journal of Small Business and Enterprise Development, 2005, 12 ( 4 ): 464–481.

[ 45 ] Man T W Y, Lau T, Chan K F. Home–grown and Abroad–bred Entrepreneurs in China: A Study of the Influences of External Context on Entrepreneurial Competencies [ J ]. Journal of Enterprising Culture, 2008, 16 ( 2 ): 113–132.

[ 46 ] Man T W Y, Lau T, Snape E. Entrepreneurial Competencies and the Performance of Small and Medium Enterprises: An Investigation through a Framework of Competitiveness [ J ]. Journal of Small Business & Entrepreneurship, 2008, 21 ( 3 ): 257–276.

[ 47 ] Mathieu I E, Heffner T S, Goodwin G F, et al. The Influence of Shared Mental Models on Team Process and Performance [ J ]. Journal of Applied Psychology, 2000, 85 ( 2 ): 273–283.

[ 48 ] McClelland D C, Boyatzis R E.Opportunities for Counselors from the Competency Assessment Movement [ J ]. The Personnel and Guidance Journal, 1980, 58 ( 5 ): 368–372.

[ 49 ] McQuaid R W, Lindsay C. The Concept of Employability [ J ]. Urban Studies, 2005, 42 ( 2 ): 197–219.

[ 50 ] Morris M H, Webb J W, Fu J, et al. A Competency–based Perspective on

Entrepreneurship Education: Conceptual and Empirical Insights [ J ] . Journal of Small Business Management, 2013, 51 ( 3 ) : 352–369.

[ 51 ] Norman G R, Trott A D, Brooks L R, et al. Cognitive Differences in Clinical Reasoning Related to Postgraduate Training [ J ] . Teaching and Learning in Medicine, 1994, 6 ( 2 ) : 114–120.

[ 52 ] Pool L D, Sewell P. The Key to Employability: Developing a Practical Model of Graduate Employability [ J ] . Education+Training, 2007,49 ( 4 ) : 277–289.

[ 53 ] Rouse W B, Morris N M. On Looking into the Black Box: Prospects and Limits in the Search for Mental Models [ J ] . Psychology Bulletin, 1986, 100 ( 3 ) : 349–363.

[ 54 ] Smith K G, Smith K A, Olian J D, et al. Top Management Teamdemography and Process: The Role of Social Integrationand Communication [ J ] . Administrative Science Quarterly, 1994, 39 ( 3 ) : 412–438.

[ 55 ] Shabbir M S, Wisdom O. The Relationship between Corporate Social Responsibility, Environmental Investments and Financial Performance: Evidence from Manufacturing Companies [ J ] . Environmental Science and Pollution Research International, 2020, 27: 39946–39957.

[ 56 ] Wilton N. Business Graduates and Management Jobs: An Employability Match Made in Heaven? [ J ] . Journal of Education and Work, 2008, 21 ( 2 ) : 143–158.

[ 57 ] Yorke M, Knight P. Being Strategic about Employability [ J ] . Educational Developments, 2004, 5 ( 4 ) : 6–8.